Algoritmos Genéticos con Python

Clinton Sheppard

Primera impresión: 2017

```
Clinton Sheppard <fluentcoder@gmail.com>
Austin, Texas, USA
Twitter: @gar3t
Goodreads: https://www.goodreads.com/handcraftsman
```

El código final de cada proyecto está disponible en en https://github.com/handcraftsman/ GeneticAlgorithmsWithPython/tree/master/es, licenciado bajo la Licencia Apache, Versión 2.0 [https://www.apache.org/licenses/LICENSE-2.0].

El texto de este libro fue escrito en AsciiDoc [http://asciidoc.org] usando Atom [https://atom.io] y AsciiDoc-Preview [https://atom.io/packages/asciidoc-preview] para la edición y fue convertido a PDF usando AsciiDoctor 1.5.8 [http://asciidoctor.org]. El código fue escrito y probado usando el IDE PyCharm para Python de JetBrains [https://www.jetbrains.com/pycharm]. Algunas imágenes fueron producidas usando GraphViz [http://www.graphviz.org] y Paint.Net [http://www.getpaint.net]. Las fuentes son Liberation Serif v2.00.1 [https://en.wikipedia.org/wiki/Liberation_fonts], Inconsolata [https://fonts.google.com/specimen/Inconsolata], M+ MN Type-1 [http://mplus-fonts.osdn.jp], y los iconos FontAwesome incluidos por AsciiDoc.

2019-06-21

Índice general

Una breve introducción a los algoritmos genéticos

Los algoritmos genéticos son una de las herramientas que podemos utilizar para aplicar el aprendizaje automático en la búsqueda de buenas, y en algunos casos óptimas soluciones, a problemas que tienen miles de millones de posibles soluciones. Se utilizan procesos biológicos en el software para encontrar respuestas a problemas que tienen espacios de búsqueda realmente amplios al generar continuamente soluciones aplicables, evaluar qué tan bien se ajustan al resultado deseado y perfeccionar las mejores soluciones.

Al resolver un problema con un algoritmo genético, en vez de solicitar una solución específica, proporciona las características que la solución debe tener o las reglas que esa solución debe aprobar para ser aceptada. Por ejemplo, cuando se llena un camión en movimiento, establece un conjunto de instrucciones como: cargar los objetos pesados primero, distribuir el peso en ambos lados, colocar los objetos livianos en la parte de arriba asegurándolos, y enganchar los objetos de formas irregulares para que no se muevan alrededor. Mientras más restricciones agregue, más soluciones potenciales estarán bloqueadas. Supongamos que dice: colocar el refrigerador, la lavadora y la secadora a lo largo de la pared frontal izquierda, amontone las cajas de libros a lo largo de la pared frontal derecha, los colchones en el centro y la ropa en la parte superior de los colchones. Estas instrucciones más específicas no funcionan si está cargando paquetes o árboles de Navidad, pero las orientadas a objetivos anteriores siguen funcionando.

Objetivos orientados a la solución de problemas

Imagina que tienes 10 oportunidades de adivinar un número entre 1 y 1000, y la única respuesta que recibes es si su suposición es correcta o incorrecta. ¿Podrías adivinar de manera confiable el número? Con solo *correcto* o *incorrecto* como respuesta, no tiene forma de mejorar sus suposiciones, por lo que tiene, como mucho, una probabilidad de 1 en 100 de adivinar el número. Un aspecto fundamental para resolver problemas usando algoritmos genéticos es que deben proporcionar retroalimentación que ayude al sistema a seleccionar la mejor de las dos suposiciones. Esa retroalimentación se llama adaptación, por lo cerca que se ajusta la suposición al resultado deseado. Más importante aún, implica una evolución general.

Si en lugar de *correcto* o *incorrecto* como respuesta, recibes *mayor* o *menor* indicando que el número es mayor o menor que tu estimación, siempre puedes encontrar el número porque 10 suposiciones son suficientes para la búsqueda binaria hacia cualquier número en el rango de 1 a 1000.

Ahora imagina multiplicar el tamaño de este problema para que, en lugar de tratar de encontrar 1 número, intente simultáneamente encontrar un conjunto de 100 números, todos en el rango de 1 a 1000, y solo reciba un valor de adaptacion que indique qué tan cerca ese conjunto de números coinciden con el resultado esperado. Tu objetivo sería maximizar o minimizar esa capacidad. ¿Podrías encontrar el conjunto correcto de 100 números? Es posible que puedas hacer algo mejor que adivinar al azar si tiene conocimientos específicos del problema que lo ayuden a eliminar ciertas combinaciones de números. El uso de conocimiento específico del problema para guiar la creación y modificación del algoritmo genético de soluciones potenciales puede ayudarlos a encontrar rápidamente las soluciones ordenadas según su importancia.

Los algoritmos genéticos y la programación genética son muy buenos para encontrar soluciones a problemas amplios. Lo hacen tomando millones de muestras del espacio de búsqueda, haciendo pequeños cambios, posiblemente recombinando partes de las mejores soluciones, comparando la capacidad resultante con la mejor solución actual y manteniendo lo mejor de las dos. Este proceso se repite hasta que se detecta una condición como las siguientes: se encuentra la solución conocida, se encuentra una solución que cumple con todos los requisitos, ha transcurrido un cierto número de generaciones, ha transcurrido una cantidad específica de tiempo, etc.

Primer proyecto

Imagina que te piden que adivines una contraseña de 3 letras; ¿Qué tipo de respuesta desearías? Si la contraseña es aaa y supones abc, ¿cuál debería ser el valor de adaptación? ¿Sería suficiente algo tan simple como cuántas de las letras en su suposición son correctas? ¿Debería bab, que tiene una letra correcta, obtener un mejor valor de adaptación que zap, que también una tiene una letra correcta, pero las letras incorrectas están alfabéticamente en diferentes posiciones, o la adaptación debe ser la misma? Estas son algunas de las primeras decisiones que tiene que tomar al planear implementar un algoritmo genético para encontrar una solución a su problema. Los algoritmos genéticos son buenos para encontrar soluciones adecuadas a problemas con espacios de búsqueda amplios porque pueden encontrar rápidamente las partes de las estimaciones que mejoran los valores de adaptación o guiar a mejores soluciones.

En el proyecto anterior, podemos decir que la función de adaptación regresa una cantidad del número de letras que coinciden con la contraseña. Eso significa que abc, bab y zba obtienen un valor de adaptación de uno, porque cada una tiene una letra correcta. El algoritmo genético podría combinar las dos primeras letras de abc con la última letra de zba mediante el intercambio, para crear la suposición aba. La adaptación para esa suposición sería dos porque dos letras coinciden con la contraseña. El algoritmo también puede mutar la última letra de zba para obtener zbc y un valor de adaptacion de cero.

Dependiendo de cómo esté configurado el sistema, podría desechar zbc inmediatamente, podría mantenerlo con el fin de mantener la diversidad genética, o tal vez solo lo mantendría si es mejor que algún valor de adaptación limitado en comparación con todas las otras suposiciones probadas por el sistema.

Veremos más sobre el proyecto de contraseña en el primer proyecto, y vamos a explorar una variedad de proyectos para aprender diferentes formas de resolver problemas con algoritmos genéticos. Sin embargo, este libro no trata de mostrar un conjunto de problemas seleccionados especialmente que se pueden resolver con algoritmos genéticos. Se trata de brindarle experiencia haciendo que los algoritmos genéticos funcionen para usted mediante proyectos de muestra que comprenda y pueda recurrir a ellos cuando aprenda a utilizar otras herramientas y técnicas de aprendizaje por sistemas, o aplique algoritmos genéticos en su propio campo de especialización.

Programación genética con Python

Este libro usa el lenguaje de programación Python para explorar los árboles de decisión. ¿Por qué Python? Porque Python es un lenguaje poco ceremonioso, potente y fácil de leer cuyo código puede ser entendido por programadores principiantes. Si tienes experiencia con otro lenguaje de programación, entonces no deberías tener problemas para aprender Python por inducción mientras exploras también los algoritmos genéticos. Sin embargo, no tienes que aprender a escribir Python. Explico la herramienta específica mas usada de Python y trato de no utilizar módulos de terceros, por lo que también podrías estar en la capacidad de seguir junto con su lenguaje de programación favorito. Dicho esto, si encuentras una construcción que nunca has visto antes y que no puedes intuir, Python.org y StackOverflow.com son muy buenos sitios para encontrar explicaciones.

```python
# esto es un comentario
import math  # los imports permiten usar el código de otros módulos

# los bloques de código se inician por dos puntos al final seguidos por líneas
    indentadas.
class Circulo:                          # define una clase.
    def __init__(self, radio):          # constructor con parámetro radio.
        self.radio = radio              # almacena el parámetro en una variable de clase.

    def obtener_área(self):             # función que pertenece a la clase.
        return math.pi \
                * self.radio \
                * self.radio            # un \ al final continúa la expresión.

# el código que no está en una clase se ejecuta inmediatamente.
for i in range(1, 10):
    if (i & 1) == 0:
        continue
    circulo = Circulo(i)                # crea una instancia de un objeto.
    print("Un círculo con radio {0} tiene área {1:0.2f}".format(
        i, circulo.obtener_área()  # `print` escribe la salida en la consola.
    ))
```

Puedes ejecutar el código anterior en tu navegador en: https://repl.it/If5m

Al igual que los herreros, los programadores crean sus propias herramientas. Frecuentemente creamos un prototipo de una solución usando herramientas que ya tenemos disponibles, algo que no se diferencia de usar un par de alicates para sacar un clavo. Sin embargo, una vez que entendemos bien el problema, normalmente volvemos a empezar con una mejor combinación de herramientas o construimos una específica para el problema.

En este libro, co-desarrollaremos un sistema genético mientras examinamos proyectos cada vez más difíciles. ¿Por qué no utilizar simplemente uno de los paquetes de programación genética ya disponibles para Python como Pyvolution, DEAP, Pyevolve, pySTEP, etc.? Porque todos tienen diferentes interfaces y opciones, algunas de las cuales pueden no ser aplicables a un problema, y estamos tratando de aprender sobre algoritmos genéticos y no sobre sistemas específicos. Con la evolución conjunta del sistema podrá saber exactamente cómo funciona, por lo que utilizara sus herramientas de manera efectiva para resolver el próximo problema con un algoritmo genético de su propio diseño. El sistema será un subproducto de la aplicación de algoritmos genéticos a los diferentes proyectos de este libro. Si tuvieras que desarrollar un sistema con un grupo diferente de proyectos, o incluso los proyectos de este libro en un orden diferente, terminarías con un sistema diferente. Pero, al desarrollar un sistema, obtendrás experiencia con algunas de las herramientas disponibles en los paquetes de uso común, y verás cómo pueden afectar el rendimiento de tu código.

Acerca del autor

Soy un programador políglota con más de 15 años de experiencia profesional en programación. De vez en cuando salgo de mi zona de confort y aprendo un nuevo idioma para ver cómo es esa experiencia de desarrollo y mantener mis habilidades en perfecto estado. Este libro surgió de mis experiencias mientras aprendía Python, no necesariamente acerca de Python.

Al aprender un nuevo lenguaje de programación, empiezo con un proyecto familiar e intento aprender lo suficiente del nuevo lenguaje para resolverlo. Para mí, escribir un sistema genético es ese proyecto familiar. ¿Por qué un sistema genético? Por un lado, es un proyecto donde puedo explorar acertijos interesantes, y donde incluso el juego de un niño como Tres en raya se puede ver en un nivel completamente nuevo. Además, puedo seleccionar acertijos cada vez más complejos para impulsar la evolución en las capacidades del sistema. Esto me permite descubrir la expresividad del lenguaje, el poder de su cadena de herramientas y el tamaño de su comunidad de desarrollo mientras trabajo a través de las particularidades del lenguaje.

Acerca del texto

Los fragmentos de código Python 3.5 contenidos en este libro fueron extraidos programáticamente de archivos de código funcionales usando el atributo tags de la directiva include de AsciiDoctor.

¡Hola Mundo!

Adivina mi número

Vamos a empezar por aprender un poco sobre los algoritmos genéticos. Intenta recordar un juego al que jugábamos cuando éramos niños. Es un juego sencillo para dos personas en el que una elige un número secreto entre el 1 y el 10, y la otra tiene que adivinar ese número.

```
¿Es el 2?  No
¿Es el 3?  No
¿Es el 7?  No
¿Es el 1?  Sí
```

Eso funciona razonablemente bien para el rango 1..10, pero se vuelve rápidamente frustrante o aburrido cuando aumentamos el rango a 1..100 o 1..1000. ¿Por qué? Porque no tenemos manera de mejorar nuestras conjeturas. No hay desafío. La conjetura es correcta o incorrecta, por lo que rápidamente se convierte en un proceso mecánico.

```
¿Es el 1?  No
¿Es el 2?  No
¿Es el 3?  No
¿Es el 4?  No
¿Es el 5?  No
...
```

Así que, para hacerlo más interesante, en lugar de *no* digamos *mayor* o *menor*.

```
¿1?  Mayor
¿7?  Menor
¿6?  Menor
¿5?  Menor
¿4?  Correcto
```

Eso podría ser razonablemente interesante durante un rato para los números en el rango 1..10, pero pronto aumentarás el rango a 1..100. Como la gente es competitiva, la próxima revisión es ver quién puede adivinar el número usando la menor cantidad de intentos posible. En este punto, la persona que desarrolla la estrategia de adivinación más eficiente gana.

Sin embargo, algo que hacemos automáticamente cuando jugamos al juego es hacer uso del conocimiento del dominio. Por ejemplo, tras esta secuencia:

```
¿1?  Mayor
¿7?  Menor
```

¿Por qué no elegimos el 8, el 9 o el 10? La razón es, por supuesto, porque sabemos que esos números no son menores que 7. ¿Por qué no elegimos el 1? Porque ya lo probamos. Usamos nuestra memoria de lo que ya hemos probado, nuestros éxitos y fracasos, nuestro *conocimiento del dominio* y las relaciones entre los números para mejorar nuestras conjeturas.

> ❶ Jugando a un juego de cartas, los jugadores inexpertos construyen un mapa mental usando las cartas que tienen en su mano y las de la mesa. Los jugadores más experimentados también aprovechan su conocimiento del espacio del problema - el juego completo de cartas en la baraja. Esto significa que también pueden hacer un seguimiento de las cartas que aún no se han jugado, y pueden saber que pueden ganar el resto de las partidas sin tener que jugarlas. Los jugadores de cartas altamente experimentados también conocen las probabilidades de varias combinaciones ganadoras. Los profesionales, que se ganan la vida jugando al juego, también prestan atención a la manera de jugar de sus competidores… si se marcan un farol en ciertas situaciones, si juegan sus fichas cuando piensan que tienen una buena mano, etc.

Un algoritmo genético no sabe lo que significa *menor*. No tiene inteligencia. No aprende. Comete siempre los mismos errores. Sólo es tan bueno resolviendo un problema como la persona que escribe el código. Y aún así, se puede usar para encontrar soluciones a problemas que los humanos tendrían problemas para resolver o no podrían resolver en absoluto. ¿Cómo es eso posible?

Los algoritmos genéticos usan una exploración aleatoria del espacio del problema combinada con procesos evolutivos como la mutación y el entrecruzamiento (intercambio de información genética) para mejorar las conjeturas. Pero además, como no tienen experiencia en el dominio del problema, *prueban cosas que un humano nunca pensaría en probar*. Así, una persona que usa un algoritmo genético puede aprender más sobre el espacio del problema y las soluciones posibles. Esto le ofrece la capacidad de realizar mejoras en el algoritmo, en un ciclo virtuoso.

¿Qué podemos aprender de esto?

Técnica: **El algoritmo genético debería hacer conjeturas informadas.**

Adivina la contraseña

Ahora veamos cómo se aplica esto a adivinar una contraseña. Empieza con una secuencia inicial de letras generada aleatoriamente. Después, muta o cambia una letra aleatoria a la vez hasta que la secuencia de letras sea "¡Hola Mundo!". Conceptualmente:

pseudocódigo

```
_
letras = [a..zA..Z !¡]
objetivo = "¡Hola Mundo!"
conjetura = obtener 12 letras aleatorias de _letras
mientras conjetura != objetivo:
    índice = obtener una valor aleatorio de [0..longitud del objetivo]
    conjetura[índice] = obtener 1 letra aleatoria de _letras
```

Si pruebas esto en tu lenguaje de programación favorito, verás que tiene un rendimiento peor que jugar al juego de adivinar números con sólo las respuestas *sí* y *no* porque no se puede saber cuándo una conjetura es mejor que otra.

Una solución es ayudarlo a hacer una conjetura informada diciéndole cuántas letras de la conjetura están en las posiciones correctas. Por ejemplo, "¡Mundo Hola!" obtendría un 2 porque sólo coinciden dos caracteres (los dos signos de exclamación). El 2 indica lo cerca que está la respuesta de ser correcta. Esto se llama valor de aptitud. "¿Hola mundo?" obtendría un valor de aptitud de 9 porque 9 letras son correctas. Sólo la m y los signos de interrogación son incorrectos.

Primer programa

Ya es hora de un poco de código. Por cierto, si aún no tienes un entorno de desarrollo en Python favorito, te recomiendo encarecidamente el PyCharm IDE de JetBrains.

Genes

Para empezar, el algoritmo genético necesita un conjunto de genes para usarlos en la creación de las conjeturas. Para este proyecto, usaremos un conjunto genérico de letras. También necesita una contraseña objetivo que adivinar.

contraseña.py

```
geneSet = " abcdefghijklmnopqrstuvwxyzABCDEFGHIJKLMNOPQRSTUVWXYZ!¡.,"
objetivo = "¡Hola Mundo!"
```

❶ Puedes ejecutar el código de esta sección en tu navegador en https://repl.it/Ikwr

Generar una conjetura

Después, el algoritmo necesita una manera de generar un `string` aleatorio a partir del conjunto de genes.

```
import random

def generar_padre(longitud):
    genes = []
    while len(genes) < longitud:
        tamañoMuestral = min(longitud - len(genes), len(geneSet))
        genes.extend(random.sample(geneSet, tamañoMuestral))
    return ''.join(genes)
```

`list.extend()` añade múltiples elementos a una lista. `string.join()` usa el `string` dado como separador para crear un nuevo `string` con los valores unidos. Por ejemplo: `'x'.join(['a','b','c'])` da como resultado "axbxc".

> ℹ `random.sample()` toma valores de tamaño muestra de la entrada sin sustitución. Esto significa que no habrá duplicados en el padre generado a menos que el conjunto de genes contenga duplicados, o la longitud solicitada sea mayor que el número de elementos en el conjunto de genes. La implementación anterior puede generar un `string` largo con un pequeño conjunto de genes y usa tantos genes únicos como sea posible.

Aptitud

El valor de *aptitud* que proporciona el algoritmo genético es el *único* feedback que recibe el motor para guiarlo hacia una solución. En este proyecto, el valor de *aptitud* es el número total de letras en la conjetura que coinciden con la letra en la misma posición de la contraseña.

```
def obtener_aptitud(conjetura):
    return sum(1 for esperado, real in zip(objetivo, conjetura)
               if esperado == real)
```

`zip()` es una función incorporada que permite iterar a través de dos listas (o iterables) simultáneamente.

Mutación

Después, el motor necesita una manera de producir una nueva conjetura mutando la actual.

```
def mutar(padre):
    índice = random.randrange(0, len(padre))
    genesDelNiño = list(padre)
    nuevoGen, alterno = random.sample(geneSet, 2)
    genesDelNiño[índice] = alterno if nuevoGen == genesDelNiño[
        índice] else nuevoGen
    return ''.join(genesDelNiño)
```

Esta implementación convierte el `string` padre en un arreglo con `list()`, luego sustituye 1 letra en el arreglo con una seleccionada aleatoriamente del conjunto de genes y, finalmente, recombina el resultado en un `string` con `.join()`. Usa una sustitución alternativa si el nuevo gen aleatoriamente seleccionado es el mismo que el que se supone que debe sustituir, lo cual puede evitar que se desperdicie un número significativo de conjeturas.

Visualización

Después, es importante supervisar lo que está ocurriendo para que el motor pueda ser detenido si se atasca. Tener una representación visual de la secuencia de genes, que puede no ser la secuencia de genes literal, es a menudo crítico en la identificación de lo que funciona y de lo que no para que el algoritmo pueda ser mejorado.

Normalmente, la función mostrar también devuelve el valor de aptitud y el tiempo transcurrido.

```
import datetime
...
def mostrar(conjetura):
    diferencia = (datetime.datetime.now() - horaInicio).total_seconds()
    aptitud = obtener_aptitud(conjetura)
    print("{}\t{}\t{}".format(conjetura, aptitud, diferencia))
```

Programa principal

El programa principal empieza inicializando *mejorPadre* a una secuencia aleatoria de letras y llamando a la función mostrar.

```
random.seed()
horaInicio = datetime.datetime.now()
mejorPadre = generar_padre(len(objetivo))
mejorAptitud = obtener_aptitud(mejorPadre)
mostrar(mejorPadre)
```

La pieza final es el corazón del motor genético. Es un bucle que:

- genera una conjetura,

- solicita la *aptitud* para esa conjetura, luego

- compara la *aptitud* con la de la mejor conjetura anterior, y

- se queda con la conjetura con la mejor aptitud.

Este ciclo se repite hasta que se presenta una condición de parada, en cuyo caso todas las letras en la conjetura coinciden con las del objetivo.

```python
while True:
    niño = mutar(mejorPadre)
    niñoAptitud = obtener_aptitud(niño)
    if mejorAptitud >= niñoAptitud:
        continue
    mostrar(niño)
    if niñoAptitud >= len(mejorPadre):
        break
    mejorAptitud = niñoAptitud
    mejorPadre = niño
```

Ejecuta el código y verás una salida similar a la siguiente:

```
IDR!,VfWNjTM    0    0,0
IDR!,VfuNjTM    1    0,0
IDRl,VfuNjTM    2    0,0
IDol,VfuNjTM    3    0,0
IDol,VfuNdTM    4    0,0
IDol,VfundTM    5    0,0
IDolaVfundTM    6    0,0
IDolaVfundT!    7    0,0
¡DolaVfundT!    8    0,015481
¡HolaVfundT!    9    0,015481
¡HolaVMundT!   10    0,015481
¡Hola MundT!   11    0,031101
¡Hola Mundo!   12    0,046732
```

¡Conseguido!

Extraer un motor reutilizable

Tenemos un motor funcional pero actualmente está estrechamente vinculado al proyecto de la contraseña, por lo que la siguiente tarea es extraer el código del motor genético del programa específico para adivinar la contraseña de manera que pueda ser reutilizado en otros proyectos. Empieza creando un nuevo archivo llamado `genetic.py`.

Después, mueve las funciones *mutar* y *generar_padre* al nuevo archivo y renómbralas a _mutar y _generar_padre. Así es como se nombran las funciones protegidas en Python. Las funciones protegidas sólo son accesibles a otras funciones en el mismo módulo.

Generación y mutación

Los proyectos futuros necesitarán personalizar el conjunto de genes, por lo que es necesario que éste sea un parámetro para _generar_padre y _mutar.

```python
import random

def _generar_padre(longitud, geneSet):
    genes = []
    while len(genes) < longitud:
        tamañoMuestral = min(longitud - len(genes), len(geneSet))
        genes.extend(random.sample(geneSet, tamañoMuestral))
    return ''.join(genes)
```

```python
def _mutar(padre, geneSet):
    índice = random.randrange(0, len(padre))
    genesDelNiño = list(padre)
    nuevoGen, alterno = random.sample(geneSet, 2)
    genesDelNiño[índice] = alterno if nuevoGen == genesDelNiño[
        índice] else nuevoGen
    return ''.join(genesDelNiño)
```

obtener_mejor

El siguiente paso es mover el bucle principal a una nueva función pública llamada obtener_mejor en el módulo `genetic`. Sus parámetros son:

- la función a la que llama para solicitar la aptitud de una conjetura,

- el número de genes que se usarán al crear una nueva secuencia de genes,

- el valor de aptitud óptimo,

- el conjunto de genes que se usarán para crear y mutar las secuencias de genes, y

- la función a la que debería llamar para mostrar (o informar sobre) cada mejora encontrada.

```
def obtener_mejor(obtener_aptitud, longitudObjetivo, aptitudÓptima, geneSet,
                  mostrar):
    random.seed()
    mejorPadre = _generar_padre(longitudObjetivo, geneSet)
    mejorAptitud = obtener_aptitud(mejorPadre)
    mostrar(mejorPadre)
    if mejorAptitud >= aptitudÓptima:
        return mejorPadre

    while True:
        niño = _mutar(mejorPadre, geneSet)
        niñoAptitud = obtener_aptitud(niño)

        if mejorAptitud >= niñoAptitud:
            continue
        mostrar(niño)
        if niñoAptitud >= aptitudÓptima:
            return niño
        mejorAptitud = niñoAptitud
        mejorPadre = niño
```

Ten en cuenta que las funciones _mostrar y _obtener_aptitud se llaman con sólo un parámetro - la secuencia de genes hija. Esto es debido a que un motor genético no necesita acceder al valor objetivo, ni le importa el tiempo transcurrido, por lo que no se le pasan esos parámetros.

El resultado es un módulo reutilizable llamado genetic que se puede usar en otros programas mediante import genetic.

Usar el módulo

El código restante en contraseña.py es específico del proyecto de adivinar la contraseña. Para que funcione otra vez, primero importa el módulo genetic.

contraseña.py

```
import datetime
import genetic
```

Después, hay que definir las funciones auxiliares que sólo aceptan un parámetro para que sean compatibles con lo que espera el motor. Cada función auxiliar tomará la secuencia de genes candidata que reciba y llamará a las funciones locales con los parámetros adicionales según sea necesario. Hay que tener en cuenta que las funciones auxiliares están anidadas dentro de la función *adivine_contraseña*, por lo que tienen acceso a las variables objetivo y hora de inicio.

```
def test_Hola_Mundo():
    objetivo = "¡Hola Mundo!"
    adivine_contraseña(objetivo)


def adivine_contraseña(objetivo):
    geneset = " abcdefghijklmnopqrstuvwxyzABCDEFGHIJKLMNOPQRSTUVWXYZ!¡.,"
    horaInicio = datetime.datetime.now()

    def fnObtenerAptitud(genes):                                     <==
        return obtener_aptitud(genes, objetivo)

    def fnMostrar(genes):                                           <==
        mostrar(genes, objetivo, horaInicio)

    aptitudÓptima = len(objetivo)
    genetic.obtener_mejor(fnObtenerAptitud, len(objetivo), aptitudÓptima,
                          geneset, fnMostrar)
```

Función de visualización

Ahora cambia la función mostrar para que tome la contraseña objetivo como parámetro. Podríamos implementarla como una variable global en el archivo del algoritmo, pero este cambio facilita probar diferentes contraseñas sin efectos secundarios.

```
def mostrar(genes, objetivo, horaInicio):
    diferencia = (datetime.datetime.now() - horaInicio).total_seconds()
    aptitud = obtener_aptitud(genes, objetivo)
    print("{}\t{}\t{}".format(genes, aptitud, diferencia))
```

La función aptitud

La función aptitud también necesita recibir la contraseña objetivo como parámetro.

```
def obtener_aptitud(genes, objetivo):
    return sum(1 for esperado, real in zip(objetivo, genes)
               if esperado == real)
```

La función principal

Hay muchas maneras de estructurar el código principal, pero la más flexible es una prueba unitaria. Para hacer posible la ejecución del código desde la línea de comandos, añade:

contraseña.py

```
if __name__ == '__main__':
    test_Hola_Mundo()
```

Si estás siguiendo los pasos en un editor, asegúrate de ejecutar tu código para verificar que funciona en este punto.

Usa el framework `unittest` de Python

El siguiente paso es hacer que el código funcione con el framework de pruebas incorporado de Python.

```
import unittest
```

Para hacerlo, hay que mover la función de prueba principal a una *clase* que herede de `unittest.TestCase`. También puedes mover las otras funciones dentro de la *clase* si quieres, pero si lo haces debes añadir `self` como primer parámetro de cada una porque entonces pasarán a formar parte de la *clase* de prueba.

```
# `nosetests` no admite caracteres como ñ en el nombre de la clase
class PruebasDeContrasena(unittest.TestCase):
    geneSet = " abcdefghijklmnopqrstuvwxyzABCDEFGHIJKLMNOPQRSTUVWXYZ!¡.,"

    def test_Hola_Mundo(self):
        objetivo = "¡Hola Mundo!"
        self.adivine_contraseña(objetivo)

    def adivine_contraseña(self, objetivo):
...
        aptitudÓptima = len(objetivo)
        mejor = genetic.obtener_mejor(fnObtenerAptitud, len(objetivo),
                                      aptitudÓptima, self.geneSet,
                                      fnMostrar)
        self.assertEqual(mejor, objetivo)
```

Al llamar a la función `main` del módulo `unittest`, ésta ejecuta automáticamente cada función cuyo nombre empieza por `test`.

```
if __name__ == '__main__':
    unittest.main()
```

Esto permite que la prueba se ejecute desde la línea de comandos y, además, sin la salida de su función mostrar.

```
python -m unittest -b contraseña
.
----------------------------------------
Ran 1 test in 0,020s

OK
```

⚠️Si obtienes un error como `'module' object has no attribute 'py'` entonces es que usaste el nombre del archivo `contraseña.py` en lugar del nombre del módulo "contraseña".

Una contraseña más larga

"¡Hola Mundo!" no demuestra suficientemente el poder del motor genético, por lo que prueba una contraseña más larga:

```python
def test_Porque_me_formaste_de_una_manera_formidable_y_maravillosa(self):
    objetivo = "Porque me formaste de una manera formidable y " \
               "maravillosa."
    self.adivine_contraseña(objetivo)
```

Ejecuta

```
...
PorqueZweSformaste de una manerc formidable y maraviXlosa.  53  0,109355
PorqueZmeSformaste de una manerc formidable y maraviXlosa.  54  0,109355
PorqueZmeSformaste de una manerc formidable y maravillosa.  55  0,109355
PorqueZme formaste de una manerc formidable y maravillosa.  56  0,109355
PorqueZme formaste de una manera formidable y maravillosa.  57  0,171862
Porque me formaste de una manera formidable y maravillosa.  58  0,187489
```

¡Bien!

Introduce una *clase* Cromosoma

El siguiente cambio es introducir una *clase* Cromosoma que tenga los atributos *Genes* y *Aptitud*. Esto hará que el motor genético sea más flexible permitiendo que pase esos valores como una unidad.

genetic.py

```python
class Cromosoma:
    def __init__(self, genes, aptitud):
        self.Genes = genes
        self.Aptitud = aptitud
```

```python
def _mutar(padre, geneSet, obtener_aptitud):
    índice = random.randrange(0, len(padre.Genes))
    genesDelNiño = list(padre.Genes)
...
    genes = ''.join(genesDelNiño)
    aptitud = obtener_aptitud(genes)
    return Cromosoma(genes, aptitud)
```

```
def _generar_padre(longitud, geneSet, obtener_aptitud):
...
    genes = ''.join(genes)
    aptitud = obtener_aptitud(genes)
    return Cromosoma(genes, aptitud)
```

```
def obtener_mejor(obtener_aptitud, longitudObjetivo, aptitudÓptima, geneSet,
                  mostrar):
    random.seed()
    mejorPadre = _generar_padre(longitudObjetivo, geneSet, obtener_aptitud)
    mostrar(mejorPadre)
    if mejorPadre.Aptitud >= aptitudÓptima:
        return mejorPadre

    while True:
        niño = _mutar(mejorPadre, geneSet, obtener_aptitud)

        if mejorPadre.Aptitud >= niño.Aptitud:
            continue
        mostrar(niño)
        if niño.Aptitud >= aptitudÓptima:
            return niño
        mejorPadre = niño
```

Esto requiere cambios compensatorios en las funciones del archivo del algoritmo, pero esos cambios también eliminan un poco de trabajo doble (a saber, recalcular la aptitud).

contraseña.py

```
def mostrar(candidato, horaInicio):
    diferencia = (datetime.datetime.now() - horaInicio).total_seconds()
    print("{}\t{}\t{}".format(
        candidato.Genes, candidato.Aptitud, diferencia))
```

```
class PruebasDeContrasena(unittest.TestCase):
...
    def adivine_contraseña(self, objetivo):
...
        def fnMostrar(candidato):
            mostrar(candidato, horaInicio)                          <==

        aptitudÓptima = len(objetivo)
        mejor = genetic.obtener_mejor(fnObtenerAptitud, len(objetivo),
                                      aptitudÓptima, self.geneSet,
                                      fnMostrar)
        self.assertEqual(mejor.Genes, objetivo)                     <==
```

Evaluación comparativa

La siguiente mejora es añadir soporte para evaluaciones comparativas (benchmarking) porque es útil saber cuánto tarda el motor en encontrar una solución de media y la desviación estándar. Eso se puede hacer con otra *clase* del siguiente modo:

genetic.py

```
class Comparar:
    @staticmethod
    def ejecutar(función):
        cronometrajes = []
        for i in range(100):
            horaInicio = time.time()
            función()
            segundos = time.time() - horaInicio
            cronometrajes.append(segundos)
            promedio = statistics.mean(cronometrajes)
            print("{} {:3.2f} {:3.2f}".format(
                1 + i, promedio,
                statistics.stdev(cronometrajes, promedio) if i > 1 else 0))
```

Esta función ejecuta la función proporcionada 100 veces e informa de cuánto tarda cada ejecución, la media y la desviación estándar. Para calcular la desviación estándar, usaremos un módulo de terceros llamado statistics:

genetic.py

```
import statistics
import time
```

> ⚠️ Puede que necesites instalar el módulo statistics en tu sistema. Puedes hacerlo desde la línea de comandos con python -m pip install statistics.

Ahora, para usar la capacidad de benchmarking, simplemente añade una prueba y pasa la función que quieres evaluar.

contraseña.py

```
def test_comparativa(self):
    genetic.Comparar.ejecutar(self.test_Porque_me_formaste_de_una_manera_formidable_y
        _maravillosa)
```

Al ejecutarse, esta función funciona genial pero es un poco verbosa porque también muestra la salida de la función mostrar para las 100 ejecuciones. Esto se puede corregir en la función benchmark redirigiendo temporalmente la salida estándar a ninguna parte.

genetic.py

```
import sys
...
class Comparar:
    @staticmethod
    def ejecutar(función):
...
        cronometrajes = []
        stdout = sys.stdout                                          <==
        for i in range(100):
            sys.stdout = None                                       <==
            horaInicio = time.time()
            función()
            segundos = time.time() - horaInicio
            sys.stdout = stdout                                     <==
            cronometrajes.append(segundos)
...
```

⚠️Si obtienes un error como el siguiente al ejecutar la prueba de benchmark:

```
AttributeError: 'NoneType' object has no attribute 'write'
```

Entonces es que probablemente estés usando Python 2.7, que no permite redirigir stdout a None, ya que necesita escribir los datos en algún lugar. Una solución a este problema es añadir la siguiente *clase*:

genetic.py

```
class NullWriter():
    def write(self, s):
        pass
```

Luego sustituye lo siguiente en la función de ejecución:

```
for i in range(100):
    sys.stdout = None
```

por:

```
for i in range(100):
    sys.stdout = NullWriter()
```

Ese cambio te permite sortear la diferencia entre Python 2.7 y 3.5 por esta vez. Sin embargo, el código en proyectos futuros usa otras características de Python 3.5, por lo que te sugiero que te pases a Python 3.5 para poder centrarte en aprender sobre los algoritmos genéticos sin estos problemas adicionales. Si quieres usar herramientas de aprendizaje automático que estén vinculadas a Python 2.7, espera hasta que tengas una comprensión sólida de los algoritmos y luego cambia a Python 2.7.

La salida también se puede mejorar mostrando sólo las estadísticas de las primeras diez ejecuciones y luego cada décima ejecución después de eso.

genetic.py

```
...
        cronometrajes.append(segundos)
        promedio = statistics.mean(cronometrajes)
        if i < 10 or i % 10 == 9:
            print("{} {:3.2f} {:3.2f}".format(
                1 + i, promedio,
                statistics.stdev(cronometrajes,
                            promedio) if i > 1 else 0))
```

Ahora la salida de la prueba de benchmark tiene el siguiente aspecto.

salida de muestra

```
1 0,30 0,00
2 0,29 0,00
3 0,27 0,04
...
9 0,28 0,07
10 0,27 0,07
20 0,27 0,07
...
90 0,26 0,07
100 0,26 0,07
```

Esto significa que, con un promedio de 100 ejecuciones, se tardan 0,26 segundos en adivinar la contraseña, y el 68 % del tiempo (una desviación estándar) se tarda entre 0,19 (0,26 - 0,07) y 0,33 (0,26 + 0,07) segundos. Por desgracia, eso es probablemente demasiado rápido para determinar si un cambio es debido a una mejora en el código o a otra cosa que se ejecuta en el ordenador en ese momento. Este problema se puede solucionar haciendo que el algoritmo genético adivine una secuencia aleatoria que tarda 1-2 segundos en ejecutarse.

contraseña.py

```python
import random
...
    def test_aleatorio(self):
        longitud = 150
        objetivo = ''.join(random.choice(self.geneSet)
                        for _ in range(longitud))
        self.adivine_contraseña(objetivo)

    def test_comparativa(self):
        genetic.Comparar.ejecutar(self.test_aleatorio)
```

Es probable que tu CPU sea diferente de la mía, así que ajusta la longitud según sea necesario. En mi sistema, eso da como resultado:

Cuadro 1.1: Benchmarks actualizados

media (segundos)	desviación estándar
1,36	0,30

Resumen

En este proyecto, creamos un motor genético sencillo que utiliza la mutación aleatoria para producir mejores resultados. Este motor fue capaz de adivinar una contraseña secreta dada sólo su longitud, un conjunto de caracteres que podrían estar en la contraseña, y una función de aptitud que devuelve el número de caracteres en la conjetura que coinciden con el secreto. Éste es un buen proyecto de benchmark para el motor porque, a medida que el `string` objetivo se vuelve más largo, el motor desperdicia cada vez más conjeturas intentando cambiar las posiciones que ya son correctas. A medida que el motor vaya evolucionando en futuros proyectos, intentaremos mantener la velocidad de este benchmark. Además, a medida que te vayas abriendo camino por más proyectos, aprenderás maneras de mejorar el rendimiento del código en este proyecto.

Código

El código final de cada proyecto está disponible en en https://github.com/handcraftsman/GeneticAlgorithmsWithPython/tree/master/es

El Problema One Max

A alto nivel, el proyecto siguiente implica hacer que el motor produzca 100 unos cuando los genes sólo pueden ser 0 o 1. Deberías ser capaz de hacerlo con nuestro motor actual. Pruébalo. Nota: Puedes repetir una cadena 3 veces con (”1” * 3), si eso te resulta útil.

Solución

```
def test_onemax(self):
    objetivo = "1" * 100
    self.geneSet = "01"
    self.adivine_contraseña(objetivo)
```

Eso es bastante fácil, ¿no? Sin embargo, la mayoría de problemas de algoritmos genéticos del mundo real serían mucho más complejos de resolver si nos limitáramos a usar un `string` para el ADN. Así que vamos a usar este problema para hacer nuestro motor más flexible.

Hacer que el código de las contraseñas funcione con un `list` de genes

Vamos a empezar cambiando el código relacionado con las contraseñas para hacerlo compatible con un motor que proporciona un `list` de genes en lugar de un `string` de genes.

Podemos usar la función `join` (sin un separador) para combinar el `list` de caracteres en un `string` en la función mostrar

contraseña.py

```
def mostrar(candidato, horaInicio):
    diferencia = (datetime.datetime.now() - horaInicio).total_seconds()
    print("{}\t{}\t{}".format(
        ''.join(candidato.Genes),                                    <==
        candidato.Aptitud,
        diferencia))
```

y en la aserción en `adivine_contraseña`.

Cambiar `genetic` para que funcione con un `list`

Para hacer que el módulo `genetic` funcione con un list, podemos empezar usando la característica de partición de arreglos de Python para crear simplemente una copia de los genes en la función de mutación, en lugar de usando el constructor de `list` para convertir de un `string` a un `list`.

```
def _mutar(padre, geneSet, obtener_aptitud):
    genesDelNiño = padre.Genes[:]
...
```

Luego elimina la siguiente línea de _mutar y _generar_padre, ya que ya no necesitamos convertir el `list` de vuelta a un `string` en el motor:

```
genes = ''.join(childGenes)
```

Después, actualiza esas funciones para usar el `list` de la siguiente manera:

genetic.py

```
def _mutar(padre, geneSet, obtener_aptitud):
    genesDelNiño = padre.Genes[:]
    índice = random.randrange(0, len(padre.Genes))
    nuevoGen, alterno = random.sample(geneSet, 2)
    genesDelNiño[índice] = (alterno if nuevoGen == genesDelNiño[        <==
        índice] else nuevoGen)                                         <==
    aptitud = obtener_aptitud(genesDelNiño)                            <==
    return Cromosoma(genesDelNiño, aptitud)                            <==
```

```
def _generar_padre(longitud, geneSet, obtener_aptitud):
...
    aptitud = obtener_aptitud(genes)                                   <==
    return Cromosoma(genes, aptitud)                                   <==
```

Esas son todas las modificaciones del motor. Ahora deberías poder ejecutar las pruebas de contraseñas otra vez.

Crear la clase de prueba OneMax

oneMax.py

```python
import unittest
import datetime
import genetic

class PruebasDeOneMax(unittest.TestCase):
    def test(self, longitud=100):
        geneSet = [0, 1]
```

En los problemas de algoritmos genéticos del mundo real, no es probable que tengamos una solución con la que comparar. En lugar de ello, conocemos las características que queremos que tenga la solución. Así que vamos a volver a plantear el problema OneMax como: maximiza el número de genes que son el entero 1. Ahora crea un nuevo archivo llamado oneMax.py usando el stub a continuación para empezar, y mira a ver si puedes escribir el código para resolver este problema usando genes de enteros.

oneMax.py

```python
import unittest
import datetime
import genetic

def obtener_aptitud(genes):
        # devuelve el número de unos en los genes

def mostrar(candidato, horaInicio):
        # muestra los genes actuales, su aptitud y el tiempo transcurrido

class PruebasDeOneMax(unittest.TestCase):
    def test(self, longitud=100):
        # crea las funciones auxiliares y la aptitud óptima
        # después llama a `genetic`.get_best()
        # finalmente, asevera que la aptitud del resultado es óptima
```

Solución

Mi implementación está a continuación. La tuya probablemente sea diferente, ¡y eso está bien!

Aptitud

En la función de aptitud podemos simplemente contar el número de unos en la lista de genes.

oneMax.py

```
def obtener_aptitud(genes):
    return genes.count(1)
```

Mostrar

Como mostrar 100 números sería mucho, muestra sólo los primeros y los últimos 15 junto con la aptitud y el tiempo transcurrido.

```
def mostrar(candidato, horaInicio):
    diferencia = (datetime.datetime.now() - horaInicio).total_seconds()
    print("{}...{}\t{:3.2f}\t{}".format(
        ''.join(map(str, candidato.Genes[:15])),
        ''.join(map(str, candidato.Genes[-15:])),
        candidato.Aptitud,
        diferencia))
```

Esto utiliza str para convertir los enteros en *candidato.Genes* a una cadena. Sin map el código necesitaría un bucle como el siguiente para convertir los genes candidatos en un string:

```
result = []
for i in candidate.Genes
  result += str(candidate[i])
return result
```

Probar

Y aquí está el programa de prueba completo.

```python
def test(self, longitud=100):
    geneSet = [0, 1]
    horaInicio = datetime.datetime.now()

    def fnMostrar(candidato):
        mostrar(candidato, horaInicio)

    def fnObtenerAptitud(genes):
        return obtener_aptitud(genes)

    aptitudÓptima = longitud
    mejor = genetic.obtener_mejor(fnObtenerAptitud, longitud,
                                  aptitudÓptima, geneSet, fnMostrar)
    self.assertEqual(mejor.Aptitud, aptitudÓptima)
```

Ejecutar

Puede encontrar la solución muy rápidamente.

salida de muestra

```
1010101001101 01...010101001011001     50,00    0,001003
1010111001101 01...010101001011001     51,00    0,001003
...
111011111111111...111101111011111      95,00    0,004978
111011111111111...111101111011111      96,00    0,004978
111011111111111...111111111011111      97,00    0,004978
111011111111111...111111111011111      98,00    0,004978
111111111111111...111111111011111      99,00    0,005981
111111111111111...111111111111111     100,00    0,005981
```

Benchmarks

Como el motor puede resolver este problema tan rápido, vamos a evaluar comparativamente este proyecto con un arreglo más largo. Como con el benchmark de Adivinar Contraseña, estoy eligiendo una longitud que tarda entre 1 y 2 segundos de media en mi ordenador. Tú deberías usar una longitud apropiada para tu ordenador.

```python
def test_comparativa(self):
    genetic.Comparar.ejecutar(lambda: self.test(4000))
```

Podemos ver en los benchmarks actualizados que eliminar la conversión de cadena también puede habernos dado una pequeña mejora de rendimiento en el proyecto de adivinar contraseñas.

Cuadro 2.1: Benchmarks actualizados

proyecto	media (segundos)	desviación estándar
Contraseña	1,20	0,26
One Max	1,22	0,14

Acotaciones

En este proyecto, el motor genético elige aleatoriamente un índice del arreglo para cambiarlo, incluso si el arreglo ya contiene un 1 en ese índice, ya que el motor no sabe que el cambio que está haciendo es inútil hasta después de haber llamado a la función de aptitud. Un equivalente físico es coger 100 monedas y poner puntos adhesivos verdes en un lado y puntos adhesivos amarillos en el otro. Después, haz que un compañero te vende los ojos y deje caer las monedas en la mesa. Tu objetivo es girar todas las monedas amarillas boca arriba. Si giras una con el lado amarillo hacia arriba, te dicen que fue un éxito. De lo contrario, deshacen el cambio y te dicen que fue un fracaso. Para evitar que construyas un mapa mental, opcionalmente podrían mover la moneda a algún otro lugar después. Un juego difícil, ¿verdad?

Ahora piensa en los posibles cambios en el juego de las monedas que lo harían resoluble. Por ejemplo, ¿y si quitaran la moneda de la mesa cuando la gires con el lado amarillo hacia arriba? Eso sería sumamente útil, ¿verdad? Suponiendo que cada moneda empezara con el lado amarillo boca arriba, como mucho girarías cada moneda dos veces, lo cual significa que podrías girar todas las monedas boca arriba en como mucho 200 turnos sin importar de qué lado empezaran. Si el algoritmo genético, en lugar del motor, tuviera control para elegir el siguiente índice, entonces el equivalente sería que registrara el índice cambiado. Después, si la función mostrar fuera llamada a continuación por el motor en lugar de `obtener_indice`, el algoritmo sabría que el arreglo contiene un 1 en ese índice. Luego podría simplemente añadir el índice a una lista de índices a ignorar a la hora de intentar adivinar. Un beneficio secundario de esta solución es que, al igual que el jugador humano en el juego de las monedas, el algoritmo genético no necesita conocer el estado de todo el arreglo. Puede empezar con cero conocimiento y empezar a hacer un seguimiento de los índices que mejoran la aptitud, al igual que el juego clásico de Hundir la Flota.

Resumen

En este capítulo, la flexibilidad del módulo `genetic` fue mejorada permitiendo a los genes ser de cualquier tipo en lugar de sólo caracteres en un `string`. Ésta es una característica crítica, ya que en poco tiempo querremos usar algo que no sean simplemente caracteres del teclado para los genes.

Números ordenados

En este proyecto, vamos a crear un algoritmo genético que produce un `list` ordenado de números. Este proyecto es ligeramente más difícil que los dos anteriores porque, aunque hay muchas soluciones posibles en lugar de sólo una, ahora cada uno de los genes tiene una restricción basada en el valor de otro gen; específicamente, debe tener un valor mayor que el gen a su izquierda en el arreglo. Al igual que hicimos en el proyecto anterior, empezaremos con un stub que deberías poder usar para resolver este problema.

Stub de la clase de prueba

númerosOrdenados.py

```python
import unittest
import datetime
import genetic

def obtener_aptitud(genes):
    # devuelve el número de genes que están en orden ascendente

def mostrar(candidato, horaInicio):
    # muestra los genes actuales, su aptitud y el tiempo transcurrido
    # ejemplo: 53, 74, 95   => 3 0:00:00,001004

# `nosetests` no admite caracteres como ú en el nombre de la clase
class PruebasDeNumerosOrdenados(unittest.TestCase):
    def test_ordenar_3_números(self):
        self.ordenar_números(3)

    def ordenar_números(self, númerosTotales):
        # inicia un temporizador
        # crea las funciones auxiliares y la aptitud óptima
        # después llama a `genetic`.obtener_mejor()
        # finalmente, asevera que la aptitud del resultado es óptima
```

Genes

Para este proyecto, el conjunto de genes está formado por enteros en el rango 0 a 99, creados anteriormente con una lista por comprensión. Rellena los detalles y mira a ver si puedes implementar una solución antes de seguir leyendo. Trabajar en el problema por tu cuenta primero te ayudará a entender mejor mi implementación.

Solución

```
def ordenar_números(self, númerosTotales):
    geneSet = [i for i in range(100)]
```

> `[i for i in range(100)]` es un ejemplo de lista por comprensión, una potente característica de Python que nos permite crear un `list` diciendo lo que queremos en lugar de cómo conseguirlo. Esto es equivalente a:
>
> ```
> geneSet = []
> for i in range(100):
>   geneSet.append(i)
> ```
>
> El compilador de Python puede ser capaz de escribir código más rápido para las listas por comprensión en algunos casos. Puede que recuerdes que, a veces, usamos una variante de esto en la función mostrar para convertir un `list` de números a un `string` usando `map`.

Esto no debería haber sido difícil para ti. Si lo fue, revisa mi solución y luego hazlo una vez más desde cero para ayudar a que los patrones se graben en tu mente.

Aptitud

La función de aptitud devolverá un recuento de los números adyacentes que están en orden ascendente con 1 de regalo, ya que la posición inicial no tiene un gen a su izquierda.

```
def obtener_aptitud(genes):
    aptitud = 1
    for i in range(1, len(genes)):
        if genes[i] > genes[i - 1]:
            aptitud += 1
    return aptitud
```

La función mostrar

La función mostrar mostrará los valores del arreglo separados por una coma.

```
import datetime
...
def mostrar(candidato, horaInicio):
    diferencia = (datetime.datetime.now() - horaInicio).total_seconds()
    print("{}\t=> {}\t{}".format(
        ', '.join(map(str, candidato.Genes)),
        candidato.Aptitud,
        diferencia))
```

Ejecutar

```
70, 30, 19  => 1 0,0
70, 84, 19  => 2 0,0
70, 84, 95  => 3 0,0
```

¡Genial!

Obtener 10 dígitos ordenados

Ahora vamos a intentar que el motor produzca 10 números ordenados.

```
import genetic
...
    def test_ordenar_10_números(self):
        self.ordenar_números(10)
```

Ejecutar

Ahora cuando ejecutamos la prueba se para.

```
54, 59, 7, 69, 73, 76, 42, 46, 39, 87   => 7 0,001000
54, 59, 7, 69, 73, 76, 42, 46, 63, 87   => 8 0,001000
54, 59, 66, 69, 73, 76, 42, 46, 63, 87  => 9 0,003000
```

Nuestro primer parón

Cuando un algoritmo genético se detiene, a menudo es un indicio de que hay un patrón en el resultado o de que hay algo que tú sabes pero el algoritmo no. Por ejemplo, en la salida final anterior, los números forman un patrón de ejecuciones que nuestra función de aptitud actual no anticipó. La manera más fácil de que el algoritmo progrese sería que cambiara los valores de los índices 7-9 de [42, 46, 63] a valores en el rango 77-86. El problema es que no tiene manera de hacer eso. Así que vamos a examinar una versión más simple del problema para ver por qué. Por ejemplo, en la siguiente secuencia

```
3, 1, 6
```

el motor puede cambiar 1 a 4 o 5 para obtener una aptitud mayor. Pero en la siguiente secuencia

```
3, 1, 2, 6
```

el motor tiene que cambiar 2 valores para obtener una aptitud mayor. El problema es que la función obtener_mejor está programada de manera que sólo mantenga un cambio si la aptitud es mayor. Así, cambiar 2 a 5 o 1 a 4 en la secuencia anterior no mejora la aptitud y esos cambios serán desechados. Una solución sería cambiar el motor de algún modo, quizás para que mantenga los cambios que no empeoran la aptitud, en lugar de mantener sólo aquellos que la aumentan. Podríamos hacer eso, pero hay una manera mejor que nos muestra algo importante.

Diseñar una solución

Considera esta secuencia.

```
9, 30, 1, 20, 60
```

¿Sería lo siguiente una mejora?

```
9, 30, 15, 20, 60
```

¿O esto?

```
9, 16, 1, 20, 60
```

Ambos cambios serían mejoras porque reducen el punto en el que las dos ejecuciones se encuentran desde una distancia de 29 hasta una distancia de 15. Cualquiera de los dos podría ser entonces seguido por otro cambio similar que reduzca la distancia, o incluso convierta las dos ejecuciones ordenadas en una sola. La manera de ayudar al motor a mantener esta clase de cambio es dar crédito parcial en la aptitud.

Técnica de aptitud: **Dar crédito parcial en la aptitud si es posible.**

Usar un objeto *Aptitud*

Necesitamos dar preferencia de algún modo a las secuencias con distancias pequeñas entre ejecuciones sobre aquellas con distancias grandes. Un método que suele usarse cuando el motor tiene restricciones sobre el tipo de valor de la aptitud es aumentar el valor de la aptitud, multiplicándolo por un valor grande como 1000 por ejemplo, y luego restándole la distancia. Otra manera sería hacer que la puntuación de la aptitud fuera un valor de punto flotante con el valor de la distancia en la parte decimal y restado de 1. Ambas opciones funcionarían pero luego tendríamos que decodificarlas de manera mental o real si queremos descomponer cada parte del valor de la aptitud para mostrarlo.

Por suerte para nosotros, nuestro motor no tiene una limitación de tipos, por lo que vamos a mantener los valores separados pero encapsulados en un objeto de aptitud específico al problema que puede ser comparado con su propio tipo. Esto nos permite determinar la mejor de dos secuencias de genes según su aptitud, haciendo al mismo tiempo responsable al objeto aptitud de cómo se muestra.

Empezamos con el constructor.

númerosOrdenados.py

```
class Aptitud:
    def __init__(self, númerosEnSecuencia, brechaTotal):
        self.NúmerosEnSecuencia = númerosEnSecuencia
        self.BrechaTotal = brechaTotal
...
```

Después, necesitamos ser capaces de comparar dos valores de aptitud.

```
...
    def __gt__(self, otro):
        if self.NúmerosEnSecuencia != otro.NúmerosEnSecuencia:
            return self.NúmerosEnSecuencia > otro.NúmerosEnSecuencia
        return self.BrechaTotal < otro.BrechaTotal
...
```

ℹ️ __gt__ es el nombre de la función que busca el comparador incorporado mayor-que. Si proporcionamos una implementación, el comparador la usará. Podríamos implementar otras funciones de comparación, como menor-que, igual, etc., pero sólo necesitamos saber si la aptitud de la nueva secuencia de genes es mejor que la anterior. Si somos cuidadosos con las comparaciones efectuadas en obtener_mejor, entonces podemos relajarnos a la hora de implementar los objetos de aptitud en el futuro.

Por último, el objeto *Aptitud* necesita saber cómo convertirse a sí mismo en un string para mostrarse:

```
...
    def __str__(self):
        return "{} secuencial, distancia {}".format(
            self.NúmerosEnSecuencia,
            self.BrechaTotal)
```

Usar sólo > para la comparación de aptitud

Necesitamos ser capaces de comparar la aptitud de un *Cromosoma* con la aptitud óptima en el motor y usar sólo comparaciones mayor-que en la implementación.

```
def obtener_mejor(obtener_aptitud, longitudObjetivo, aptitudÓptima, geneSet,
                  mostrar):
...
    if not aptitudÓptima > mejorPadre.Aptitud:
        return mejorPadre

    while True:
        niño = _mutar(mejorPadre, geneSet, obtener_aptitud)
        if not niño.Aptitud > mejorPadre.Aptitud:
            continue
        mostrar(niño)
        if not aptitudÓptima > niño.Aptitud:
            return niño
        mejorPadre = niño
```

Después tenemos que pasar una instancia de *Aptitud* a obtener_mejor como valor óptimo.

númerosOrdenados.py

```
def ordenar_números(self, númerosTotales):
...
    aptitudÓptima = Aptitud(númerosTotales, 0)
    mejor = genetic.obtener_mejor(fnObtenerAptitud, númerosTotales,
                                  aptitudÓptima, geneSet, fnMostrar)
    self.assertTrue(not aptitudÓptima > mejor.Aptitud)
```

Finalmente, en *obtener_aptitud,* tenemos que devolver una instancia de *Aptitud.*

```
def obtener_aptitud(genes):
    aptitud = 1
    brecha = 0
    for i in range(1, len(genes)):
        if genes[i] > genes[i - 1]:
            aptitud += 1
        else:
            brecha += genes[i - 1] - genes[i]

    return Aptitud(aptitud, brecha)
```

Ejecutar 2

Ahora, al ejecutar la prueba, es posible encontrar una solución alrededor del 70 % de las veces. Cuando no es posible, el resultado tiene el siguiente aspecto:

```
...
10, 16, 18, 28, 30, 33, 7, 8, 9, 11 => 9 secuencial, distancia 26    0,008001
10, 16, 18, 28, 30, 6, 7, 8, 9, 11  => 9 secuencial, distancia 24    0,012001
10, 16, 18, 28, 29, 6, 7, 8, 9, 11  => 9 secuencial, distancia 23    0,021002
```

Estudiar los resultados

Al estudiar la última línea de la salida, vemos que podemos obtener mejoras de aptitud parciales moviendo el 29 y el 6 más cerca el uno del otro. Sin embargo, hay un vecino que evita que se muevan - el 6 no puede ser sustituido por un número mayor, y el 29 no puede ser sustituido por un número menor, sin reducir la aptitud. Esto significa que considerar únicamente la distancia en la discontinuidad es insuficiente. Lo que nos permitiría avanzar sería que el 28 fuera reducido o el 9 fuera aumentado, o que uno de los vecinos cambiara para dejarnos espacio para reducir la distancia.

Diseñar una solución

Ahora vamos a implementar un cambio mencionado anteriormente. En lugar de mantener sólo los cambios que tengan una aptitud mejor que el padre, vamos a permitir que el motor mantenga cualquier cambio que produzca una aptitud equivalente o mejor que la del padre del siguiente modo:

genetic.py

```python
def obtener_mejor(obtener_aptitud, longitudObjetivo, aptitudÓptima, geneSet,
                  mostrar):
...
        niño = _mutar(mejorPadre, geneSet, obtener_aptitud)
        if mejorPadre.Aptitud > niño.Aptitud:                        <==
            continue
        if not niño.Aptitud > mejorPadre.Aptitud:
            mejorPadre = niño                                        <==
            continue
        mostrar(niño)
        if not aptitudÓptima > niño.Aptitud:
...
```

Ejecutar 3

Ahora, al ejecutar la prueba, ésta puede encontrar una secuencia ordenada cada vez.

```
...
11, 3, 9, 41, 45, 47, 71, 76, 83, 86 => 9 secuencial, distancia 8    0,001000
9, 3, 6, 18, 45, 47, 52, 76, 83, 86 => 9 secuencial, distancia 6 0,002000
2, 3, 6, 36, 45, 47, 52, 76, 83, 86 => 10 secuencial, distancia 0    0,002000
```

Podemos ver que mantuvo líneas genéticas equivalentes para ordenar 9 elementos y otra vez para ordenar 10 porque cambió más de un número para obtener cada una de esas mejoras. También podemos ver cómo cambia las líneas genéticas cuando múltiples caracteres cambian al mismo tiempo en la salida del problema de las contraseñas.

```
ByTOGn!ZVhC      0    0,0
MoLlKaada¡r.     1    0,0
cwzlwbMcSrdZ     2    0,0
qsGlNBMuFLOZ     3    0,0
¡TblXIMuNTUo     4    0,0
¡GnlS MuDIG,     5    0,016347
¡SGlu MuCJom     6    0,017349
¡vWla MuT.oz     7    0,019353
¡vWla Mun.oz     8    0,019353
¡RMla MunVo!     9    0,026371
¡tsla Mundo!    10    0,027374
¡lola Mundo!    11    0,027374
¡Hola Mundo!    12    0,037404
```

Dividir obtener_mejor

El código del bucle de obtener_mejor se está volviendo complejo. Una manera de solucionarlo es dividir el código del bucle en dos partes. La primera parte sólo será responsable de generar secuencias de genes sucesivamente mejores que enviará de vuelta a obtener_mejor a través de `yield`.

genetic.py

```python
def _obtener_mejoras(nuevo_niño, generar_padre):
    mejorPadre = generar_padre()
    yield mejorPadre
    while True:
        niño = nuevo_niño(mejorPadre)
        if mejorPadre.Aptitud > niño.Aptitud:
            continue
        if not niño.Aptitud > mejorPadre.Aptitud:
            mejorPadre = niño
            continue
        yield niño
        mejorPadre = niño
```

Y obtener_mejor será responsable de mostrar las mejoras y de romper el bucle.

```
def obtener_mejor(obtener_aptitud, longitudObjetivo, aptitudÓptima, geneSet,
                  mostrar):
    random.seed()

    def fnMutar(padre):
        return _mutar(padre, geneSet, obtener_aptitud)

    def fnGenerarPadre():
        return _generar_padre(longitudObjetivo, geneSet, obtener_aptitud)

    for mejora in _obtener_mejoras(fnMutar, fnGenerarPadre):
        mostrar(mejora)
        if not aptitudÓptima > mejora.Aptitud:
            return mejora
```

Benchmarks

Crea un benchmark para este proyecto haciendo que produzca una secuencia de números ordenados que tarde 1-2 segundos en ejecutarse de media.

númerosOrdenados.py

```
def test_comparativa(self):
    genetic.Comparar.ejecutar(lambda: self.ordenar_números(40))
```

Como modificamos el módulo genetic, los anteriores benchmarks pueden haber cambiado, así que aquí están los benchmarks actualizados para todos los proyectos que hemos hecho hasta ahora:

Cuadro 3.1: Benchmarks

proyecto	medio (segundos)	desviación estándar
Contraseña	1,23	0,31
One Max	1,20	0,16
Números Ordenados	1,15	0,68

Resumen

En este proyecto, consideramos un par de maneras de codificar múltiples objetivos en el valor de aptitud, y cómo usar una clase comparable en lugar de un número para los valores de aptitud. También mejoramos el motor haciendo que cambiara a líneas genéticas nuevas e igual de buenas en caso de surgir. Además, extrajimos una función generadora de obtener_mejor para dividir el problema.

El problema de las ocho reinas

En este proyecto, resolveremos el problema de las ocho reinas.

En el juego del ajedrez, la reina puede atacar a través de cualquier número de casillas desocupadas en el tablero de manera horizontal, vertical o diagonal.

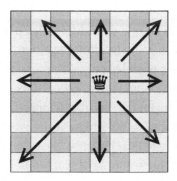

El problema de las ocho reinas consiste en colocar 8 reinas en un tablero de ajedrez estándar de manera que ninguna esté bajo ataque.

Tómate un par de minutos para intentar resolverlo con algo como unas monedas físicas en un tablero de ajedrez de papel para hacerte una idea de cómo podría funcionar.

Resulta que colocar 7 reinas en posiciones seguras en un tablero de ajedrez no es demasiado difícil.

```
R . . . . . . .
. . . . R . . .
. . . . . . R .
. R . . . . . .
. . . R . . . .
. . . . . . R
. . . . . . . .
. . R . . . . .
```

Colocar 8 requiere un poco más de trabajo. Según la Wikipedia (ver: http://es.wikipedia. org/wiki/Problema_de_las_ocho_reinas) sólo hay 92 soluciones a este problema y, una vez que eliminamos las simetrías y las rotaciones, sólo hay 12 soluciones únicas.

Hay 64 x 63 x 62 x 61 x 60 x 59 x 58 x 57 ubicaciones posibles para las reinas suponiendo que no apliquemos un poco de lógica para reducir el espacio de búsqueda. Ése es un número muy grande, por lo que, claramente, un método iterativo directo es poco práctico.

Este problema es como el proyecto de los números ordenados en la medida en que hay restricciones sobre los genes pero, en lugar de una o dos restricciones por gen, ahora tenemos muchas debido a las relaciones entre los genes que el motor desconoce.

Además, en los proyectos que hemos hecho hasta ahora, los genes *eran* la solución, por lo que éramos capaces de mostrarlos sin ninguna transformación y nuestro código de aptitud podía simplemente compararlos entre sí o con la respuesta conocida.

A un alto nivel, la comunidad llama a la codificación genética *genotipo* y, a la forma final o comportamiento en la solución de los genes, *fenotipo*.

> El *genotipo* es el modo en que se codifican las partes del problema para poder ser manipuladas por el algoritmo genético.
> Ejemplo: Los genotipos posibles para este proyecto incluyen:
> - 64 bits, uno por cada una de las 64 casillas del tablero
> - 48 bits, 6 por cada una de las ubicaciones de las reinas, porque podemos contar hasta 64 con 6 bits
> - 8 enteros en el rango 0..63 o 1..64
> - 16 enteros que representan la ubicación de la fila y la columna de cada reina

> El *fenotipo* es cómo se utilizan los genes decodificados en la resolución del problema. En cada uno de los ejemplos anteriores, el fenotipo es la ubicación de las 8 reinas en el tablero.
> La función de aptitud evalúa el fenotipo en el contexto del problema que está siendo resuelto para devolver un valor de aptitud al motor.

Además, como en el proyecto de los números ordenados, tenemos varias soluciones posibles, y no vamos a introducirlas manualmente. Así que tendremos que calcular la aptitud en base a características.

En este punto, deberías tener información suficiente para intentar una implementación. Usa el lenguaje de programación que prefieras, no tiene que ser Python. Vuelve aquí una vez que estés listo para seguir paso a paso mi proceso de implementación. Éste debería ser tu patrón para el resto de los proyectos para que abordes la implementación de cada solución habiendo pensado al menos en qué genes usarías y en cómo podrías evaluar la aptitud.

Clase de prueba

reinas.py

```python
import unittest
import datetime
import genetic

class PruebasDeReinas(unittest.TestCase):
    def test(self, tamaño=8):
```

Para empezar, necesitamos definir el genotipo. Usaremos dos genes para la posición de cada reina - uno para la fila y uno para la columna. El tablero de ajedrez tiene convenientemente el mismo número de filas que de columnas (8), por lo que usaremos los dígitos del 0 al 7.

```python
    def test(self, tamaño=8):
        geneSet = [i for i in range(tamaño)]
```

Tablero

Usaremos los genes como índices de fila y columna para representar las ubicaciones de las reinas en el tablero.

```python
class Tablero:
    def __init__(self, genes, tamaño):
        tablero = [['.'] * tamaño for _ in range(tamaño)]
        for índice in range(0, len(genes), 2):
            fila = genes[índice]
            columna = genes[índice + 1]
            tablero[columna][fila] = 'R'
        self._tablero = tablero
```

Podríamos haber introducido una clase *Ubicación* para convertir y encapsular las parejas de genes como ubicaciones de Fila y Columna pero, como hay una correlación directa, no lo necesitamos. Si hubiéramos elegido uno de los otros genotipos descritos anteriormente, habría sido un paso importante.

Mostrar

La función mostrar nos permitirá visualizar las ubicaciones de las reinas,

```python
def mostrar(candidato, horaInicio, tamaño):
    diferencia = (datetime.datetime.now() - horaInicio).total_seconds()
    tablero = Tablero(candidato.Genes, tamaño)
    tablero.print()
    print("{}\t- {}\t{}".format(
        ' '.join(map(str, candidato.Genes)),
        candidato.Aptitud,
        diferencia))
```

pero primero necesitamos añadir una función print a la clase *Tablero*:

```python
class Tablero:
...
    def print(self):
        # 0,0 muestra en la esquina inferior izquierda
        for i in reversed(range(len(self._tablero))):
            print(' '.join(self._tablero[i]))
```

Esto produce una salida como la siguiente:

```
R . . . . . . .
. . . . R . R .
. . R . . . . .
. . . . . . . R
. . . . . . . .
. R . . . . . .
. . . R . . . .
. . . . . R . .
1 2 7 4 6 6 4 6 3 1 6 0 2 5 0 7 - 3 0,005012
```

> ❶ Imprimir valores separados por comas sin un string de formato los separa automáticamente con un espacio.

La fila de dígitos bajo el tablero es el conjunto de genes que creó la disposición de ese tablero. El número de la derecha es la aptitud, y el tiempo transcurrido está al final.

Aptitud

Para introducir mejoras, necesitaremos aumentar el valor de aptitud siempre que puedan coexistir más reinas en el tablero.

Empezaremos considerando el número de columnas que no tienen una reina.

Aquí hay una disposición que obtiene una puntuación óptima pero no deseable:

```
R R R R R R R R
. . . . . . . .
. . . . . . . .
. . . . . . . .
. . . . . . . .
. . . . . . . .
. . . . . . . .
. . . . . . . .
```

También consideraremos el número de filas que no tienen reinas. He aquí un tablero revi-
sado donde ambas situaciones son óptimas pero la disposición sigue permitiendo que las
reinas se ataquen entre sí:

```
R . . . . . . .
. R . . . . . .
. . R . . . . .
. . . R . . . .
. . . . R . . .
. . . . . R . .
. . . . . . R .
. . . . . . . R
```

Para solucionar este problema, incluiremos el número de diagonales al sureste que no tengan una reina. Una vez más, podemos encontrar un caso límite de la siguiente manera:

```
. . . . . . . R
. . . . . . R .
. . . . . R . .
. . . . R . . .
. . . R . . . .
. . R . . . . .
. R . . . . . .
R . . . . . . .
```

Para resolver este problema final, incluiremos el número de diagonales al noreste que no
tengan una reina.

Podemos calcular los índices de las diagonales al noreste en Excel usando la fórmula =$A2 +B$1, que produce una cuadrícula como la siguiente:

```
     0    1    2    3    4    5    6    7
0    0    1    2    3    4    5    6    7
1    1    2    3    4    5    6    7    8
2    2    3    4    5    6    7    8    9
3    3    4    5    6    7    8    9    10
4    4    5    6    7    8    9    10   11
5    5    6    7    8    9    10   11   12
6    6    7    8    9    10   11   12   13
7    7    8    9    10   11   12   13   14
```

Los índices de las diagonales al sureste se pueden calcular usando =(8-1-$A2)+B$1, que podemos visualizar del siguiente modo:

```
     0    1    2    3    4    5    6    7
0    7    8    9    10   11   12   13   14
1    6    7    8    9    10   11   12   13
2    5    6    7    8    9    10   11   12
3    4    5    6    7    8    9    10   11
4    3    4    5    6    7    8    9    10
5    2    3    4    5    6    7    8    9
6    1    2    3    4    5    6    7    8
7    0    1    2    3    4    5    6    7
```

Usando las dos fórmulas anteriores junto con los valores de fila y columna, podemos escribir una función de aptitud que visite cada posición del tablero exactamente una vez, lo cual hace que se ejecute rápido.

> La función de aptitud debería ejecutarse lo más rápidamente posible porque cabe la posibilidad de que haya que llamarla millones de veces.

El valor de aptitud será la suma de esos cuatro recuentos, restada del valor máximo (8+8+8+8, o 32). Esto significa que el valor óptimo será cero y que los valores mayores serán peores. En todos los proyectos anteriores, los valores de aptitud más altos eran mejores. ¿Cómo hacemos que esto funcione? De la misma manera que hicimos en el problema de los Números Ordenados. Añadimos una clase *Aptitud* específica al problema donde __gt__ es codificado para preferir menos reinas bajo ataque, del siguiente modo:

```
class Aptitud:
    def __init__(self, total):
        self.Total = total

    def __gt__(self, otro):
        return self.Total < otro.Total

    def __str__(self):
        return "{}".format(self.Total)
```

Luego contamos el número de filas, columnas y diagonales que tienen reinas para determinar cuántas están bajo ataque:

```
def obtener_aptitud(genes, tamaño):
    tablero = Tablero(genes, tamaño)
    filasConReinas = set()
    columnasConReinas = set()
    diagonalesNoresteConReinas = set()
    diagonalesSudoesteConReinas = set()
    for fila in range(tamaño):
        for columna in range(tamaño):
            if tablero.get(fila, columna) == 'R':
                filasConReinas.add(fila)
                columnasConReinas.add(columna)
                diagonalesNoresteConReinas.add(fila + columna)
                diagonalesSudoesteConReinas.add(tamaño - 1 - fila + columna)

    total = (tamaño - len(filasConReinas)
                + tamaño - len(columnasConReinas)
                + tamaño - len(diagonalesNoresteConReinas)
                + tamaño - len(diagonalesSudoesteConReinas))

    return Aptitud(total)
```

Esto requiere añadir una función get a la clase *Tablero*:

```
class Tablero:
...
    def get(self, fila, columna):
        return self._tablero[columna][fila]
```

Probar

Finalmente, nuestro banco de pruebas reúne todas las partes.

```
def test(self, tamaño=8):
    geneSet = [i for i in range(tamaño)]
    horaInicio = datetime.datetime.now()

    def fnMostrar(candidato):
        mostrar(candidato, horaInicio, tamaño)

    def fnObtenerAptitud(genes):
        return obtener_aptitud(genes, tamaño)

    aptitudÓptima = Aptitud(0)
    mejor = genetic.obtener_mejor(fnObtenerAptitud, 2 * tamaño,
                                  aptitudÓptima, geneSet, fnMostrar)
    self.assertTrue(not aptitudÓptima > mejor.Aptitud)
```

Ejecutar

Ahora podemos ejecutar la prueba para ver si el motor puede encontrar una solución.

```
. . . . . R . .
. . . R R . . .
. . . . R . . .
. . . . . . . .
. . . . . . . .
. R . . . . . .
. . R . . . . .
. . . R . . . R
3 6 7 0 1 2 4 5 4 6 3 0 2 1 5 7 - 9 0,0
```

```
R . . . . R . .
. . R . . . . .
. . . . R . . .
. . . . . . . R
. . . . . . . .
. . . . . . R .
. . R . . . . .
. . R . . . . .
0 7 7 4 6 2 4 5 2 6 2 0 2 1 5 7 - 4 0,001003
```

```
. . . . R . . .
. . R . . . . .
R . . . . . . .
. . . . . . R .
. R . . . . . .
. . . . . . . R
. . . . R . . .
. . . R . . . .
7 2 1 3 0 5 4 7 3 0 6 4 2 6 5 1 - 0 0,098260
```

Algunas generaciones se dejan fuera para mayor brevedad, pero puedes ver que el motor es capaz de encontrar fácilmente las soluciones óptimas a este problema. La solución anterior es especialmente satisfactoria. La volveremos a ver en otro proyecto.

Benchmarks

Lo bueno de nuestra implementación es que también funciona para N reinas en un tablero de NxN, por lo que podemos hacer una evaluación comparativa de rendimiento con un problema más difícil, como 20 reinas.

```python
def test_comparativa(self):
    genetic.Comparar.ejecutar(lambda: self.test(20))
```

```
. . . . . . . . . . . R . . . . . . . .
. . . . . . . . . . . . . . . . . . . R
. R . . . . . . . . . . . . . . . . . .
. . . . . . . . R . . . . . . . . . . .
. . . . . . . . . . . . . . . . R . . .
. . . . . R . . . . . . . . . . . . . .
. . . . . . . R . . . . . . . . . . . .
. . . . . . . . . . R . . . . . . . . .
R . . . . . . . . . . . . . . . . . . .
. . . . . . . . . . . . . . . R . . . .
. . . . . . . R . . . . . . . . . . . .
. . . . . R . . . . . . . . . . . . . .
. . . . . . . . . . . . . . R . . . . .
. . . R . . . . . . . . . . . . . . . .
. . . . . . . . . . . . . . R . . . . .
. . . . . . . . R . . . . . . . . . . .
. . . . . . . . . . . . R . . . . . . .
. . . . . R . . . . . . . . . . . . . .
. . . . . . . . . . . . . R . . . . . .
. . R . . . . . . . . . . . . . . . . .
10 4 11 19 5 14 6 2 17 10 14 1 8 9 18 15 3 6 4 8 13 3 2 0 1 17 15 7 9 16 7 13 12 12
    19 18 0 11 16 5 - 0 0,639702
```

No cambiamos ningún código en el módulo `genetic`, por lo que simplemente podemos ejecutar el benchmark con N reinas.

Cuadro 4.1: Benchmarks

medio (segundos)	desviación estándar
1,49	1,05

Acotaciones

Si piensas en ello, deberías ser capaz de ver el problema de las reinas como una variante de un problema de asignación de recursos o planificación, con las filas y columnas representando los recursos, y las reinas siendo las personas o cosas que requieren o consumen recursos, posiblemente con restricciones adicionales (i.e. los ataques en diagonal). Con unos genes y una clase de prueba diferentes, podrías resolver varios problemas de asignación de recursos o planificación con el motor actual. Por ejemplo: hornear pizzas en hornos, una pizza por horno. Las filas podrían convertirse en hornos - posiblemente con características especiales como hornea-más-rápido o -más-lento o sólo pizzas pequeñas. Las columnas se podrían convertir en intervalos de tiempo, y las reinas en pizzas con características como tamaño, tiempo de cocción necesario, valor, bonificación por entrega más rápida, etc. Ahora puedes intentar maximizar el número de pizzas, o la cantidad de dinero ganada. Seguro que te haces una idea.

Resumen

En este proyecto, aprendimos la diferencia entre genotipo y fenotipo. Éste fue el primer proyecto en el que el genotipo era diferente del fenotipo. También aprendimos que podemos hacer fácilmente que el motor seleccione las secuencias de genes con valores de aptitud menores en lugar de mayores, por si eso resulta útil en la resolución de un problema.

Coloración de grafos

En este proyecto, vamos a tratar un tipo de problema conocido como coloración de grafos. Las variaciones implican usar el menor número de colores haciendo que cada nodo tenga un color único, intentar usar un número igual de cada color, etc. Experimentando podemos ver que una forma rodeada por un número par de vecinos se puede rellenar generalmente con sólo 3 colores.

Mientras que una forma rodeada por un número impar de vecinos requiere 4 colores.

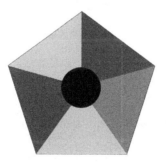

Intentaremos usar sólo 4 colores para colorear un mapa de 21 países donde el español es el idioma nacional, con la restricción de que ningún país adyacente tenga el mismo color. Para hacer esto a mano, colorea cualquier país y luego usa colores alternos en sus países vecinos. Sólo introduce un nuevo color cuando sea necesario.

Al hacer esto en código, no nos importa la representación visual, al igual que las relaciones físicas entre países, que podemos codificar como un grafo, o de manera más simple como un conjunto de reglas que indican qué países no pueden tener el mismo color.

Datos

Empezaremos con un archivo que contenga una lista de países y el conjunto de países que son adyacentes a cada uno. Cada fila del archivo contiene la información de un país. Hay 2 campos en cada línea, separados por una coma. El primer campo contiene un código único para el país. El segundo campo contiene una lista separada por punto y coma de los códigos de sus países vecinos.

```
AR,BO;CL;PY;UY
BO,AR;PY;CL;PE
CL,AR;BO;PE
CO,EC;PA;PE;VE
CR,NI;PA
CU,
DO,
EC,CO;PE
ES,
GQ,
GT,MX;HN;SV
HN,GT;NI;SV
MX,GT
NI,CR;HN
PA,CO;CR
PE,BO;CL;CO;EC
PR,
PY,AR;BO
SV,GT;HN
UY,AR
VE,CO
```

Tómate un descanso y piensa al menos en qué genes usarías, y en cómo evaluarías la aptitud.

Leer el archivo

Usaremos el módulo `csv` para leer el archivo y dividir las líneas en las comas. Luego dividiremos manualmente la lista de países adyacentes en los puntos y comas, y enlazaremos el país y su lista de países adyacentes en una tabla clave-valor (`dict`).

coloración.py

```
import csv

def cargar_datos(archivoLocal):
    """ espera: AA, BB, CC donde BB y CC son los valores iniciales
        de la columna en otras filas.
    """
    with open(archivoLocal, mode='r') as fuente:
        reader = csv.reader(fuente)
        búsqueda = {fila[0]: fila[1].split(';') for fila in reader if fila}
    return búsqueda
```

Regla

Ahora que hemos leído los datos, necesitamos definir las reglas. Una *Regla* conecta dos países indicando que son adyacentes. Cuando creamos la regla, siempre ordenamos el *país* y los códigos *adyacentes* alfabéticamente. Esto permite eliminar los duplicados.

```
class Regla:
    def __init__(self, nodo, adyacente):
        if nodo < adyacente:
            nodo, adyacente = adyacente, nodo
        self.Nodo = nodo
        self.Adyacente = adyacente
```

Como queremos ser capaces de poner las reglas en una tabla clave-valor y de identificarlas de forma única en un list, necesitamos definir __hash__ y __eq__. La característica importante de la función __hash__ es que ninguna combinación de país y códigos adyacentes debería obtener el mismo valor de hash. La implementación siguiente multiplica el hash del código del país por un número primo y luego le aplica un OR exclusivo con el hash del código del país adyacente.

```
    def __eq__(self, otro):
        return self.Nodo == otro.Nodo and self.Adyacente == otro.Adyacente

    def __hash__(self):
        return hash(self.Nodo) * 397 ^ hash(self.Adyacente)
```

Puede que también queramos ser capaces de mostrar una regla, por lo que añadiremos una implementación de __str__.

```
def __str__(self):
    return self.Nodo + " -> " + self.Adyacente
```

Reglas de adyacencia de países

A continuación crearemos el conjunto de objetos *Regla*. Mientras lo estemos haciendo, efectuaremos una comprobación de validez en los datos del siguiente modo: cuando un país clave diga que es adyacente a otro país, las reglas del país adyacente también deberán decir que es adyacente al país clave. Esto lo hacemos llevando la cuenta del número de veces que hemos visto cada par de países. Deberíamos ver dos veces a cada uno por lo que, si sólo los vemos una vez, sabemos que tenemos un problema de datos.

```
def construir_reglas(artículos):
    reglasAñadidas = {}

    for país, adyacente in artículos.items():
        for paísAdyacente in adyacente:
            if paísAdyacente == '':
                continue
            regla = Regla(país, paísAdyacente)
            if regla in reglasAñadidas:
                reglasAñadidas[regla] += 1
            else:
                reglasAñadidas[regla] = 1

    for k, v in reglasAñadidas.items():
        if v != 2:
            print("regla {} no es bidireccional".format(k))

    return reglasAñadidas.keys()
```

Ahora tenemos la capacidad de convertir un archivo de relaciones entre nodos en un conjunto de objetos *Regla* de adyacencia.

Clase de prueba

Después crearemos el código usado por el motor genético.

```
import unittest
import datetime
import genetic
...
# `nosetests` no admite caracteres como ó y á en el nombre de la clase
class PruebasDeColoracionGrafica(unittest.TestCase):
    def test(self):
```

Probar

Empezaremos cargando los países del archivo y creando las reglas. Como la situación óptima esperada será que todos los países adyacentes tengan colores diferentes, podemos establecer el valor óptimo al número de reglas. Nuestro *Cromosoma* tendrá 21 genes, uno por cada país en orden alfabético. Esto nos permite usar el índice de sus genes como un índice en una lista de códigos de países ordenados.

```
def test(self):
    países = cargar_datos("países_españoles.csv")
    reglas = construir_reglas(países)
    valorÓptimo = len(reglas)
    búsquedaÍndicePaís = {key: índice
                          for índice, key in enumerate(sorted(países))}
...
```

Genes

Después, como queremos asignar 4 colores a los 21 países, nuestro genotipo puede ser cuatro códigos de color (la primera letra del nombre de cada color).

```
...
    colores = ["Naranja", "Amarillo", "Verde", "Rojo"]
    búsquedaDeColor = {color[0]: color for color in colores}
    geneSet = list(búsquedaDeColor.keys())
...
```

Ahora añadimos las definiciones de función habituales y llamamos a obtener_mejor.

```
...
    horaInicio = datetime.datetime.now()

    def fnMostrar(candidato):
        mostrar(candidato, horaInicio)

    def fnObtenerAptitud(genes):
        return obtener_aptitud(genes, reglas, búsquedaÍndicePaís)

    mejor = genetic.obtener_mejor(fnObtenerAptitud, len(países),
                                  valorÓptimo, geneSet, fnMostrar)
    self.assertTrue(not valorÓptimo > mejor.Aptitud)
...
```

Y al final podemos escribir el color de cada país.

```
...
    llaves = sorted(países.keys())
    for índice in range(len(países)):
        print(
            llaves[índice] + " es " + búsquedaDeColor[mejor.Genes[índice]])
```

Mostrar

En cuanto a la función mostrar, debería ser suficiente con mostrar los genes porque también son códigos de color.

```
def mostrar(candidato, horaInicio):
    diferencia = (datetime.datetime.now() - horaInicio).total_seconds()
    print("{}\t{}\t{}".format(
        ''.join(map(str, candidato.Genes)),
        candidato.Aptitud,
        diferencia))
```

Esto produce una salida como la siguiente. El número a la derecha de la secuencia de genes indicará cuántas reglas satisface esta secuencia de genes.

```
|| VANRVRANNVRAVNARNVRAA   17   0,0                                        ||
```

Aptitud

Finalmente, necesitamos una función de aptitud que cuente cuántas restricciones ha pasado la secuencia de genes.

```
def obtener_aptitud(genes, reglas, búsquedaÍndicePaís):
    reglasQuePasan = sum(1 for regla in reglas
                         if regla.EsVálida(genes, búsquedaÍndicePaís))
    return reglasQuePasan
```

Esto usa una nueva función en la clase *Regla*:

```
class Regla:
...
    def EsVálida(self, genes, búsquedaDeÍndiceDeNodo):
        índice = búsquedaDeÍndiceDeNodo[self.Nodo]
        paísAdyacenteÍndice = búsquedaDeÍndiceDeNodo[self.Adyacente]
        return genes[índice] != genes[paísAdyacenteÍndice]
```

Ejecutar

Ahora, al ejecutar nuestra función `test` principal, obtenemos una salida como la siguiente:

```
...
VNRAARVNNNRAVNNRNVRAV     17   0,001002
VNRAARVNNNRAVNNVNVRAV     18   0,001002
ANRAAAVNNARAVRRVNVNAN     19   0,001002
ANRAVVVNNVRAARRVNVNRN     20   0,002004
AR es Amarillo
BO es Naranja
CL es Rojo
CO es Amarillo
CR es Verde
CU es Verde
DO es Verde
EC es Naranja
ES es Naranja
GQ es Verde
GT es Rojo
HN es Amarillo
MX es Amarillo
NI es Rojo
PA es Rojo
PE es Verde
PR es Naranja
PY es Verde
SV es Naranja
UY es Rojo
VE es Naranja
```

Benchmarking

Para hacer un benchmark para este proyecto, vamos a usar `R100_1gb`, uno de los conjuntos de problemas de coloración de grafos disponibles en https://turing.cs.hbg.psu.edu/txn131/ graphcoloring.html El formato del archivo está basado en líneas, con cada línea encabezada con su tipo. Las líneas en las que estamos interesados empiezan por `e`, (`edge` en inglés, borde en español), seguidas por los IDs numéricos de los dos nodos conectados por ese borde, del siguiente modo:

```
e 16 10
```

Si cambiamos el formato de nuestro archivo de países adyacentes al mismo formato, entonces podremos reutilizar gran parte del código. Empezaremos añadiendo una función-prueba de utilidad que lea nuestro archivo actual y muestre por la salida el contenido en el nuevo formato.

Convertir el archivo de países

```python
@staticmethod
def test_convert_file():
    países = cargar_datos("países_españoles.csv")
    salida = []
    cuentaDeNodos = cuentaBordes = 0
    for país, adyacentes in países.items():
        cuentaDeNodos += 1
        for adyacente in adyacentes:
            if adyacente == '':
                salida.append("n {} 0".format(país))
            else:
                salida.append("e {} {}".format(país, adyacente))
                cuentaBordes += 1
    with open('./países_españoles.col', mode='w+') as archivoExterno:
        print("p edge {} {}".format(cuentaDeNodos, cuentaBordes),
              file=archivoExterno)
        for fila in sorted(salida):
            print(fila, file=archivoExterno)
```

Al ejecutar esta prueba, acabamos con un archivo cuyo contenido se parece al siguiente:

```
p edge 21 40
e AR BO
e AR CL
...
e VE CO
n CU 0
n DO 0
n ES 0
n GQ 0
n PR 0
```

Algunos países no tienen bordes, por lo que la única manera de saber sobre ellos es a partir de sus registros (n) de nodo.

La función de utilidad e import cvs se pueden eliminar una vez convertido el archivo.

Leer el nuevo formato de archivo

Después necesitamos actualizar *cargar_datos* para leer el nuevo formato de archivo.

```python
def cargar_datos(archivoLocal):
    """ espera: T D1 [D2 ... DN]
        donde T es el tipo de registro
        y D1 .. DN son elementos de datos apropiados del tipo de registro
    """
    reglas = set()
    nodos = set()
    with open(archivoLocal, mode='r') as fuente:
        contenido = fuente.read().splitlines()
    for fila in contenido:
        if fila[0] == 'e': # e aa bb, aa y bb son identificadores de nodo
            nodoIds = fila.split(' ')[1:3]
            reglas.add(Regla(nodoIds[0], nodoIds[1]))
            nodos.add(nodoIds[0])
            nodos.add(nodoIds[1])
            continue
        if fila[0] == 'n':
            # n aa ww, aa es un identificador de nodo, ww es un peso
            nodoIds = fila.split(' ')
            nodos.add(nodoIds[1])
    return reglas, nodos
```

ℹ️ Ahora estamos devolviendo un conjunto de objetos *Regla* y un conjunto de nombres de nodos. Los capturaremos en variables en la función de prueba. Como tenemos funciones `__hash__` y `__eq__` en la clase *Regla*, poner las reglas en un conjunto elimina automáticamente los equivalentes bidireccionales.

Extraer los parámetros

También aprovecharemos esta oportunidad para renombrar la función de prueba a *color* y hacer que el nombre de archivo y la lista de colores sean parámetros. Luego añadiremos una función *test_países* que use la función *color*.

```python
def test_países(self):
    self.color("países_españoles.col",
               ["Naranja", "Amarillo", "Verde", "Rojo"])

def color(self, file, colores):
    reglas, nodos = cargar_datos(file)
...
```

Elimina la siguiente línea de la función *color*, ya que la lista de colores es ahora un parámetro.

```python
colores = ["Naranja", "Amarillo", "Verde", "Rojo"]
```

Índices de los nodos

El siguiente cambio en la función *color* afecta a cómo obtenemos los índices de los nodos.

```
reglas, nodos = cargar_datos(file)
valorÓptimo = len(reglas)
búsquedaDeColor = {color[0]: color for color in colores}
geneSet = list(búsquedaDeColor.keys())
horaInicio = datetime.datetime.now()
búsquedaDeÍndiceDeNodo = {key: índice
                          for índice, key in
                          enumerate(sorted(nodos))}              <==


def fnMostrar(candidato):
    mostrar(candidato, horaInicio)


def fnObtenerAptitud(genes):
    return obtener_aptitud(genes, reglas, búsquedaDeÍndiceDeNodo) <==
```

Actualizar la salida final

Finalmente, tenemos que actualizar la manera en que escribimos los resultados al final de la función de prueba:

```
mejor = genetic.obtener_mejor(fnObtenerAptitud, len(nodos),
                              valorÓptimo, geneSet, fnMostrar)
self.assertTrue(not valorÓptimo > mejor.Aptitud)

llaves = sorted(nodos)                                           <==
for índice in range(len(nodos)):                                 <==
    print(
        llaves[índice] + " es " + búsquedaDeColor[mejor.Genes[índice]])
```

Asegúrate de ejecutar la prueba de los países para verificar que aún funciona.

Añade la prueba de benchmark

Después podemos añadir una prueba para los datos de R100_1gb del siguiente modo:

```
def test_R100_1gb(self):
    self.color("R100_1gb.col",
               ["Dorado", "Naranja", "Amarillo", "Verde", "Rojo", "Morado"])
```

Benchmarks

Cuando ejecutamos la prueba, es capaz de encontrar una manera de colorear el gráfico usando 6 colores relativamente rápidamente. También puede encontrar una solución usando 5 colores, pero que tarda más de lo que queremos gastar en un evaluación comparativa, por lo que se quedará con 6 colores. Usaremos esta prueba como nuestro punto de referencia para colorear gráficas.

```
def test_comparativa(self):
    genetic.Comparar.ejecutar(lambda: self.test_R100_1gb())
```

Cuadro 5.2: Benchmarks

media (segundos)	desviación estándar
0,77	0,34

Resumen

En este proyecto, leímos de un archivo y creamos restricciones que se pueden aplicar a cada candidato para determinar su aptitud. Éste fue también el primer proyecto en el que usamos datos de prueba de un conjunto estándar. Leer sobre las soluciones de otros al mismo problema estándar es una buena manera de aprender técnicas avanzadas y de obtener la inspiración para mejorar tu función de aptitud y tu genotipo.

El problema de las cartas

En este proyecto, resolveremos el problema de las cartas. Empezamos con un conjunto de cartas (el as y las cartas del 2 al 10), que separamos en 2 grupos de 5 cartas. Las cartas de cada grupo tienen diferentes restricciones. Los valores de las cartas en un grupo deben tener un producto de 360. Los valores de las cartas en el otro grupo deben sumar 36. Sólo podemos usar cada carta una vez. Primero pruébalo a mano con una baraja de cartas. Luego piensa en qué genes usarías, y en cómo evaluarías la aptitud.

Clase de prueba y genes

Para este proyecto, nuestro genotipo y fenotipo pueden ser iguales: enteros. Así podemos evitar un paso de codificación/decodificación.

cartas.py

```
import unittest
import datetime
import genetic

class PruebasDeCartas(unittest.TestCase):
    def test(self):
        geneSet = [i + 1 for i in range(10)]
```

Aptitud

Esto mantiene el cálculo de la aptitud relativamente sencillo porque podemos sumar un rango de genes y multiplicar el resto. En este proyecto, tenemos 3 valores a incluir en la aptitud. Uno es la suma de los números del primer grupo. Otro es el producto de los números en el segundo grupo. El último es un recuento de los números duplicados en la lista; no queremos ningún duplicado.

```
import operator
import functools
...
def obtener_aptitud(genes):
    sumaDelGrupo1 = sum(genes[0:5])
    productoDelGrupo2 = functools.reduce(operator.mul, genes[5:10])
    duplicados = (len(genes) - len(set(genes)))
    return Aptitud(sumaDelGrupo1, productoDelGrupo2, duplicados)
```

Una vez más, usaremos una clase *Aptitud*.

```
class Aptitud:
    def __init__(self, sumaDelGrupo1, productoDelGrupo2, duplicados):
        self.SumaDelGrupo1 = sumaDelGrupo1
        self.ProductoDelGrupo2 = productoDelGrupo2
        diferenciaSuma = abs(36 - sumaDelGrupo1)
        diferenciaProducto = abs(360 - productoDelGrupo2)
        self.DiferenciaTotal = diferenciaSuma + diferenciaProducto
        self.Duplicados = duplicados
```

Al comparar las dos aptitudes, preferiremos las secuencias de genes con menos duplicados y, cuando sean iguales, preferiremos aquella cuyos valores de producto y suma estén más cerca de los valores óptimos.

```
class Aptitud:
    ...
    def __gt__(self, otro):
        if self.Duplicados != otro.Duplicados:
            return self.Duplicados < otro.Duplicados
        return self.DiferenciaTotal < otro.DiferenciaTotal
```

Mostrar

En la función mostrar separaremos los dos grupos visualmente con un guión (-).

```python
def mostrar(candidato, horaInicio):
    diferencia = (datetime.datetime.now() - horaInicio).total_seconds()
    print("{} - {}\t{}\t{}".format(
        ', '.join(map(str, candidato.Genes[0:5])),
        ', '.join(map(str, candidato.Genes[5:10])),
        candidato.Aptitud,
        diferencia))
```

Necesitamos añadir una función __str__ a la clase *Aptitud*:

```python
class Aptitud:
...
    def __str__(self):
        return "sum: {} prod: {} dups: {}".format(
            self.SumaDelGrupo1,
            self.ProductoDelGrupo2,
            self.Duplicados)
```

Probar

Aquí está el banco de pruebas completo:

```python
def test(self):
    geneSet = [i + 1 for i in range(10)]
    horaInicio = datetime.datetime.now()

    def fnMostrar(candidato):
        mostrar(candidato, horaInicio)

    def fnObtenerAptitud(genes):
        return obtener_aptitud(genes)

    aptitudÓptima = Aptitud(36, 360, 0)
    mejor = genetic.obtener_mejor(fnObtenerAptitud, 10, aptitudÓptima,
                                  geneSet, fnMostrar)
    self.assertTrue(not aptitudÓptima > mejor.Aptitud)
```

Ejecutar

Ahora estamos listos para probarlo.

salida de muestra

```
2, 3, 1, 6, 4 - 8, 5, 9, 7, 10  sum: 16, prod: 25200, dups: 0   0:00:00
```

Estudiar el resultado

Podemos ver que la función de mutación elimina rápidamente los valores duplicados, pero el algoritmo casi siempre se atasca inmediatamente después. La razón es que, para avanzar, tiene que ser capaz de cambiar 2 números. Pero sólo puede cambiar 1 a la vez y la prioridad de eliminar los duplicados evita que siga adelante.

Introducir una mutación personalizada

Necesitamos encontrar una manera de permitir que el motor haga dos cambios a la vez, idealmente sin introducir duplicación en el proceso. Esto significa cambiar la manera en que funciona la mutación. El modo más flexible de hacerlo es introducir un parámetro opcional en obtener_mejor que nos permita efectuar la mutación nosotros mismos. Después, sustituimos la definición actual de *fnMutar* con una diferente dependiendo de si se proporciona *mutación_personalizada* o no.

genetic.py

```
def obtener_mejor(obtener_aptitud, longitudObjetivo, aptitudÓptima, geneSet,
                  mostrar, mutación_personalizada=None):

    if mutación_personalizada is None:
        def fnMutar(padre):
            return _mutar(padre, geneSet, obtener_aptitud)
    else:
        def fnMutar(padre):
            return _mutar_personalizada(padre, mutación_personalizada,
                                        obtener_aptitud)
```

Usaremos una variante de *mutar en lugar de la implementación integrada cuando se use _mutación_personalizada.*

```
def _mutar_personalizada(padre, mutación_personalizada, obtener_aptitud):
    genesDelNiño = padre.Genes[:]
    mutación_personalizada(genesDelNiño)
    aptitud = obtener_aptitud(genesDelNiño)
    return Cromosoma(genesDelNiño, aptitud)
```

Mutar

De vuelta ahora en nuestro algoritmo genético, podemos añadir una función de mutación que cambie un 1 gen aleatorio si hay duplicados, o intercambie 2 genes en caso contrario.

cartas.py

```
import random
...
def mutar(genes, geneSet):
    if len(genes) == len(set(genes)):
        índiceA, índiceB = random.sample(range(len(genes)), 2)
        genes[índiceA], genes[índiceB] = genes[índiceB], genes[índiceA]
    else:
        índiceA = random.randrange(0, len(genes))
        índiceB = random.randrange(0, len(geneSet))
        genes[índiceA] = geneSet[índiceB]
```

Luego pasamos esa función a obtener_mejor en el banco de pruebas.

```
def test(self):
...
    def fnMutar(genes):                                      <==
        mutar(genes, geneSet)

    aptitudÓptima = Aptitud(36, 360, 0)
    mejor = genetic.obtener_mejor(fnObtenerAptitud, 10, aptitudÓptima,
                                  geneSet, fnMostrar,
                                  mutación_personalizada=fnMutar)   <==
    self.assertTrue(not aptitudÓptima > mejor.Aptitud)
```

Ejecutar 2

Ahora, al ejecutar la prueba, ésta puede encontrar la solución alrededor del 20 % de las veces. El resto del tiempo sigue quedándose atascada.

salida de muestra

```
8, 10, 7, 6, 4 - 9, 3, 2, 1, 5   sum: 35, prod: 270, dups: 0 0,0
10, 5, 6, 4, 8 - 3, 9, 2, 1, 7   sum: 33, prod: 378, dups: 0 0,001033
```

Estudiar el resultado

Cuando comparamos la última línea en estos resultados con la solución óptima, podemos ver que la prueba necesita ser capaz de intercambiar 2 elementos en el lado izquierdo con 2 en el derecho.

Diseñar una solución

Podemos solucionarlo repitiendo en un bucle la parte del intercambio de la función de mutación un número aleatorio de veces.

```python
def mutar(genes, geneSet):
    if len(genes) == len(set(genes)):
        cuenta = random.randint(1, 4)
        while cuenta > 0:
            cuenta -= 1
            índiceA, índiceB = random.sample(range(len(genes)), 2)
            genes[índiceA], genes[índiceB] = genes[índiceB], genes[índiceA]
    else:
        índiceA = random.randrange(0, len(genes))
        índiceB = random.randrange(0, len(geneSet))
        genes[índiceA] = geneSet[índiceB]
```

Volveremos a ver este patrón en otros proyectos.

Ejecutar 3

Ahora, al ejecutar la prueba, ésta encuentra la solución óptima cada vez.

salida de muestra

```
8, 10, 3, 9, 4 - 1, 6, 7, 5, 2  sum: 34, prod: 420, dups: 0 0,0
8, 9, 10, 5, 3 - 2, 6, 7, 1, 4  sum: 35, prod: 336, dups: 0 0,0
8, 10, 2, 7, 9 - 4, 5, 3, 1, 6  sum: 36, prod: 360, dups: 0 0,0
```

Retrospectiva

En todos los proyectos anteriores, la única capacidad que hemos tenido de guiar al algoritmo hacia una solución ha sido el valor de la aptitud. Hemos visto que la aptitud por sí sola normalmente se puede usar para evitar las restricciones estructurales en los genes. En este proyecto, también empezamos usando la mutación para evitar las restricciones estructurales, pero la mutación personalizada es mucho más potente que eso. También permite aprovechar el conocimiento específico al problema para restringir el ámbito de búsqueda hacia soluciones mejores, alejarlo de las inviables, o ambas cosas. Cuando empezamos a usar la mutación de esa manera, dejamos de crear un algoritmo genético simple y pasamos a crear un algoritmo memético.

Los algoritmos meméticos son capaces de resolver una variedad de problemas mucho mayor que los algoritmos genéticos basados en una población aleatoria, ya que aceleran la búsqueda. Tómate un tiempo e intenta usar la mutación personalizada para mejorar la velocidad de las soluciones del proyecto anterior.

Tu función mutar para el problema de las 8 reinas puede aprovechar ahora el conocimiento específico al problema, como que 2 reinas no estarán en la misma fila o columna. Así, como en la función mutar de este proyecto, si hay un índice de fila duplicado, cambia un índice de fila aleatorio, de lo contrario intercambia 2 índices de fila. Lo mismo se puede hacer para los índices de las columnas.

En los proyectos de Contraseña y One Max, podrías intentar cambiar un número aleatorio de genes. Otra opción es crear un diccionario vacío de índices-a-conocidos en la batería de pruebas y pasarlo a tu función de mutación. Después, cada vez que hagas un cambio aleatorio, comprueba la aptitud y compárala con la aptitud inicial de cuando fue llamada la función de mutación. Si el cambio aleatorio empeora la aptitud, entonces sabrás que el valor anterior en ese índice era el correcto. Añádelo al diccionario y sólo cambia esa ubicación si no coincide con lo que hay en el diccionario. Puedes hacer mucho con este concepto, así que experimenta.

La velocidad del proyecto Números Ordenados podría mejorarse de varias maneras. Por ejemplo, podríamos aumentar en 1 todos los valores en la ejecución final del arreglo si es posible, o disminuir en 1 todos los valores en la primera ejecución si es posible, o cambiar 1 valor a ambos lados de una discontinuidad para juntar las líneas más rápido. Probablemente se te ocurrirán más.

Además, en la Coloración de Grafos, podrías aprovechar las reglas de adyacencia para elegir un color compatible para el índice de un gen concreto.

- Es importante mantener un equilibrio entre la rapidez del algoritmo y el aprovechamiento del conocimiento específico al problema.
- Está bien comprobar la aptitud siempre y cuando la comprobación se ejecute rápido.
- No hagas muchos cambios sin comprobar la aptitud.
- Si compruebas la aptitud, devuelve la primera mejora que encuentres.
- No intentes resolver todo el problema, deja que el motor genético y el generador de números aleatorios hagan su trabajo.

Benchmarks actualizados

```
def test_comparativa(self):
    genetic.Comparar.ejecutar(lambda: self.test())
```

Como cambiamos el módulo `genetic`, actualizaremos todos los benchmarks.

Cuadro 6.1: Benchmarks

proyecto	media (segundos)	desviación estándar
Contraseña	1,27	0,33
One Max	1,20	0,15
Números Ordenados	1,22	0,63
Reinas	1,47	1,05
Coloración	0,78	0,29
Cartas	0,01	0,01

Resumen

En este proyecto, añadimos la muy útil capacidad de hacernos cargo de la mutación del motor. También aprendimos sobre los algoritmos meméticos y sobre cómo se puede usar la función de mutación personalizada para aprovechar el conocimiento específico al problema. Finalmente, usamos la técnica de la suma-por-diferencia en el cálculo de la aptitud. Ésta es una técnica comúnmente usada en la resolución de problemas numéricos.

El problema de los caballos

El siguiente proyecto trata de averiguar el número mínimo de caballos que hacen falta para atacar cada casilla en un tablero de ajedrez. Esto significa que nuestro tablero de ajedrez debe ser de al menos 3x4 para que un determinado número de caballos pueda atacar todas las casillas del tablero, ya que un caballo sólo puede atacar a ciertas casillas relativas a su propia ubicación:

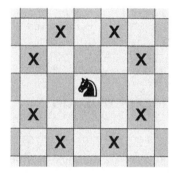

El caballo puede atacar, como mucho, 8 casillas (menos cuando está colocado a lo largo de un borde).

Párate aquí y piensa al menos en qué genes usarías y en cómo evaluarías la aptitud.

Genes

Para nuestro genotipo, podríamos usar el número de casillas de nuestro tablero de ajedrez, de manera que cada una represente una ubicación. Esto tiene la ventaja de evitar la duplicación. Su mayor inconveniente es que la mayoría de las posiciones estarán vacías. Una opción mejor es que cada gen sea la ubicación de un caballo, al igual que hicimos en el proyecto de las 8 Reinas. Esto funciona siempre y cuando sepamos cuántos caballos se necesitan, algo que sabemos en el caso de los tableros cuadrados, como verás más tarde.

Posición

Esta vez vamos a usar una clase *Posición* con coordenadas X e Y.

caballos.py

```
class Posición:
    def __init__(self, x, y):
        self.X = x
        self.Y = y
```

Ataques

Vamos a necesitar una función de utilidad que devuelva todas las casillas que podría atacar un caballo desde una ubicación dada, respetando los límites del tablero de ajedrez.

```
def obtener_ataques(ubicación, tableroAncho, tableroAltura):
    return [i for i in set(
        Posición(x + ubicación.X, y + ubicación.Y)
        for x in [-2, -1, 1, 2] if 0 <= x + ubicación.X < tableroAncho
        for y in [-2, -1, 1, 2] if 0 <= y + ubicación.Y < tableroAltura
        and abs(y) != abs(x))]
```

Introducir *creación personalizada*

Tenemos un problema en la medida en que el motor no sabe cómo crear un objeto *Posición*. Podríamos pasar una lista de todas las posiciones posibles al motor, pero hay muchas y existe una manera mejor. También podríamos añadir una función opcional que pueda ser llamada para crear un gen individual, pero una solución más flexible y eficiente es proporcionar una función para crear el conjunto completo de genes para un *Cromosoma*.

genetic.py

```
def obtener_mejor(obtener_aptitud, longitudObjetivo, aptitudÓptima, geneSet,
                  mostrar, mutación_personalizada=None,
                  creación_personalizada=None):
...
            return _mutar_personalizada(padre, mutación_personalizada,
                                        obtener_aptitud)

    if creación_personalizada is None:                              <==
        def fnGenerarPadre():
            return _generar_padre(longitudObjetivo, geneSet,
                                  obtener_aptitud)
    else:
        def fnGenerarPadre():                                       <==
            genes = creación_personalizada()
            return Cromosoma(genes, obtener_aptitud(genes))

    for mejora in _obtener_mejoras(fnMutar, fnGenerarPadre):
...
```

Crear

Ahora podemos añadir una función *crear* al archivo del algoritmo. Asignará un número específico de caballos a posiciones únicas del tablero.

caballos.py

```
def crear(fnObtenerPosiciónAleatoria, caballosEsperados):
    genes = [fnObtenerPosiciónAleatoria() for _ in range(caballosEsperados)]
    return genes
```

Mutar

Elegimos no proporcionar todos los genes posibles al motor, por lo que también necesitamos usar una función de mutación personalizada.

```
import random


def mutar(genes, fnObtenerPosiciónAleatoria):
    índice = random.randrange(0, len(genes))
    genes[índice] = fnObtenerPosiciónAleatoria()
```

Mostrar

Como queremos mostrar el tablero en la función mostrar, adaptaremos la clase *Tablero* de nuestra implementación del Problema de las Ocho Reinas.

```
class Tablero:
    def __init__(self, posiciones, anchura, altura):
        tablero = [['.'] * anchura for _ in range(altura)]

        for índice in range(len(posiciones)):
            posiciónDeCaballo = posiciones[índice]
            tablero[posiciónDeCaballo.Y][posiciónDeCaballo.X] = 'C'
        self._tablero = tablero
        self._anchura = anchura
        self._altura = altura

    def print(self):
        # 0,0 muestra en la esquina inferior izquierda
        for i in reversed(range(self._altura)):
            print(i, "\t", ' '.join(self._tablero[i]))
        print(" \t", ' '.join(map(str, range(self._anchura))))
```

```
import datetime

def mostrar(candidato, horaInicio, tableroAncho, tableroAltura):
    diferencia = (datetime.datetime.now() - horaInicio).total_seconds()
    tablero = Tablero(candidato.Genes, tableroAncho, tableroAltura)
    tablero.print()

    print("{}\n\t{}\t{}".format(
        ' '.join(map(str, candidato.Genes)),
        candidato.Aptitud,
        diferencia))
```

También queremos que la función mostrar nos muestre las posiciones de los caballos como coordenadas. Como usamos map para convertir los objetos *Posición* en cadenas, tenemos que implementar __str__.

```
class Posición:
...
    def __str__(self):
        return "{},{}".format(self.X, self.Y)
```

Aptitud

Para la aptitud, podemos simplemente contar las casillas únicas que pueden ser atacadas por los caballos.

```
def obtener_aptitud(genes, tableroAncho, tableroAltura):
    atacado = set(pos
                  for kn in genes
                  for pos in obtener_ataques(kn, tableroAncho,
                                                 tableroAltura))
    return len(atacado)
```

Para poner los objetos *Posición* en un set, también tenemos que implementar __hash__ y __eq__.

```
class Posición:
...
    def __eq__(self, otro):
        return self.X == otro.X and self.Y == otro.Y

    def __hash__(self):
        return self.X * 1000 + self.Y
```

Prueba

Finalmente, vamos a probar esto en un tablero de ajedrez que podamos comprobar a mano.

```
2    C C C .
1    . . . .
0    . C C C
     0 1 2 3
```

Observa que los índices aumentan empezando desde la esquina inferior izquierda.

Aquí está la batería de pruebas:

```python
import unittest
import genetic
...
class PruebasDeCaballos(unittest.TestCase):
    def test_3x4(self):
        anchura = 4
        altura = 3
        # 1,0   2,0   3,0
        # 0,2   1,2   2,2
        # 2     C C C .
        # 1     . . . .
        # 0     . C C C
        #       0 1 2 3
        self.encontrarCaballoPosiciones(anchura, altura, 6)
```

```python
    def encontrarCaballoPosiciones(self, tableroAncho, tableroAltura,
                                   caballosEsperados):
        horaInicio = datetime.datetime.now()

        def fnMostrar(candidato):
            mostrar(candidato, horaInicio, tableroAncho, tableroAltura)

        def fnObtenerAptitud(genes):
            return obtener_aptitud(genes, tableroAncho, tableroAltura)

        def fnObtenerPosiciónAleatoria():
            return Posición(random.randrange(0, tableroAncho),
                            random.randrange(0, tableroAltura))
...
```

```python
    def fnMutar(genes):
        mutar(genes, fnObtenerPosiciónAleatoria)

    def fnCrear():
        return crear(fnObtenerPosiciónAleatoria, caballosEsperados)


    aptitudÓptima = tableroAncho * tableroAltura
    mejor = genetic.obtener_mejor(fnObtenerAptitud, None, aptitudÓptima,
                                  None, fnMostrar, fnMutar, fnCrear)
    self.assertTrue(not aptitudÓptima > mejor.Aptitud)
```

Ejecutar

Cuando ejecutamos `test_3x4`, obtenemos una salida como la siguiente:

salida de muestra

```
2    . . C C
1    . . C .
0    C C C .
     0 1 2 3
3,2 2,2 2,0 1,0 2,1 0,0
    12  0,006015
```

Como era de esperar, encuentra una solución equivalente a la que codificamos a mano.

Prueba 8x8

Podemos usar OEIS (ver: https://oeis.org/A261752) para aprender que se necesitan 14 caballos para atacar todas las casillas en un tablero de ajedrez estándar de 8x8. Veamos si podemos verificarlo.

```python
class PruebasDeCaballos(unittest.TestCase):
...
    def test_8x8(self):
        anchura = 8
        altura = 8
        self.encontrarCaballoPosiciones(anchura, altura, 14)
```

Ejecutar

salida de muestra

```
...
7    . . . . . . . .
6    . . . . . . . .
5    . C C . . C C .
4    . . C C C C . .
3    . . . . . C . .
2    . . C C C C . .
1    . . C . . . . .
0    . . . . . . . .
     0 1 2 3 4 5 6 7
2,5 3,2 6,5 4,2 3,4 1,5 2,1 5,3 2,2 5,2 4,4 5,5 2,4 5,4
    63  0,117311
```

```
7   . . . . . . . .
6   . . . . . . . .
5   . C C . . C C .
4   . . C C C C . .
3   . . . . . . . .
2   . . C C C C . .
1   . . C . . C . .
0   . . . . . . . .
    0 1 2 3 4 5 6 7
2,5 3,2 6,5 5,1 3,4 1,5 2,1 4,2 2,2 5,2 4,4 5,5 2,4 5,4
    64  0,414100
```

Encuentra una solución óptima cada vez.

Prueba 10x10

Probémoslo en un tablero de 10x10. OEIS dice que la solución óptima requiere 22 caballos.

```
class PruebasDeCaballos(unittest.TestCase):
...
    def test_10x10(self):
        anchura = 10
        altura = 10
        self.encontrarCaballoPosiciones(anchura, altura, 22)
```

Ejecutar

```
9   . . . . . . . . . .
8   . . . . . C C C C .
7   . C C C . . . . . .
6   . . . C . . . C C .
5   . C . . . . . . . .
4   . C . . . . . . . .
3   . . . . . . . C C .
2   . C C C . . . C . .
1   . . . . . C C C . .
0   C . . . . . . . . .
    0 1 2 3 4 5 6 7 8 9
3,2 6,1 0,0 3,7 1,7 8,8 6,8 1,2 5,1 3,6 7,8 5,8 1,4 7,6 2,7 7,1 7,2 1,5 8,6 2,2 8,3
    7,3
    100  17,220302
```

Encuentra una solución, pero tarda un rato.

Rendimiento

Veamos si podemos mejorar el rendimiento. Primero le pasaremos un benchmark:

```
def test_comparativa(self):
    genetic.Comparar.ejecutar(lambda: self.test_10x10())
```

> ❶ Cuando ejecutes este benchmark, puede que encuentres que no puede completar las 100 rondas. Esto puede suceder si acaba con una configuración de caballos en la que mover cualquier caballo a cualquier ubicación da como resultado una aptitud peor. Esto es lo que se conoce como mínimo local, o máximo local, dependiendo de si estás intentando encontrar una aptitud mayor o menor, respectivamente.

El cambio que estamos a punto de hacer es una manera de evitar el máximo local.

```
def mutar(genes, fnObtenerPosiciónAleatoria):
    cuenta = 2 if random.randint(0, 10) == 0 else 1
    while cuenta > 0:
        cuenta -= 1
        índice = random.randrange(0, len(genes))
        genes[índice] = fnObtenerPosiciónAleatoria()
```

Esto no soluciona el problema del máximo local. Simplemente ofrece una probabilidad de 1/10 de hacer dos cambios en lugar de uno, lo cual significa que el motor ahora tiene una posibilidad al azar de encontrar el par correcto de movimientos para superar un máximo local. Sin embargo, a medida que el tamaño del tablero aumenta, la probabilidad de efectuar los dos movimientos correctos de forma consecutiva desciende precipitadamente.

Aquí está mi benchmark inicial para el tablero de 10x10.

media (segundos)	desviación estándar
15,49	15,52

Estudiar el resultado

Si estudias las disposiciones óptimas de los tableros de 8x8 y 10x10, puedes observar el siguiente patrón: los caballos nunca están situados en filas o columnas de los bordes. Esto tiene sentido porque un caballo puede atacar, como mucho, 4 casillas desde un borde, mientras que, estando situado a una casilla de cualquier borde, puede atacar 6.

💡Cuando tenemos en cuenta ese patrón, nuestro algoritmo genético se convierte en un algoritmo memético, ya que aprovechamos el conocimiento específico al problema.

Diseñar una solución

Nuestra primera mejora de rendimiento será usar sólo las ubicaciones que no estén en los bordes para los caballos.

```
def encontrarCaballoPosiciones(self, tableroAncho, tableroAltura,
                               caballosEsperados):
...

    todasPosiciones = [Posición(x, y)
                       for y in range(tableroAltura)
                       for x in range(tableroAncho)]

    if tableroAncho < 6 or tableroAltura < 6:
        posicionesNoBordeadas = todasPosiciones
    else:
        posicionesNoBordeadas = [i for i in todasPosiciones
                                 if 0 < i.X < tableroAncho - 1 and
                                 0 < i.Y < tableroAltura - 1]

    def fnObtenerPosiciónAleatoria():
        return random.choice(posicionesNoBordeadas)
```

Ejecutar

media (segundos)	desviación estándar
3,76	3,84

El patrón que descubrimos nos proporcionó una buena mejora de rendimiento. No sólo mejoramos las probabilidades de atacar de los caballos, sino que además redujimos el espacio de búsqueda en un tablero de 10x10 eliminando más de un 1/3 de las posibles posiciones de los caballos. Ése es el ciclo virtuoso que mencioné en el primer proyecto en acción.

Elegir sabiamente

Podemos obtener otra mejora de rendimiento moviendo a los caballos cuyos ataques estén todos cubiertos por otros caballos a una posición donde puedan atacar una casilla que no esté actualmente bajo ataque. Hay una penalización de rendimiento por comprobar todas las casillas y los ataques de los caballos, pero se compensa con creces si produce una mejora. Considera que, para un tablero de 10x10, la probabilidad de elegir al caballo correcto (1 en 22) y de moverlo para poner bajo ataque a una nueva casilla (1 en 32 en el peor de los casos, porque incluso la casilla de la esquina puede ser atacada desde 2 posiciones en el centro de 8x8 no situado en los bordes) es de 1 en 704.

Empezamos como antes pero con algunos parámetros adicionales.

```python
def mutar(genes, tableroAncho, tableroAltura, todasPosiciones,
          posicionesNoBordeadas):
    cuenta = 2 if random.randint(0, 10) == 0 else 1
    while cuenta > 0:
        cuenta -= 1
...
```

Los parámetros provienen como sigue:

```python
    def encontrarCaballoPosiciones(self, tableroAncho, tableroAltura,
                                   caballosEsperados):
...
        def fnMutar(genes):
            mutar(genes, tableroAncho, tableroAltura, todasPosiciones,
                  posicionesNoBordeadas)
...
```

Ahora, continuando la modificación de la función de mutación, lo siguiente que tenemos que hacer es averiguar qué caballos están atacando a qué casillas. El arreglo en el diccionario tiene el índice del gen de cada caballo.

```python
...
        posiciónACaballoÍndices = dict((p, []) for p in todasPosiciones)
        for i, caballo in enumerate(genes):
            for posición in obtener_ataques(caballo, tableroAncho,
                                            tableroAltura):
                posiciónACaballoÍndices[posición].append(i)
...
```

Después obtenemos una lista de índices de los caballos cuyos ataques están todos cubiertos por algún otro caballo y, mientras estamos en ello, creamos una lista de las casillas que no están bajo ataque.

```
...
        caballoÍndices = set(i for i in range(len(genes)))
        noAtacados = []
        for kvp in posiciónACaballoÍndices.items():
            if len(kvp[1]) > 1:
                continue
            if len(kvp[1]) == 0:
                noAtacados.append(kvp[0])
                continue
            for p in kvp[1]:   # len == 1
                if p in caballoÍndices:
                    caballoÍndices.remove(p)
...
```

Después, creamos la lista de ubicaciones desde las cuales las casillas *no_atacadas* pueden ser atacadas. Mantenemos los duplicados porque eso hace que tengan más posibilidades de ser seleccionados, ocasionando el ataque de múltiples nuevas casillas a la vez.

```
...
        posicionesPotenciales = \
            [p for posiciones in
             map(lambda x: obtener_ataques(x, tableroAncho, tableroAltura),
                 noAtacados)
             for p in posiciones if p in posicionesNoBordeadas] \
                if len(noAtacados) > 0 else posicionesNoBordeadas
...
```

Luego elegimos un gen (caballo) para sustituirlo.

```
...
        índiceDeGen = random.randrange(0, len(genes)) \
            if len(caballoÍndices) == 0 \
            else random.choice([i for i in caballoÍndices])
...
```

Por último, sustituimos ese caballo por uno con posibilidades de mejorar la aptitud.

```
...
        posición = random.choice(posicionesPotenciales)
        genes[índiceDeGen] = posición
...
```

Ejecutar 2

media (segundos)	desviación estándar
0,79	1,02

Retrospectiva

La capacidad de controlar la creación del Cromosoma a menudo va de la mano con una función de mutación personalizada. Con ambas herramientas a tu disposición, puedes simplificar las funciones de mutación en los problemas anteriores, como en los proyectos de las Cartas, los Números Ordenados y las 8 Reinas. Usa creación personalizada para evitar la creación de secuencias inválidas de manera que no tengas que hacer las correcciones correspondientes durante la mutación o en el valor de la aptitud. Como con la mutación personalizada, no intentes forzar una solución en esta función. Deja que el motor genético haga su trabajo.

Benchmarks

Hicimos otro cambio en `genetic`, por lo que actualizaremos los benchmarks.

Cuadro 7.4: Benchmarks

proyecto	media (segundos)	desviación estándar
Contraseña	1,34	0,32
One Max	1,28	0,16
Números Ordenados	1,08	0,64
Reinas	1,54	1,16
Coloración	0,78	0,36
Cartas	0,01	0,01
Caballos	0,68	0,57

Resumen

Éste fue nuestro primer uso de un objeto personalizado en lugar de una letra o un número para nuestro genotipo. Esto condujo a la introducción de la capacidad de personalizar la creación de secuencias de genes en el módulo `genetic`. La creación personalizada y la mutación personalizada se usan con frecuencia a la vez. Usaremos ambas técnicas juntas otra vez en proyectos futuros.

Cuadrados mágicos

Los cuadrados mágicos son cuadrados de números en los que cada una de las filas y columnas y ambas diagonales principales suman el mismo valor, y todos los números entre el 1 y n^2 sólo se usan una vez.

ejemplo

```
6   7   2
1   5   9
8   3   4
```

Tómate un descanso aquí y piensa al menos en qué genes usarías y en cómo evaluarías la aptitud.

Clase de prueba

Empezaremos con el stub de prueba.

```python
import unittest
import datetime
import genetic

# `nosetests` no admite caracteres como á en el nombre de la clase
class PruebasDeCuadradosMagicos(unittest.TestCase):
    def test_tamaño_3(self):
        self.generar(3)
```

Banco de pruebas

En el banco de pruebas determinaremos el rango de números a usar para llenar el cuadrado mágico a partir del tamaño de su diagonal, y luego calcularemos la suma esperada. Después, pasamos esos valores a la función de aptitud.

```python
def generar(self, tamañoDiagonal):
    nCuadrado = tamañoDiagonal * tamañoDiagonal
    geneSet = [i for i in range(1, nCuadrado + 1)]
    sumaEsperada = tamañoDiagonal * (nCuadrado + 1) / 2

    def fnObtenerAptitud(genes):
        return obtener_aptitud(genes, tamañoDiagonal, sumaEsperada)
...
```

Aptitud

Para la aptitud, podemos contar el número de filas, columnas y diagonales en los que la suma es igual a la suma esperada.

```python
def obtener_aptitud(genes, tamañoDiagonal, sumaEsperada):
    sumasDeFila = [0 for _ in range(tamañoDiagonal)]
    sumasDeColumnas = [0 for _ in range(tamañoDiagonal)]
    sumaDiagonalSureste = 0
    sumaDiagonalNoreste = 0

    for fila in range(tamañoDiagonal):
        for columna in range(tamañoDiagonal):
            valor = genes[fila * tamañoDiagonal + columna]
            sumasDeFila[fila] += valor
            sumasDeColumnas[columna] += valor
        sumaDiagonalSureste += genes[fila * tamañoDiagonal + fila]
        sumaDiagonalNoreste += genes[fila * tamañoDiagonal +
                                    (tamañoDiagonal - 1 - fila)]

    aptitud = sum(1 for s in sumasDeFila + sumasDeColumnas +
                [sumaDiagonalSureste, sumaDiagonalNoreste]
                if s == sumaEsperada)

    return aptitud
```

Por desgracia, eso significa que, si queremos mostrar las sumas, tenemos que recalcularlas. Así que vamos a extraer una función reutilizable.

```python
def obtener_sums(genes, tamañoDiagonal):
    filas = [0 for _ in range(tamañoDiagonal)]
    columnas = [0 for _ in range(tamañoDiagonal)]
    sumaDiagonalSureste = 0
    sumaDiagonalNoreste = 0
    for fila in range(tamañoDiagonal):
        for columna in range(tamañoDiagonal):
            valor = genes[fila * tamañoDiagonal + columna]
            filas[fila] += valor
            columnas[columna] += valor
        sumaDiagonalSureste += genes[fila * tamañoDiagonal + fila]
        sumaDiagonalNoreste += genes[fila * tamañoDiagonal +
                                     (tamañoDiagonal - 1 - fila)]
    return filas, columnas, sumaDiagonalNoreste, sumaDiagonalSureste
```

Luego la llamamos desde la función de aptitud:

```python
def obtener_aptitud(genes, tamañoDiagonal, sumaEsperada):
    filas, columnas, sumaDiagonalNoreste, sumaDiagonalSureste = \
        obtener_sums(genes, tamañoDiagonal)

    aptitud = sum(1 for s in filas + columnas +
                  [sumaDiagonalSureste, sumaDiagonalNoreste]
                  if s == sumaEsperada)

    return aptitud
```

Mostrar

También podemos llamar a esa función desde la función mostrar.

```
def mostrar(candidato, tamañoDiagonal, horaInicio):
    diferencia = (datetime.datetime.now() - horaInicio).total_seconds()

    filas, columnas, sumaDiagonalNoreste, sumaDiagonalSureste = \
        obtener_sums(candidato.Genes, tamañoDiagonal)

    for númeroDeFila in range(tamañoDiagonal):
        fila = candidato.Genes[
                númeroDeFila * tamañoDiagonal:(númeroDeFila + 1) *
                                        tamañoDiagonal]
        print("\t ", fila, "=", filas[númeroDeFila])
    print(sumaDiagonalNoreste, "\t", columnas, "\t", sumaDiagonalSureste)
    print(" - - - - - - - - - - -", candidato.Aptitud, diferencia)
```

Esto producirá una salida como la siguiente:

salida de muestra

```
    [5, 1, 8] = 14
    [6, 4, 9] = 19
    [3, 7, 2] = 12
15  [14, 12, 19]   11
- - - - - - - - - - - 1 0,001000
```

> ❶ Podríamos usar cadenas de formato para justificar los números, pero eso implica convertir cada número en una cadena, encontrar la más larga, y luego crear dinámicamente una cadena de formato. Sin embargo, lo único que nos interesa realmente es una idea de lo que está ocurriendo; una coma en la salida nos sirve para eso.

Ahora, como una de las restricciones es que tenemos que usar todos los números entre 1 y n^2, pasaremos una función *creación_personalizada* que produzca una permutación aleatoria de todos los valores en ese rango.

```
import random
...
    def generar(self, tamañoDiagonal):
...
        def fnCreaciónPersonalizada():
            return random.sample(geneSet, len(geneSet))

        valorÓptimo = 2 + 2 * tamañoDiagonal
        horaInicio = datetime.datetime.now()
        mejor = genetic.obtener_mejor(fnObtenerAptitud, nCuadrado,
                                      valorÓptimo, geneSet, fnMostrar,
                                      fnMutar, fnCreaciónPersonalizada)
```

Mutar

También pasaremos una función acompañante llamada *mutación personalizada* para no tener que preocuparnos de que la función de mutación integrada en el motor introduzca duplicación. Podríamos simplemente intercambiar dos genes pero, por razones de rendimiento, vamos a pasar las opciones del índice. Esto a menudo puede proporcionar un buen aumento de rendimiento frente a generar una lista de índices cada vez que entremos en la función.

```
def mutar(genes, índices):
    índiceA, índiceB = random.sample(índices, 2)
    genes[índiceA], genes[índiceB] = genes[índiceB], genes[índiceA]
```

Aquí está el banco de pruebas completo.

```
    def generar(self, tamañoDiagonal):
        nCuadrado = tamañoDiagonal * tamañoDiagonal
        geneSet = [i for i in range(1, nCuadrado + 1)]
        sumaEsperada = tamañoDiagonal * (nCuadrado + 1) / 2

        def fnObtenerAptitud(genes):
            return obtener_aptitud(genes, tamañoDiagonal, sumaEsperada)

        def fnMostrar(candidato):
            mostrar(candidato, tamañoDiagonal, horaInicio)
```

```
        geneÍndices = [i for i in range(0, len(geneSet))]

        def fnMutar(genes):
            mutar(genes, geneÍndices)

        def fnCreaciónPersonalizada():
            return random.sample(geneSet, len(geneSet))

        valorÓptimo = 2 + 2 * tamañoDiagonal
        horaInicio = datetime.datetime.now()
        mejor = genetic.obtener_mejor(fnObtenerAptitud, nCuadrado,
                                      valorÓptimo, geneSet, fnMostrar,
                                      fnMutar, fnCreaciónPersonalizada)
        self.assertTrue(not valorÓptimo > mejor.Aptitud)
```

Ejecutar

Y, cuando lo ejecutamos, obtenemos un resultado como el siguiente:

resultado de muestra

```
...
      [8, 3, 4] = 15
      [1, 9, 5] = 15
      [2, 7, 6] = 15
15  [11, 19, 15]    23
- - - - - - - - - - - 5 0,001001
```

Podemos ejecutar la prueba muchas veces, pero rara vez encontrará una solución válida.

Usar la suma de las diferencias

El problema es que la función de aptitud está escrita de forma exclusiva en lugar de inclusiva. Sólo da crédito cuando la suma coincide exactamente con la suma esperada, por lo que no hay crédito parcial para que el motor genético lo aproveche. Ésto es un problema que nos hemos encontrado antes. La solución es coger la suma de las diferencias entre la suma real y la suma esperada para cada fila, columna y diagonal. Eso hace al cero óptimo, por lo que necesitaremos un objeto *Aptitud* para ayudar a invertir la lógica mayor-que usada para comparar las aptitudes en el motor.

```
class Aptitud:
    def __init__(self, sumaDeDiferencias):
        self.SumaDeDiferencias = sumaDeDiferencias

    def __gt__(self, otro):
        return self.SumaDeDiferencias < otro.SumaDeDiferencias

    def __str__(self):
        return "{}".format(self.SumaDeDiferencias)
```

Luego actualizamos *obtener_aptitud*:

```
def obtener_aptitud(genes, tamañoDiagonal, sumaEsperada):
    filas, columnas, sumaDiagonalNoreste, sumaDiagonalSureste = \
        obtener_sums(genes, tamañoDiagonal)

    sumaDeDiferencias = sum(int(abs(s - sumaEsperada))
                            for s in filas + columnas +
                            [sumaDiagonalSureste, sumaDiagonalNoreste]
                            if s != sumaEsperada)

    return Aptitud(sumaDeDiferencias)
```

Y el valor de aptitud óptimo en nuestra prueba.

```
    def generar(self, tamañoDiagonal):
...
        valorÓptimo = Aptitud(0)
        horaInicio = datetime.datetime.now()
```

Ejecutar 2

Ahora, cuando ejecutamos la prueba, obtenemos una solución válida en torno al 60 % de las veces, pero sólo porque encuentra una secuencia de intercambios que introduce mejoras. Cuando no encuentra una secuencia

resultado de muestra

```
    [4, 8, 3] = 15
    [2, 6, 7] = 15
    [9, 1, 5] = 15
18  [15, 15, 15]    15
- - - - - - - - - - 3 0,002005
```

se atasca en una posición donde requiere al menos 2 intercambios para progresar. Llegamos a un mínimo local.

Solucionar el problema del máximo/mínimo local

Para solucionar el problema del máximo/mínimo local, vamos a permitir que la línea genética actual muera. El primer paso para hacerlo es hacer un seguimiento de cuántas generaciones han pasado desde la última mejora. Llamaremos a esto *Edad*.

genetic.py

```python
class Cromosoma:
    def __init__(self, genes, aptitud):
        self.Genes = genes
        self.Aptitud = aptitud
        self.Edad = 0
```

Después, añadiremos un parámetro opcional que nos permita establecer un límite superior en la edad de una línea genética. Ese parámetro será pasado a _obtener_mejoras.

```python
def obtener_mejor(obtener_aptitud, longitudObjetivo, aptitudÓptima, geneSet,
                  mostrar, mutación_personalizada=None,
                  creación_personalizada=None, edadMáxima=None):
...
    for mejora in _obtener_mejoras(fnMutar, fnGenerarPadre, edadMáxima):
```

Para la parte siguiente, necesitamos importar un par de funciones de otros módulos.

```python
from bisect import bisect_left
from math import exp
```

Luego necesitamos separar el mejor padre del padre actual para seguir teniendo algo con lo que comparar cuando muera una línea genética. También vamos a mantener una lista con las aptitudes de los mejores padres históricos.

```python
def _obtener_mejoras(nuevo_niño, generar_padre, edadMáxima):
    padre = mejorPadre = generar_padre()
    yield mejorPadre
    aptitudesHistóricas = [mejorPadre.Aptitud]
    while True:
```

Después, queremos asegurarnos de mantener la funcionalidad actual si la edad máxima no es proporcionada.

```
while True:
    niño = nuevo_niño(padre)
    if padre.Aptitud > niño.Aptitud:
        if edadMáxima is None:
            continue
```

Sin embargo, cuando la aptitud del hijo es peor que la de su padre (es decir, cuando se alcanza la ruta más transitada a través del código), y se proporciona una edad máxima, entonces necesitamos comprobar si la edad de la línea genética ha alcanzado el máximo.

```
            continue
    padre.Edad += 1
    if edadMáxima > padre.Edad:
        continue
```

Si es así, podemos permitir que la línea genética muera y reemplazarla por otra cosa. Vamos a hacer eso usando el recocido simulado.

> El recocido es un método usado para reducir las tensiones internas en materiales como el metal. A un alto nivel, funciona calentando el metal a una temperatura elevada y luego permitiendo que se enfríe lentamente. Como sabes, el calor hace que el metal se expanda. Así que el metal se expande, aflojando los enlaces entre los componentes del metal y permitiendo que se muevan. Luego, se permite que el metal se enfríe lentamente. Cuando el metal se enfría, los enlaces se vuelven a tensar y las impurezas son empujadas por el aumento de presión hasta que encuentran algo a lo que aferrarse o hasta que no hay más espacio de maniobra, reduciendo así la tensión general del sistema.

El algoritmo de búsqueda global estándar sólo permite que un padre sea sustituido por un hijo con una aptitud igual o mejor. Esto hace que sea muy difícil escapar de un mínimo o máximo local porque la única salida es a través del descubrimiento accidental de una secuencia de genes igual o mejor que sea lo bastante diferente de la secuencia de genes actual como para escapar del máximo/mínimo local, un evento improbable.

El recocido simulado resuelve esto aumentando lentamente la *probabilidad* de sustituir al padre con una secuencia de genes distinta, incluso si esa secuencia de genes tiene una aptitud peor, basada en parte en *cuánto tiempo* hemos estado usando a ese padre para intentar crear la siguiente generación. Por eso, la implementación de este libro usa el término *edad* para controlar el proceso de recocido simulado.

Sin embargo, para mantener las etiquetas semánticamente cerca de aqué-llas asociadas con el metal recocido, la comunidad suele usar los términos *calor*, *temperatura* y *energía* donde yo uso *edad* y *probabilidad*. Encuen-tro que los términos *calor* y *energía* son equivalentes inadecuados a la hora de explicar el algoritmo, ya que no es obvio cómo aplicarlos a una secuencia de genes. Por desgracia, *edad* es también un equivalente inade-cuado porque el crecimiento en la probabilidad no es lineal. Sin embargo, la implementación resultante es la misma si ignoras los nombres de las variables: la probabilidad de sustituir al padre depende del tiempo que hayamos estado usando al mismo padre y de lo diferente que sea la nueva secuencia de genes del padre.

Necesitamos determinar a qué distancia está la aptitud del hijo de la mejor aptitud. Si tu-viéramos una aptitud numérica, sería un simple cálculo, pero nuestras aptitudes no siempre son numéricas. Aunque no hay problema, ya que averiguaremos el lugar que ocuparía en el reino de las aptitudes históricas.

```
índice = bisect_left(aptitudesHistóricas, niño.Aptitud, 0,
                     len(aptitudesHistóricas))
```

Ya sea calculando la diferencia directamente a partir de la aptitud, o usando su índice en las aptitudes históricas como hacemos aquí, luego la convertimos en una proporción divi-diéndola por el mejor valor, en este caso el índice más alto.

```
proporciónSimilar = índice / len(aptitudesHistóricas)
```

Luego elevamos el número de Euler (e), aproximadamente 2,718, a la potencia de la propor-ción negada. El resultado es un número en coma flotante que se aproxima a 1 si la aptitud del hijo está lejos de la mejor aptitud, pero se aproxima a ~0,36 cuando su aptitud está

muy cerca de la mejor aptitud. En la siguiente tabla de ejemplo, suponemos que el índice
máximo actual es 50:

índice	diferencia	proporción similar	$e^{-proporción}$
0	50	0,0	1,00
5	45	0,1	0,90
10	40	0,2	0,82
40	10	0,8	0,45
45	5	0,9	0,41
50	0	1,0	0,37

Un hijo cuya aptitud esté cerca de la mejor actual, tendrá un índice alto (porque las aptitudes
mejores/más altas están al final del arreglo) y una diferencia baja respecto a la mejor aptitud.
Como resultado, tendrá una probabilidad menor de convertirse en el nuevo padre. Un hijo
que tiene una aptitud alejada de la mejor actual, tendrá un índice bajo y una diferencia alta
y, por tanto, una alta probabilidad de convertirse en el nuevo padre.

Después, elegimos un número aleatorio y, si ese número aleatorio es más pequeño que
$e^{-proporción}$, entonces el hijo se convierte en el nuevo padre.

```
if random.random() < exp(-proporciónSimilar):
    padre = niño
    continue
```

De lo contrario, sustituimos al padre por el mejor padre y restablecemos su edad a cero
para que tenga tiempo de recocerse.

```
    continue
mejorPadre.Edad = 0
padre = mejorPadre
continue
```

Luego consideramos qué hacer si la aptitud del hijo no es menor que la de su padre.

```
        continue
if not niño.Aptitud > padre.Aptitud:
    # mismo aptitud
    niño.Edad = padre.Edad + 1
    padre = niño
    continue
```

Cuando el hijo tiene una aptitud mejor que su padre, restablecemos su edad a cero y hacemos que sea el nuevo padre..

```
        continue
niño.Edad = 0
padre = niño
```

Finalmente, cuando encontramos un hijo cuya aptitud es mejor que la del mejor padre, sustituimos al mejor padre y añadimos su aptitud a la lista de aptitudes históricas.

```
niño.Edad = 0
padre = niño
if niño.Aptitud > mejorPadre.Aptitud:
    mejorPadre = niño
    yield mejorPadre
    aptitudesHistóricas.append(mejorPadre.Aptitud)
```

Establecer la edad máxima

Ahora, para usarlo en nuestro banco de pruebas, sólo necesitamos establecer la edad máxima. ¿Pero qué valor deberíamos usar? ¿Cómo elegimos una buena edad máxima? Comprobemos los tiempos de ejecución medios para los proyectos en los que hemos encontrado mínimos o máximos locales.

	50	500	5000	sin máx
Caballos	0,63 +/- 0,47	0,68 +/- 0,52	0,66 +/- 0,53	0,61 +/- 0,46
Cuadrados mágicos	0,01 +/- 0,01	0,04 +/- 0,06	0,39 +/- 0,47	*

- no se pudo completar

Eso es interesante. El proyecto de los Caballos no parece beneficiarse de permitir que las líneas genéticas envejezcan. El proyecto de los cuadrados mágicos, sin embargo, se beneficia claramente no sólo de tener una edad máxima, sino también de tener una que sea baja.

```
    def test_tamaño_3(self):
        self.generar(3, 50)
```

```
    def generar(self, tamañoDiagonal, edadMáxima):
...
        mejor = genetic.obtener_mejor(fnObtenerAptitud, nCuadrado,
                                      valorÓptimo, geneSet, fnMostrar,
                                      fnMutar, fnCreaciónPersonalizada,
                                      edadMáxima)
```

Ejecutar 3

Ahora la prueba puede encontrar rápidamente una solución para un cuadrado mágico de tamaño 3 cada vez.

```
      [6, 7, 2] = 15
      [1, 5, 9] = 15
      [8, 3, 4] = 15
15    [15, 15, 15]    15
- - - - - - - - - - - 0 0,008000
```

Cuadrados mágicos de tamaño 5

Los cuadrados mágicos de tamaño 5 necesitan una edad máxima mayor.

```
    def test_tamaño_5(self):
        self.generar(5, 500)
```

Ejecutar

Puede encontrar un cuadrado mágico cada vez, pero realmente estamos haciendo que el código del recocido simulado se esfuerce para conseguirlo.

resultado de muestra

```
        [25,  3, 10,  4, 23] = 65
        [9, 21,  8, 14, 13] = 65
        [22,  6,  5, 15, 17] = 65
        [2, 16, 24, 12, 11] = 65
        [7, 19, 18, 20,  1] = 65
65      [65, 65, 65, 65, 65]    64
- - - - - - - - - - - 1 0,285760
        [13, 16,  7,  4, 25] = 65
        [22, 19,  5,  9, 10] = 65
        [20,  3, 17, 14, 11] = 65
        [2,  6, 24, 15, 18] = 65
        [8, 21, 12, 23,  1] = 65
65      [65, 65, 65, 65, 65]    65
- - - - - - - - - - - 0 0,921482
```

Cuadrados mágicos de tamaño 10

Con tiempo suficiente, también puede crear cuadrados más grandes:

```
def test_tamaño_10(self):
    self.generar(10, 5000)
```

nota: alineación ajustada manualmente para mayor claridad

```
        [44,  8,  20, 55, 18, 91, 90, 46, 67,  66] = 505
        [80, 53, 77, 29,  4,  6, 37, 52, 72,  95] = 505
        [3,  19, 78, 75, 97, 43, 33, 58, 63,  36] = 505
        [88, 94, 82, 25,  5, 11, 79, 24, 84,  13] = 505
        [27, 99, 96,  2, 34, 23, 32, 51, 41, 100] = 505
        [15, 64, 49, 87, 22, 65, 39, 76, 50,  38] = 505
        [81, 12, 57, 74, 73, 59, 26, 31,  7,  85] = 505
        [30, 86, 28, 21, 89, 98, 35, 62, 40,  16] = 505
        [68, 14, 17, 83, 93, 48, 42, 60, 71,   9] = 505
        [69, 56,  1, 54, 70, 61, 92, 45, 10,  47] = 505
505     [505, 505, 505, 505, 505, 505, 505, 505, 505, 505]    505
- - - - - - - - - - - 0 284,746552
```

Retrospectiva

Vimos que usar varias edades máximas en el proyecto de los Caballos no tuvo ningún efecto particular. ¿Qué crees que ocurrirá si usas una edad máxima para los otros proyectos? Pruébalo.

Benchmarks

Haremos un benchmark para este proyecto con cuadrados mágicos de tamaño 4, ya que los de tamaño 5 se ejecutan un poco más lentos de lo que me gusta en un benchmark.

```python
def test_tamaño_4(self):
    self.generar(4, 50)

def test_comparativa(self):
    genetic.Comparar.ejecutar(self.test_tamaño_4)
```

Reescribimos una función principal del módulo `genetic`, por lo que actualizaremos los benchmarks para asegurarnos de que no ha habido una ralentización no intencionada en la capacidad de resolver los proyectos anteriores.

Cuadro 8.3: Puntos de referencia actualizados

proyecto	media (segundos)	desviación estándar
Contraseña	1,23	0,22
One Max	1,23	0,18
Números Ordenados	1,20	0,71
Reinas	1,40	0,94
Coloración	0,75	0,38
Cartas	0,01	0,01
Caballos	0,61	0,46
Cuadrados mágicos	0,33	0,56

Resumen

Éste fue el primer proyecto en el que nuestro progreso se vio afectado significativamente por un mínimo local. Lo solucionamos añadiendo una opción al motor que le permite escapar de los mínimos/máximos locales mediante el uso del recocido simulado. Ésta es también la primera vez que pasamos los índices de los genes a la función mutar. Volveremos a usar esto otra vez.

El problema de la mochila

El objetivo de este proyecto es meter tantas cosas en un recipiente como pueda contener optimizando al mismo tiempo para limitaciones como el peso, el tamaño, la forma y el valor de los artículos y, en variaciones del problema, para la forma del recipiente. El problema de la mochila limitada tiene una limitación sobre el número de cada artículo particular disponible. En el problema de la mochila 1/0, no puedes coger más de 1 de los artículos dados. En la variante ilimitada del problema de la mochila, sólo estás limitado por el recipiente. Nosotros vamos a probar una versión simple del problema de la mochila ilimitada para entender cómo funciona.

Recursos

Empezaremos definiendo algunos recursos:

Nombre	Valor	Peso(kg)	Volumen(L^3)
Harina	1680	0,265	0,41
Mantequilla	1440	0,5	0,13
Azúcar	1840	0,441	0,29

Esto implica una clase *Recurso*.

mochila.py

```python
class Recurso:
    def __init__(self, nombre, valor, peso, volumen):
        self.Nombre = nombre
        self.Valor = valor
        self.Peso = peso
        self.Volumen = volumen
```

Prueba

Codificaremos manualmente los recursos en nuestra prueba.

```python
import unittest
import datetime
import genetic

class PruebasDeMochila(unittest.TestCase):
    def test_galletas(self):
        artículos = [
            Recurso("Harina", 1680, 0.265, .41),
            Recurso("Mantequilla", 1440, 0.5, .13),
            Recurso("Azúcar", 1840, 0.441, .29)
        ]
```

Para los límites del recipiente, digamos que el contenido de la mochila no puede pesar más de 10 kilogramos y que su volumen máximo es de 4 litros cúbicos.

```python
        pesoMáximo = 10
        volumenMáximo = 4
```

Nuestro objetivo es maximizar el valor del contenido de la mochila dentro de esas limitaciones. Piensa en cómo implementarías esto antes de continuar.

Pensemos en cómo lo conseguiríamos a mano. Queremos una relación elevada entre el valor y el peso, así como entre el valor y el volumen, para poder obtener el valor total más alto posible. Cuando no podemos meter ningún recurso más con la mejor relación en la mochila, llenamos el espacio restante con el siguiente recurso más valioso, y así sucesivamente. Una vez que la mochila está llena, tenemos que considerar si sería mejor sustituir un tipo de artículo con una combinación de los demás para aumentar el valor total de los artículos en la mochila.

Cantidad de artículo

Esta vez haremos que los genes sean instancias de una clase que contenga el recurso y la cantidad que hay que coger de ese recurso.

```
class ArtículoCantidad:
    def __init__(self, artículo, cantidad):
        self.Artículo = artículo
        self.Cantidad = cantidad

    def __eq__(self, otro):
        return self.Artículo == otro.Artículo and \
               self.Cantidad == otro.Cantidad
```

Aptitud

Para calcular la aptitud, necesitamos sumar el peso, el volumen y el valor de los artículos en la mochila.

> ❶ Vamos a tener cuidado a la hora de seleccionar los genes para que nunca superen las limitaciones de peso o volumen. Por lo tanto, no tenemos que comprobarlas aquí.

```
def obtener_aptitud(genes):
    pesoTotal = 0
    volumenTotal = 0
    valorTotal = 0
    for ac in genes:
        cuenta = ac.Cantidad
        pesoTotal += ac.Artículo.Peso * cuenta
        volumenTotal += ac.Artículo.Volumen * cuenta
        valorTotal += ac.Artículo.Valor * cuenta

    return Aptitud(pesoTotal, volumenTotal, valorTotal)
```

Usamos estos valores para rellenar el objeto *Aptitud*. Al comparar las instancias de *Aptitud* preferiremos aquélla con el valor más alto.

```python
class Aptitud:
    def __init__(self, pesoTotal, volumenTotal, valorTotal):
        self.PesoTotal = pesoTotal
        self.VolumenTotal = volumenTotal
        self.ValorTotal = valorTotal

    def __gt__(self, otro):
        if self.ValorTotal != otro.ValorTotal:
            return self.ValorTotal > otro.ValorTotal
        if self.PesoTotal != otro.PesoTotal:
            return self.PesoTotal < otro.PesoTotal
        return self.VolumenTotal < otro.VolumenTotal

    def __str__(self):
        return "peso: {:0.2f} vol: {:0.2f} valor: {}".format(
            self.PesoTotal,
            self.VolumenTotal,
            self.ValorTotal)
```

> ❶Como sólo estamos comparando un valor y usando mayor-que para hacerlo, podríamos simplemente devolver el valor total de *obtener_aptitud*. Pero tener los tres en el objeto *Aptitud* es conveniente para mostrarlos.

Cantidad máxima

Limitaremos la cantidad a los rangos válidos para cada artículo.

```python
import sys
...
def cantidad_máxima(artículo, pesoMáximo, volumenMáximo):
    return min(int(pesoMáximo / artículo.Peso)
               if artículo.Peso > 0 else sys.maxsize,
               int(volumenMáximo / artículo.Volumen)
               if artículo.Volumen > 0 else sys.maxsize)
```

Crear

Cada vez que nuestra implementación de *crear personalizado* añade una *ArtículoCantidad* a los genes, reduce el peso y el volumen restante para que no supere esos límites. Al crear un nuevo *Cromosoma*, vamos a coger todo lo que podamos de cada artículo que elijamos para llenar nuestro recipiente rápidamente y, por tanto, tener menos artículos que intercambiar si no son las mejores opciones.

```python
import random
...
def crear(artículos, pesoMáximo, volumenMáximo):
    genes = []
    pesoRestante, volumenRestante = pesoMáximo, volumenMáximo
    for i in range(random.randrange(1, len(artículos))):
        nuevoGen = añadir(genes, artículos, pesoRestante, volumenRestante)
        if nuevoGen is not None:
            genes.append(nuevoGen)
            pesoRestante -= nuevoGen.Cantidad * nuevoGen.Artículo.Peso
            volumenRestante -= nuevoGen.Cantidad * nuevoGen.Artículo.Volumen
    return genes
```

Al añadir un artículo, vamos a excluir de nuestras opciones los tipos de artículo que ya están en la mochila, ya que no queremos tener que sumar múltiples grupos de un tipo de artículo particular. Después, elegimos un artículo al azar y añadimos todo lo que podamos de ese artículo a la mochila.

```python
def añadir(genes, artículos, pesoMáximo, volumenMáximo):
    artículosUsados = {ac.Artículo for ac in genes}
    artículo = random.choice(artículos)
    while artículo in artículosUsados:
        artículo = random.choice(artículos)

    cantidadMáxima = cantidad_máxima(artículo, pesoMáximo, volumenMáximo)
    return ArtículoCantidad(artículo,
                            cantidadMáxima) if cantidadMáxima > 0 else None
```

Mutar

Empezaremos la función de mutación obteniendo la aptitud. La necesitamos para poder calcular el peso y el volumen restantes.

```python
def mutar(genes, artículos, pesoMáximo, volumenMáximo):
    aptitud = obtener_aptitud(genes)
    pesoRestante = pesoMáximo - aptitud.PesoTotal
    volumenRestante = volumenMáximo - aptitud.VolumenTotal
```

Después, como no sabemos cuántos artículos diferentes vamos a coger, no sabemos lo larga que debe ser la secuencia de genes. Esto significa que nuestra secuencia de genes tendrá una longitud variable, hasta el número de artículos diferentes. Así que tenemos que encargarnos de añadir y quitar artículos además de la habitual sustitución de artículos. Primero implementaremos *quitar*.

Necesitamos darle una pequeña posibilidad de quitar un artículo de la mochila. Sólo lo haremos si tenemos más de un artículo para que la mochila nunca esté vacía. No regresamos inmediatamente al quitar un artículo porque sabemos que quitar un artículo reduce la aptitud.

```
eliminando = len(genes) > 1 and random.randint(0, 10) == 0
if eliminando:
    índice = random.randrange(0, len(genes))
    ac = genes[índice]
    artículo = ac.Artículo
    pesoRestante += artículo.Peso * ac.Cantidad
    volumenRestante += artículo.Volumen * ac.Cantidad
    del genes[índice]
```

Añadiremos siempre si la longitud es cero y cuando haya peso o volumen disponible. De lo contrario, si no hemos usado todos los tipos de artículo, le daremos al algoritmo una pequeña posibilidad de añadir otro tipo de artículo. Si lo hace, entonces devolvemos el resultado.

```
añadiendo = (pesoRestante > 0 or volumenRestante > 0) and \
            (len(genes) == 0 or (len(genes) < len(artículos) and
                                 random.randint(0, 100) == 0))
if añadiendo:
    nuevoGen = añadir(genes, artículos, pesoRestante, volumenRestante)
    if nuevoGen is not None:
        genes.append(nuevoGen)
        return
```

Después, necesitamos implementar la sustitución de artículos eligiendo un artículo al azar que ya esté en la mochila y añadiendo el peso y el volumen de su cantidad a nuestro total disponible.

```
índice = random.randrange(0, len(genes))
ac = genes[índice]
artículo = ac.Artículo
pesoRestante += artículo.Peso * ac.Cantidad
volumenRestante += artículo.Volumen * ac.Cantidad
```

Luego le damos al algoritmo una posibilidad de elegir un tipo de artículo diferente. Si lo sustituimos, evitamos que el tipo de artículo que estamos sustituyendo sea seleccionado.

```
artículoACambiar = len(genes) < len(artículos) and \
                   random.randint(0, 4) == 0
if artículoACambiar:
    artículoA, artículoB = random.sample(artículos, 2)
    artículo = artículoA if artículoA != artículo else artículoB
```

En cualquier caso, sustituimos el gen actual a menos que la cantidad máxima sea cero, en cuyo caso eliminamos el gen.

```
cantidadMáxima = cantidad_máxima(artículo, pesoRestante,
                                 volumenRestante)
if cantidadMáxima > 0:
    cantidad = random.randint(1, cantidadMáxima)
    genes[índice] = ArtículoCantidad(artículo, cantidad)
else:
    del genes[índice]
```

💡Recibimos una copia superficial de la lista de genes del motor, por lo que tenemos que tener cuidado de crear un nuevo objeto *ArtículoCantidad* en lugar de simplemente cambiar la cantidad en el objeto existente, lo cual también cambiaría involuntariamente el gen del padre.

Mostrar

En la función mostrar, mostraremos los nombres y las cantidades de los recursos para saber qué comprar y su volumen, peso y valor total.

```
def mostrar(candidato, horaInicio):
    diferencia = (datetime.datetime.now() - horaInicio).total_seconds()
    genes = candidato.Genes[:]
    genes.sort(key=lambda ac: ac.Cantidad, reverse=True)

    descripciones = [str(ac.Cantidad) + "x" + ac.Artículo.Nombre for ac in
                     genes]
    if len(descripciones) == 0:
        descripciones.append("Vacío")
    print("{}\t{}\t{}".format(
        ', '.join(descripciones),
        candidato.Aptitud,
        diferencia))
```

La salida debería tener el siguiente aspecto:

```
13xAzúcar, 1xMantequilla    peso: 6,23 vol: 3,90 valor: 25360    0,001002
```

Probar

Aquí está la función de prueba completa y el banco de pruebas:

```python
def test_galletas(self):
    artículos = [
        Recurso("Harina", 1680, 0.265, .41),
        Recurso("Mantequilla", 1440, 0.5, .13),
        Recurso("Azúcar", 1840, 0.441, .29)
    ]
    pesoMáximo = 10
    volumenMáximo = 4
    óptimo = obtener_aptitud(
        [ArtículoCantidad(artículos[0], 1),
         ArtículoCantidad(artículos[1], 14),
         ArtículoCantidad(artículos[2], 6)])
    self.rellenar_mochila(artículos, pesoMáximo, volumenMáximo, óptimo)
```

```python
def rellenar_mochila(self, artículos, pesoMáximo, volumenMáximo,
                     aptitudÓptima):
    horaInicio = datetime.datetime.now()

    def fnMostrar(candidato):
        mostrar(candidato, horaInicio)

    def fnObtenerAptitud(genes):
        return obtener_aptitud(genes)

    def fnCrear():
        return crear(artículos, pesoMáximo, volumenMáximo)

    def fnMutar(genes):
        mutar(genes, artículos, pesoMáximo, volumenMáximo)

    mejor = genetic.obtener_mejor(fnObtenerAptitud, None, aptitudÓptima,
                                  None, fnMostrar, fnMutar, fnCrear)
    self.assertTrue(not aptitudÓptima > mejor.Aptitud)
```

Ejecutar

Cuando ejecutamos la prueba de galletas

salida de muestra

```
19xMantequilla, 1xAzúcar    peso: 9,94 vol: 2,76 valor: 29200    0,003007
```

se queda atascado. A raíz de una experiencia anterior, sabemos que esto significa que está alcanzando un máximo local. También sabemos que la solución es usar el recocido simulado para escapar del máximo local.

Usar el recocido simulado

```
def rellenar_mochila(self, artículos, pesoMáximo, volumenMáximo,
                     aptitudÓptima):
...
    mejor = genetic.obtener_mejor(fnObtenerAptitud, None, aptitudÓptima,
                                  None, fnMostrar, fnMutar, fnCrear,
                                  edadMáxima=50)
```

Ejecutar 2

Ahora, al ejecutar la prueba, ésta puede encontrar la solución óptima cada vez.

salida de muestra

```
20xMantequilla  peso: 10,00 vol: 2,60 valor: 28800  0,0
19xMantequilla, 1xAzúcar     peso: 9,94 vol: 2,76 valor: 29200   0,008022
14xMantequilla, 5xAzúcar     peso: 9,21 vol: 3,27 valor: 29360   0,021054
15xMantequilla, 5xAzúcar     peso: 9,71 vol: 3,40 valor: 30800   0,021555
15xMantequilla, 5xAzúcar, 1xHarina peso: 9,97 vol: 3,81 valor: 32480   0,025066
14xMantequilla, 6xAzúcar, 1xHarina peso: 9,91 vol: 3,97 valor: 32880   0,026568
```

¡Excelente! ¿Pero funciona en conjuntos más grandes del problema?

Resolver un problema más difícil

Como otros proyectos que hemos visto, el problema de la mochila es muy popular y, como resultado, hay conjuntos de problemas estándar disponibles. Uno de dichos conjuntos, llamado exnsd16, está disponible en PYAsUKP:

https://github.com/henriquebecker91/masters/tree/master/data/ukp

Formato de archivo

Los archivos del problema tienen el siguiente formato:

```
...
c: 8273             <-- limitación
...
begin data          <-- inicio de los datos del recurso
12 34               <-- peso y valor
6 79
...
43 25
end data            <-- fin de los datos del recurso
...
sol:                <-- inicio de la solución óptima
    13  54  87  23 <-- índice del recurso, recuento, peso de
    55  32  78  69 <--    la cantidad, valor de la cantidad
                    <-- línea vacía
...
```

Analizar sintácticamente el archivo

Escribir un analizador sintáctico para este formato de datos es fácil. Empezamos con un contenedor:

```python
class DatosDelProblema:
    def __init__(self):
        self.Recursos = []
        self.PesoMáximo = 0
        self.Solución = []
```

Después, necesitamos una función que lea todas las líneas del archivo y se encargue del análisis sintático:

```python
def cargar_datos(archivoLocal):
    with open(archivoLocal, mode='r') as fuente:
        filas = fuente.read().splitlines()
    datos = DatosDelProblema()
    f = encontrar_restricción

    for fila in filas:
        f = f(fila.strip(), datos)
        if f is None:
            break
    return datos
```

Función de análisis sintáctico inicial para el marcador de limitación:

```python
def encontrar_restricción(fila, datos):
    partes = fila.split(' ')
    if partes[0] != "c:":
        return encontrar_restricción
    datos.PesoMáximo = int(partes[1])
    return buscar_inicio_de_datos
```

Una vez encontrada la limitación, ésta se pasa a *buscar_inicio_de_datos* para empezar a vigilar el inicio de la sección de datos.

```python
def buscar_inicio_de_datos(fila, datos):
    if fila != "begin data":
        return buscar_inicio_de_datos
    return leer_recurso_o_encontrar_final_de_datos
```

La siguiente función de la cadena lee los *Recursos* hasta que detecta el final de la sección de datos. Nombramos a los recursos por su índice de recurso con base 1.

```python
def leer_recurso_o_encontrar_final_de_datos(fila, datos):
    if fila == "end data":
        return encontrar_inicio_de_la_solución
    partes = fila.split('\t')
    recurso = Recurso("R" + str(1 + len(datos.Recursos)), int(partes[1]),
                      int(partes[0]), 0)
    datos.Recursos.append(recurso)
    return leer_recurso_o_encontrar_final_de_datos
```

Luego pasamos a buscar el inicio de la sección de solución.

```python
def encontrar_inicio_de_la_solución(fila, datos):
    if fila == "sol:":
        return leer_solución_recurso_o_encontrar_final_de_solución
    return encontrar_inicio_de_la_solución
```

Una vez que encontramos la solución, leemos el índice y la cantidad del recurso, y creamos los genes para la solución óptima. Cuando encontremos una línea vacía, habremos terminado.

```
def leer_solución_recurso_o_encontrar_final_de_solución(fila, datos):
    if fila == "":
        return None
    partes = [p for p in fila.split('\t') if p != ""]
    recursoÍndice = int(partes[0]) - 1  # hacer que sea basado en 0
    recursoCantidad = int(partes[1])
    datos.Solución.append(
        ArtículoCantidad(datos.Recursos[recursoÍndice], recursoCantidad))
    return leer_solución_recurso_o_encontrar_final_de_solución
```

El analizador sintáctico está completo.

Prueba exnsd16

Después, necesitamos una prueba que use el analizador sintáctico y un archivo de problema.

```
def test_exnsd16(self):
    informaciónDelProblema = cargar_datos("exnsd16.ukp")
    artículos = informaciónDelProblema.Recursos
    pesoMáximo = informaciónDelProblema.PesoMáximo
    volumenMáximo = 0
    óptimo = obtener_aptitud(informaciónDelProblema.Solución)
    self.rellenar_mochila(artículos, pesoMáximo, volumenMáximo, óptimo)
```

Ejecutar

Al ejecutar la prueba, ésta puede encontrar la solución cada vez pero puede tardar un par de minutos.

salida de muestra

```
....
155xR288, 1xR298, 1xR1733   peso: 889300,00 vol: 0,00 valor: 1029651    77,075814
155xR288, 1xR298, 1xR65 peso: 889303,00 vol: 0,00 valor: 1029654    77,343492
155xR288, 1xR903, 1xR65 peso: 889303,00 vol: 0,00 valor: 1029656    77,700444
155xR288, 1xR1080, 1xR987   peso: 889301,00 vol: 0,00 valor: 1029673    139,834646
```

Rendimiento

El rendimiento del problema de la mochila se mejora frecuentemente usando el algoritmo de ramificación y poda.

A un alto nivel, el algoritmo de ramificación y poda implica una decisión gen-específica y las consecuencias asociadas, o costes, de tomar esa decisión. Tomar una decisión puede permitirte/forzarte a eliminar muchas otras decisiones posibles. Por ejemplo, elegir una camisa/blusa particular para ponértela hoy puede implicar limitaciones culturales sobre tus opciones de pantalón/falda. Y tu elección de pantalón/falda combinada con tu blusa/camisa puede limitar tus opciones de zapatos y calcetines. Es una reacción en cadena. Ésta es la razón por la que a menudo se ve el algoritmo de ramificación y poda representado como un árbol de decisiones. Cinturón/no cinturón. Corbata/no corbata. ¿Necesito una camiseta/enagua con esto? Puedes empezar en cualquier parte del árbol de decisiones pero, tan pronto como tomes una decisión, tus opciones para la siguiente decisión se ven reducidas. La ramificación es el punto de decisión. La poda son las limitaciones introducidas por esa decisión. Si tus opciones se pueden ordenar numéricamente, entonces, por lo general, tu siguiente decisión se puede encontrar muy rápidamente a través de la búsqueda binaria.

Para facilitar nuestra capacidad de encontrar la siguiente mejora a partir de una solución parcial actual, vamos a ordenar los artículos por valor. También vamos a usar una ventana deslizante para limitar hasta dónde puede ir por encima y por debajo del artículo actual para seleccionar una sustitución en la función de mutación. Pasamos los artículos ordenados y la ventana a la función de mutación.

```python
def rellenar_mochila(self, artículos, pesoMáximo, volumenMáximo,
                     aptitudÓptima):
    horaInicio = datetime.datetime.now()
    ventana = Ventana(1,
                      max(1, int(len(artículos) / 3)),
                      int(len(artículos) / 2))

    artículosOrdenados = sorted(artículos,
                                key=lambda artículo: artículo.Valor)
...
    def fnMutar(genes):
        mutar(genes, artículosOrdenados, pesoMáximo, volumenMáximo,
              ventana)
```

Aquí está la implementación de *Ventana*:

```
class Ventana:
    def __init__(self, mínimo, máximo, tamaño):
        self.Min = mínimo
        self.Max = máximo
        self.Tamaño = tamaño

    def deslizar(self):
        self.Tamaño = self.Tamaño - 1 if self.Tamaño > self.Min \
            else self.Max
```

En la función de mutación, lo primero que hacemos es deslizar la ventana.

```
def mutar(genes, artículos, pesoMáximo, volumenMáximo, ventana):
    ventana.deslizar()
    aptitud = obtener_aptitud(genes)
...
```

Después, en la sección donde tenemos la opción de sustituir un artículo (gen), elegimos el nuevo artículo entre aquellos que están dentro del rango de la *ventana* del artículo actual. Y luego cogemos la cantidad máxima posible de ese artículo.

```
...
    if artículoACambiar:
        artículoÍndice = artículos.index(ac.Artículo)
        principio = max(1, artículoÍndice - ventana.Tamaño)
        fin = min(len(artículos) - 1, artículoÍndice + ventana.Tamaño)
        artículo = artículos[random.randint(principio, fin)]
    cantidadMáxima = cantidad_máxima(artículo, pesoRestante,
                                     volumenRestante)
    if cantidadMáxima > 0:
        genes[índice] = ArtículoCantidad(artículo, cantidadMáxima
        if ventana.Tamaño > 1 else random.randint(1, cantidadMáxima))
    else:
```

Ejecutar

Ahora encuentra la solución en aproximadamente un segundo de media.

```
155xR288, 5xR409, 1xR112    peso: 889269,00 vol: 0,00 valor: 1029497    0,344953
155xR288, 5xR409, 1xR1060   peso: 889286,00 vol: 0,00 valor: 1029520    0,344953
155xR288, 5xR409, 1xR1028   peso: 889298,00 vol: 0,00 valor: 1029525    0,378039
156xR288, 1xR987     peso: 889303,00 vol: 0,00 valor: 1029680     0,435156
```

¡Excelente!

Retrospectiva

Prueba a usar la técnica de la suma por diferencia cuando calcules la aptitud.

Benchmarks

Haz un benchmark con:

```
def test_comparativa(self):
    genetic.Comparar.ejecutar(lambda: self.test_exnsd16())
```

No cambiamos `genetic`, por lo que aquí está el benchmark final.

Cuadro 9.1: Benchmarks

media (segundos)	desviación estándar
0,67	0,60

Resumen

En este proyecto, resolvimos la versión ilimitada del problema de la mochila y aprendimos sobre el algoritmo de ramificación y poda.

Resolver ecuaciones lineales

Resolver sistemas de ecuaciones es un problema común en ingeniería, y puedes encontrar cientos de artículos online que presentan maneras de resolverlos. Los métodos se dividen en dos grandes categorías: matemáticos e iterativos. La primera categoría incluye métodos como Factorización LU, Eliminación de Gauss-Jordan, y Factorización QR. El problema con estos métodos es que los errores de redondeo se agravan a cada paso, por lo que deben usarse métodos para corregir los errores. La categoría iterativa usa la aproximación sucesiva para encontrar mejores soluciones sin los errores de redondeo. Los algoritmos genéticos pertenecen a esta categoría.

En este proyecto, vamos a ver cómo se pueden usar los algoritmos genéticos para encontrar las incógnitas en un sistema de ecuaciones lineales. Por ejemplo:

$$
\begin{Vmatrix}
x + 2y = 4 \\
4x + 4y = 12
\end{Vmatrix}
$$

Queremos averiguar qué valores de x e y podemos usar para resolver ambas ecuaciones simultáneamente. Párate aquí y piensa en cómo resolverías este problema con un algoritmo genético.

Podemos hacerlo con nuestro motor genético usando un gen por cada incógnita y un conjunto de genes que contenga todos los números en el rango de los valores esperados. Vamos a probarlo.

Clase de prueba, prueba y genes

Empezaremos con el habitual código stub.

ecuacionesLineales.py

```python
import unittest
import datetime
import genetic

class PruebasDeEcuacionesLineales(unittest.TestCase):
    def test(self):
        geneSet = [i for i in range(10)]
        horaInicio = datetime.datetime.now()

        def fnMostrar(candidato):
            mostrar(candidato, horaInicio)

        def fnObtenerAptitud(genes):
            return obtener_aptitud(genes)
```

Aptitud

En *obtener_aptitud* podemos sustituir los valores de los genes directamente en x e y, ¿pero qué deberías devolver como aptitud para que el motor pueda progresar? Una buena solución es reescribir las ecuaciones para que den como resultado 0.

```
x + 2y - 4 = 0

4x + 4y - 12 = 0
```

Esto nos permite usar la técnica de la suma por diferencia que usamos en el proyecto de las Cartas.

```python
def obtener_aptitud(genes):
    x, y = genes[0:2]

    e1 = x + 2 * y - 4
    e2 = 4 * x + 4 * y - 12
    aptitud = Aptitud(abs(e1) + abs(e2))

    return aptitud
```

Clase Aptitud

Con la clase *Aptitud* definida como:

```python
class Aptitud:
    def __init__(self, diferenciaTotal):
        self.DiferenciaTotal = diferenciaTotal

    def __gt__(self, otro):
        return self.DiferenciaTotal < otro.DiferenciaTotal

    def __str__(self):
        return "dif: {:0.2f}".format(float(self.DiferenciaTotal))
```

Aptitud óptima

Eso significa que el valor de aptitud óptimo en nuestra prueba va a ser cero.

```python
    def test(self):
...
        aptitudÓptima = Aptitud(0)
        mejor = genetic.obtener_mejor(fnObtenerAptitud, 2, aptitudÓptima,
                                      geneSet, fnMostrar)
        self.assertTrue(not aptitudÓptima > mejor.Aptitud)
```

Mostrar

Finalmente, en la función mostrar, podemos mostrar los valores de *x* e *y*.

ecuacionesLineales.py

```python
def mostrar(candidato, horaInicio):
    diferencia = (datetime.datetime.now() - horaInicio).total_seconds()
    x, y = candidato.Genes[0:2]
    print("x = {}, y = {}\t{}\t{}".format(
        x,
        y,
        candidato.Aptitud,
        diferencia))
```

Ejecutar

Ahora, cuando ejecutamos la prueba…

```
x = 5, y = 2    dif: 21,00  0,0
x = 0, y = 2    dif: 4,00   0,0
x = 0, y = 3    dif: 2,00   0,001000
```

casi siempre se atasca. ¿Por qué? Considera los valores de *x* e *y* en la salida anterior. ¿Qué tiene que suceder para que progrese? Tanto *x* como *y* tienen que cambiar a nuevos valores al mismo tiempo. Hemos encontrado otro mínimo local.

Usar el recocido simulado

Hemos alcanzado un mínimo local, por lo que veremos si añadir una edad máxima lo soluciona.

```
    def test(self):
...
        mejor = genetic.obtener_mejor(fnObtenerAptitud, 2, aptitudÓptima,
                                      geneSet, fnMostrar, edadMáxima=50)
```

Ejecutar 2

Ahora, al ejecutar la prueba, ésta encuentra la solución correcta cada vez.

salida de muestra

```
x = 7, y = 0    dif: 19,00   0,0
x = 5, y = 0    dif: 9,00    0,0
x = 4, y = 0    dif: 4,00    0,0
x = 3, y = 0    dif: 1,00    0,0
x = 2, y = 1    dif: 0,00    0,003007
```

Podemos verificar la solución manualmente sustituyendo los valores encontrados en las ecuaciones originales.

```
(2) + 2*(1) = 4
4*(2) + 4*(1) = 12
```

¡Genial!

Fracciones y 3 incógnitas

¿Pero y si *x* e *y* son fracciones o números mixtos y tenemos más incógnitas? Bien, vamos a probar un sistema con 3 incógnitas y algunas fracciones para ver qué ocurre.

```
6x - 2y + 8z = 20

y + 8x * z = -1

2z * 6/x + 3y/2 = 6

Valores esperados:
x = 2/3
y = -5
z = 3/4
```

Como algunas de las incógnitas son fracciones, nuestro genotipo serán 2 genes, uno para el numerador y otro para el denominador, de cada incógnita. Esto significa que necesitamos 6 genes para resolver las ecuaciones anteriores. Basándonos en los valores esperados, vamos a dejar que el conjunto de genes contenga valores en el rango -5 a 5, excluyendo el 0. Las funciones mostrar y aptitud también tendrán que cambiar.

Refactorización

Nos gustaría tener funciones comunes de aptitud, mostrar y mutar usadas por las pruebas que resuelven con un número diferente de incógnitas y con diferentes genotipos. Empecemos moviendo el conjunto de genes y los detalles de la ecuación a la función de prueba.

```python
def test_2_desconocidos(self):
    geneSet = [i for i in range(-5, 5) if i != 0]

    def fnGenesAEntradas(genes):
        return genes[0], genes[1]

    def e1(genes):
        x, y = fnGenesAEntradas(genes)
        return x + 2 * y - 4

    def e2(genes):
        x, y = fnGenesAEntradas(genes)
        return 4 * x + 4 * y - 12

    ecuaciones = [e1, e2]
    self.resolver_desconocidos(2, geneSet, ecuaciones, fnGenesAEntradas)
```

Después, renombra la función de la batería de pruebas anterior a *resolver_desconocidos* y pásale el conjunto de genes, las ecuaciones y una función que convierta el genotipo a cualquier fenotipo que necesiten las ecuaciones.

```
def resolver_desconocidos(self, numUnknowns, geneSet, ecuaciones,
                          fnGenesAEntradas):
    horaInicio = datetime.datetime.now()

    def fnMostrar(candidato):
        mostrar(candidato, horaInicio, fnGenesAEntradas)

    def fnObtenerAptitud(genes):
        return obtener_aptitud(genes, ecuaciones)

    aptitudÓptima = Aptitud(0)
    mejor = genetic.obtener_mejor(fnObtenerAptitud, numUnknowns,
                                  aptitudÓptima, geneSet, fnMostrar,
                                  edadMáxima=50)
    self.assertTrue(not aptitudÓptima > mejor.Aptitud)
```

Ahora podemos simplificar la función de aptitud haciendo que sólo sea responsable de sumar los valores absolutos de los resultados de la ecuación.

```
def obtener_aptitud(genes, ecuaciones):
    aptitud = Aptitud(sum(abs(e(genes)) for e in ecuaciones))
    return aptitud
```

La función mostrar seguirá mostrando las incógnitas, la aptitud y el tiempo transcurrido. Además, lo hará sin tener que saber cuántas incógnitas hay.

```
def mostrar(candidato, horaInicio, fnGenesAEntradas):
    diferencia = (datetime.datetime.now() - horaInicio).total_seconds()
    símbolos = "xyz"
    resultado = ', '.join("{} = {}".format(s, v)
                          for s, v in
                          zip(símbolos, fnGenesAEntradas(candidato.Genes)))
    print("{}\t{}\t{}".format(
        resultado,
        candidato.Aptitud,
        diferencia))
```

Probar

Después, podemos añadir la nueva prueba para resolver 3 incógnitas. En la prueba para 2 incógnitas, el genotipo *era* el fenotipo. Pero, en esta prueba, necesitamos convertir cada par de genes en una fracción. Además, no vamos a usar la división simple porque los valores en coma flotante pueden ser difíciles de mapear mentalmente en fracciones. En lugar de ello, usaremos la clase Fraction, para ver 1/4 en lugar de 0,25 (por ejemplo). Tenemos que hacer lo mismo con cualquier fracción en las ecuaciones.

```
from fractions import Fraction
...
    def test_3_desconocidos(self):
        geneSet = [i for i in range(-5, 5) if i != 0]

        def fnGenesAEntradas(genes):
            return [Fraction(genes[i], genes[i + 1])
                    for i in range(0, len(genes), 2)]

        def e1(genes):
            x, y, z = fnGenesAEntradas(genes)
            return 6 * x - 2 * y + 8 * z - 20

        def e2(genes):
            x, y, z = fnGenesAEntradas(genes)
            return y + 8 * x * z + 1

        def e3(genes):
            x, y, z = fnGenesAEntradas(genes)
            return 2 * z * Fraction(6, x) \
                    + 3 * Fraction(y, 2) - 6

        ecuaciones = [e1, e2, e3]

        self.resolver_desconocidos(6, geneSet, ecuaciones, fnGenesAEntradas)
```

Y estamos listos para ejecutar la prueba.

Ejecutar

```
...
x = 3/5, y = -5, z = 2/3     dif: 2,03    0,932517
x = 2/3, y = -5, z = 4/5     dif: 1,57    9,709865
...
```

Ocasionalmente tiene un retraso al tratar de eludir un mínimo local. Cuando comparamos los valores anteriores de x, y y z con los valores esperados, descubrimos que estamos volviendo a alcanzar un mínimo local. Excepto que ahora, en lugar de ser necesario efectuar 2 cambios para avanzar, necesitamos efectuar 4. La raíz del problema es que estamos cambiando el numerador y el denominador por separado, cuando realmente necesitamos ser capaces de sustituir la fracción que representan con una nueva fracción.

Usar fracciones como el genotipo

Para usar fracciones como genes, tenemos que cambiar el conjunto de genes a un conjunto de todas las fracciones posibles en el rango de números que queremos aceptar. Una ventaja de esto es que nuestro genotipo y nuestro fenotipo vuelven a ser iguales, por lo que podemos eliminar el paso de conversión al evaluar las ecuaciones.

```
def test_3_desconocidos(self):
    valores = [i for i in range(-5, 5) if i != 0]
    geneSet = [i for i in set(
        Fraction(d, e)
        for d in valores
        for e in valores if e != 0)]

    def fnGenesAEntradas(genes):
        return genes
```

```
def e1(genes):
    x, y, z = genes
    return 6 * x - 2 * y + 8 * z - 20

def e2(genes):
    x, y, z = genes
    return y + 8 * x * z + 1

def e3(genes):
    x, y, z = genes
    return 2 * z * Fraction(6, x) \
            + 3 * Fraction(y, 2) - 6

ecuaciones = [e1, e2, e3]
self.resolver_desconocidos(3, geneSet, ecuaciones, fnGenesAEntradas)
```

Ejecutar 2

Ahora, cuando encuentra un mínimo local como el que vimos antes

```
...
x = 3/5, y = -5, z = 2/3    dif: 2,03    0,042112
x = 2/3, y = -5, z = 4/5    dif: 1,57    0,082218
...
```

el motor apenas se ralentiza. ¡Genial!

Encontrar 4 incógnitas

Ahora veamos si puede resolver 4 incógnitas:

```
1/15x  - 2y  - 15z  -4/5a =   3
-5/2x  - 9/4y  + 12z  - a =  17
-13x  + 3/10y  - 6z  - 2/5a =  17
1/2x  + 2y  + 7/4z  + 4/3a =  -9

Valores esperados:
x =  -3/2       y =  -7/2       z =  1/3       a =  -11/8
```

Probar

Simplemente tenemos que añadir la nueva prueba

```python
def test_4_desconocidos(self):
    valores = [i for i in range(-13, 13) if i != 0]
    geneSet = [i for i in set(
        Fraction(d, e)
        for d in valores
        for e in valores if e != 0)]

    def fnGenesAEntradas(genes):
        return genes

    def e1(genes):
        x, y, z, a = genes
        return Fraction(1, 15) * x \
                - 2 * y \
                - 15 * z \
                - Fraction(4, 5) * a \
                - 3
```

```
    def e2(genes):
        x, y, z, a = genes
        return -Fraction(5, 2) * x \
                - Fraction(9, 4) * y \
                + 12 * z \
                - a \
                - 17

    def e3(genes):
        x, y, z, a = genes
        return -13 * x \
                + Fraction(3, 10) * y \
                - 6 * z \
                - Fraction(2, 5) * a \
                - 17

    def e4(genes):
        x, y, z, a = genes
        return Fraction(1, 2) * x \
                + 2 * y \
                + Fraction(7, 4) * z \
                + Fraction(4, 3) * a \
                + 9

    ecuaciones = [e1, e2, e3, e4]
    self.resolver_desconocidos(4, geneSet, ecuaciones, fnGenesAEntradas)
```

y añadir los símbolos en la función mostrar.

```
    símbolos = "xyza"
```

Ejecutar

```
. . . .
x = -3/2, y = -10/3, z = 1/3, a = -12/7 dif: 0,40   5,217881
x = -3/2, y = -10/3, z = 1/3, a = -7/4  dif: 0,40   5,271022
x = -3/2, y = -7/2, z = 1/3, a = -13/10 dif: 0,27  12,802097
x = -3/2, y = -7/2, z = 1/3, a = -11/8  dif: 0,00  12,910380
```

Puede encontrar la solución cada vez, pero puede tardar un rato. Aquí está el benchmark para encontrar 4 incógnitas.

media (segundos)	desviación estándar
5,82	4,87

Rendimiento

¿Qué podemos hacer para mejorar el rendimiento? ¿Hay algún patrón en la salida? Sí, los hay. El primero es que el signo de una incógnita suele permanecer invariable. El otro es que el cambio entre mejoras para una incógnita dada suele hacerse más pequeño a medida que nos acercamos a la solución. Podemos aprovechar ambos limitando nuestra búsqueda a un rango deslizante en torno al índice del gen actual. Vamos a usar el algoritmo de ramificación y poda.

Empezaremos moviendo la edad máxima a una variable:

```python
def resolver_desconocidos(self, numUnknowns, geneSet, ecuaciones,
                          fnGenesAEntradas):
    horaInicio = datetime.datetime.now()
    edadMáxima = 50
```

Luego la usaremos para determinar el tamaño de ventana mínimo para ajustar el número de genes.

```python
    edadMáxima = 50
    ventana = Ventana(max(1, int(len(geneSet) / (2 * edadMáxima))),
                      max(1, int(len(geneSet) / 3)),
                      int(len(geneSet) / 2))
```

Tomaremos prestada la clase *Ventana* del proyecto anterior:

```python
class Ventana:
    def __init__(self, mínimo, máximo, tamaño):
        self.Min = mínimo
        self.Max = máximo
        self.Tamaño = tamaño

    def deslizar(self):
        self.Tamaño = self.Tamaño - 1 if self.Tamaño > self.Min \
            else self.Max
```

Después, para hacer el uso más eficiente posible de múltiples pasadas a través del bucle, vamos a usar random.choose para usar cada índice de gen una vez únicamente. Eso significa mover los índices a un arreglo como hicimos al encontrar los Cuadrados Mágicos.

```python
    geneÍndices = [i for i in range(numUnknowns)]
```

También necesitamos que las opciones de los genes estén ordenadas para que los genes que estén numéricamente cerca del gen actual también estén físicamente cerca de él en el arreglo. Esto nos permite elegir los genes que estén a una cierta distancia numérica del actual.

```
        geneSetOrdenado = sorted(geneSet)
```

Por último, pasamos estos nuevos parámetros a una función de mutación

```
    def fnMutar(genes):
        mutar(genes, geneSetOrdenado, ventana, geneÍndices)
```

y usamos esa función en el motor.

```
        mejor = genetic.obtener_mejor(fnObtenerAptitud, numUnknowns,
                                      aptitudÓptima, geneSet, fnMostrar,
                                      fnMutar, edadMáxima=edadMáxima)
```

Ahora, en la función de mutación, empezamos eligiendo al menos un gen para mutarlo. Después, cambiamos el tamaño de la ventana e iniciamos el bucle.

```
import random
...
def mutar(genes, geneSetOrdenado, ventana, geneÍndices):
    índices = random.sample(geneÍndices, random.randint(1, len(genes))) \
        if random.randint(0, 10) == 0 else [random.choice(geneÍndices)]
    ventana.deslizar()
    while len(índices) > 0:
```

Luego, en cada pasada del bucle, cogemos el siguiente gen de los índices que elegimos

```
        índice = índices.pop()
```

y calculamos los límites de búsqueda usando el tamaño de la ventana. De esta manera, limitamos el número de genes que podemos elegir y nos detenemos si llegamos a uno de los extremos del arreglo.

```
        geneSetÍndice = geneSetOrdenado.index(genes[índice])
        principio = max(0, geneSetÍndice - ventana.Tamaño)
        fin = min(len(geneSetOrdenado) - 1, geneSetÍndice + ventana.Tamaño)
```

Finalmente, sustituimos el gen actual por uno elegido al azar del nuevo rango delimitador.

```
        geneSetÍndice = random.randint(principio, fin)
        genes[índice] = geneSetOrdenado[geneSetÍndice]
```

Esto logra nuestro objetivo de aprovechar los patrones en los datos. Ahora intentamos encontrar genes de reemplazo que estén numéricamente cerca del gen actual. Dependiendo de lo cerca qué esté el gen de cero, y de lo amplios que sean los límites de la selección, esto mantiene nuestras opciones principalmente negativas, si el gen actual es negativo, o principalmente positivas, si el gen actual es positivo. Usando la ramificación y poda podemos cambiar lentamente el rango de búsqueda en torno al mejor gen actual. Esto permite al algoritmo encontrar la siguiente mejora en caso de necesitar los signos de uno o más genes a cambiar, como en este ejemplo:

```
x = -1/5, y = -3, z = -1/4, a = -1/10    dif: 35,56   0,003038
x = 1/7, y = -3, z = 5/13, a = -1/10     dif: 34,21   0,005043
```

Ejecutar

Ahora, al ejecutar la prueba, ésta puede encontrar las 4 incógnitas mucho más rápido.

```
...
x = -3/2, y = -11/3, z = 1/3, a = -13/12    dif: 0,41   1,176128
x = -3/2, y = -11/3, z = 1/3, a = -1    dif: 0,40   1,248321
x = -3/2, y = -7/2, z = 1/3, a = -13/10 dif: 0,27   1,605241
x = -3/2, y = -7/2, z = 1/3, a = -11/8  dif: 0,00   1,609281
```

Benchmarks

Haremos un benchmark para este proyecto con la prueba que encuentra 4 incógnitas.

```
def test_comparativa(self):
    genetic.Comparar.ejecutar(lambda: self.test_4_desconocidos())
```

Cuadro 10.2: Puntos de referencia

media (segundos)	desviación estándar
1,32	0,88

Resumen

En este proyecto, aprendimos cómo resolver un problema importante de ingeniería. También pudimos reafirmar el poder de usar la ramificación y poda.

Generación de Sudoku

Los rompecabezas sudoku son problemas lógicos de 9x9 en los que cada fila, columna y sección no superpuesta de 3x3 debe tener todos los dígitos en el rango de 1 a 9. Al jugador se le proporciona una cuadrícula parcialmente llena y el desafío es usar los dígitos conocidos, las restricciones del rompecabezas y la lógica para deducir los dígitos restantes. He aquí un ejemplo de rompecabezas completado:

```
8 4 1 | 5 6 7 | 9 2 3
2 7 6 | 9 4 3 | 1 5 8
9 5 3 | 2 8 1 | 7 6 4
----- + ----- + -----
5 1 9 | 7 2 4 | 8 3 6
6 8 4 | 3 1 9 | 5 7 2
7 3 2 | 6 5 8 | 4 9 1
----- + ----- + -----
1 2 5 | 4 9 6 | 3 8 7
4 6 7 | 8 3 5 | 2 1 9
3 9 8 | 1 7 2 | 6 4 5
```

Vamos a usar un algoritmo genético para generar un rompecabezas sudoku. Éste es un ejercicio guiado, por lo que deberías pensar en cómo mejorar la implementación a medida que avanzamos. Además, si nunca has intentado resolver uno de estos rompecabezas, deberías hacerlo, ya que el proceso puede proporcionarte información valiosa.

Vamos allá.

Clase de prueba y genes

En primer lugar, nuestro genotipo serán los dígitos del 1 al 9.

sudoku.py

```
import unittest
import datetime
import genetic

class PruebasDeSudoku(unittest.TestCase):
    def test(self):
        geneSet = [i for i in range(1, 9 + 1)]
```

Aptitud

El valor de la aptitud será el recuento de las filas, columnas y secciones que tengan los 9 dígitos. Esto significa que el valor óptimo será 9+9+9 o 27.

```
        valorÓptimo = 27
```

La función de aptitud será llamada muchas veces, por lo que necesita ejecutarse rápido. Empezamos creando un set vacío para cada fila, columna y sección.

```
def obtener_aptitud(candidato):
    filas = [set() for _ in range(9)]
    columnas = [set() for _ in range(9)]
    secciones = [set() for _ in range(9)]
```

Después, rellenamos los sets visitando cada casilla sólo una vez. Los números de sección se pueden calcular en Excel usando:

```
QUOTIENT(B$1,3)+QUOTIENT($A2,3)*3
```

	0	1	2	3	4	5	6	7	8	columna
0	0	0	0	1	1	1	2	2	2	
1	0	0	0	1	1	1	2	2	2	
2	0	0	0	1	1	1	2	2	2	
3	3	3	3	4	4	4	5	5	5	
4	3	3	3	4	4	4	5	5	5	
5	3	3	3	4	4	4	5	5	5	
6	6	6	6	7	7	7	8	8	8	
7	6	6	6	7	7	7	8	8	8	
8	6	6	6	7	7	7	8	8	8	

fila

```
for filaId in range(9):
    for columna in range(9):
        valor = candidato[filaId * 9 + columna]
        filas[filaId].add(valor)
        columnas[columna].add(valor)
        secciones[int(filaId / 3) + int(columna / 3) + 3].add(valor)
```

Por último, devolvemos el número total de filas, columnas y secciones que tienen el recuento correcto.

```
aptitud = sum(len(fila) == 9 for fila in filas) + \
          sum(len(columna) == 9 for columna in columnas) + \
          sum(len(sección) == 9 for sección in secciones)

return aptitud
```

Mostrar

Podemos producir fácilmente una representación visual del rompecabezas del sudoku completo.

```
def mostrar(candidato, horaInicio):
    diferencia = (datetime.datetime.now() - horaInicio).total_seconds()

    for filaId in range(9):
        fila = ' | '.join(
            ' '.join(str(i)
                     for i in
                     candidato.Genes[filaId * 9 + i:filaId * 9 + i + 3])
            for i in [0, 3, 6])
        print("", fila)
        if filaId < 8 and filaId % 3 == 2:
            print(" ----- + ----- + -----")
    print(" - = -   - = -   - = - {}\t{}\n"
          .format(candidato.Aptitud, diferencia))
```

He aquí la salida esperada:

```
8 4 1 | 5 6 7 | 4 2 4
2 7 2 | 2 4 4 | 9 7 6
2 4 9 | 4 4 1 | 1 3 1
----- + ----- + -----
9 3 2 | 5 5 5 | 8 7 6
1 9 8 | 8 1 3 | 6 5 9
5 1 5 | 8 7 6 | 6 2 3
----- + ----- + -----
6 8 6 | 7 5 7 | 2 4 3
7 8 2 | 9 8 1 | 8 7 3
9 9 3 | 3 5 9 | 3 6 1
- = -   - = -   - = - 17    0,0
```

Probar

El banco de pruebas completo para este proyecto es bastante simple.

```python
def test(self):
    geneSet = [i for i in range(1, 9 + 1)]
    horaInicio = datetime.datetime.now()
    valorÓptimo = 27

    def fnMostrar(candidato):
        mostrar(candidato, horaInicio)

    def fnObtenerAptitud(genes):
        return obtener_aptitud(genes)

    mejor = genetic.obtener_mejor(fnObtenerAptitud, 81, valorÓptimo,
                                  geneSet, fnMostrar)
    self.assertEqual(mejor.Aptitud, valorÓptimo)
```

Ejecutar

Ahora lo ejecutamos. Al principio progresa, pero al final se acaba atascando. Ejecuté el código 10 veces y siempre se atascó con un valor de aptitud entre 11 y 15.

```
9 5 8 | 3 6 1 | 2 7 4
2 1 4 | 5 6 8 | 3 7 9
5 8 3 | 4 6 9 | 7 1 2
----- + ----- + -----
4 3 9 | 8 2 5 | 6 7 1
8 9 2 | 6 3 4 | 5 7 1
3 4 7 | 1 6 5 | 9 2 8
----- + ----- + -----
5 7 1 | 9 8 3 | 4 6 2
8 6 9 | 2 7 4 | 1 5 3
5 2 4 | 7 6 9 | 8 1 3
- = -   - = -   - = - 15    2,793290
```

¿Qué deberíamos hacer ahora?

- Usar el recocido simulado para solucionar el mínimo local. (ve a la página siguiente)

- Usar la mutación personalizada para intercambiar dos genes. (ve a la página 158)

- Usar la creación personalizada para empezar con el número correcto de cada dígito. (ve a la página 164)

Muchas opciones

Las secciones restantes de este proyecto no están pensadas para ser leídas de un tirón. Elige una de las opciones anteriores y ve a esa página

Usar el recocido simulado

Sin duda se comporta como si estuviera alcanzando un máximo local. Así que veamos si el recocido simulado puede solucionar el atasco.

```
def test(self):
...
    mejor = genetic.obtener_mejor(fnObtenerAptitud, 81, valorÓptimo,
                                  geneSet, fnMostrar, edadMáxima=5000)
```

Con este cambio, el motor puede lograr un valor de aptitud de 23 cada vez, pero requiere una edad máxima relativamente elevada y un tiempo de ejecución largo, y aún se atasca en ese punto cada vez. Eso es una buena indicación de que estamos encontrando máximos locales y de que son relativamente complejos de resolver.

```
2 3 6 | 8 7 9 | 5 4 1
8 5 4 | 1 6 3 | 7 9 2
7 1 9 | 4 8 2 | 6 3 5
----- + ----- + -----
6 9 5 | 3 2 8 | 4 1 7
4 7 1 | 6 3 5 | 2 8 9
5 2 7 | 9 1 4 | 8 6 3
----- + ----- + -----
1 8 2 | 7 9 6 | 3 5 4
9 6 3 | 5 4 7 | 1 2 8
3 4 8 | 2 5 1 | 9 7 6
- = -   - = -   - = - 23    223,065731
```

Veamos si podemos ayudar eliminando parte de la ineficiencia del proceso.

¿Qué deberíamos hacer ahora?

- Añadir la creación personalizada para empezar con el número correcto de cada dígito. (ve a la página siguiente)

- Añadir la mutación personalizada para intercambiar dos genes. (ve a la página 155)

- Volver a empezar desde el principio. (ve a la página 151)

Añadir la creación personalizada

Podemos reducir la cantidad de trabajo que tiene que hacer el motor si empezamos con el número correcto de cada dígito. Lo haremos con una permutación de 9 copias de los dígitos.

```python
import random
...
    def test(self):
...

        def fnCrear():
            return random.sample(geneSet * 9, 81)

        mejor = genetic.obtener_mejor(fnObtenerAptitud, None, valorÓptimo,
                                      geneSet, fnMostrar,
                                      creación_personalizada=fnCrear,
                                      edadMáxima=5000)
```

Ejecutar 3

Este cambio no afecta al valor de la aptitud, sigue siendo 23 cada vez, y aún se atasca cada vez.

```
...
1 8 7 | 9 5 9 | 1 3 5
9 6 3 | 7 1 4 | 5 8 2
5 2 4 | 8 6 3 | 7 9 1
----- + ----- + -----
8 7 2 | 4 2 6 | 4 7 3
3 9 1 | 5 3 2 | 6 6 8
4 1 5 | 6 8 7 | 2 3 9
----- + ----- + -----
2 4 6 | 1 9 8 | 3 5 7
6 5 9 | 3 7 1 | 8 2 4
7 3 8 | 2 4 5 | 9 1 6
- = -   - = -   - = -  19     12,411932
```

Añadir la mutación personalizada

Como nuestra función de creación personalizada nos asegura que empecemos con el número correcto de cada dígito, también podemos sustituir la función de mutación incorporada con una que simplemente intercambie dos genes.

```python
def mutar(genes, geneÍndices):
    índiceA, índiceB = random.sample(geneÍndices, 2)
    genes[índiceA], genes[índiceB] = genes[índiceB], genes[índiceA]
```

```
    def test(self):
...
        geneÍndices = [i for i in range(0, 81)]

        def fnMutar(genes):
            mutar(genes, geneÍndices)

        mejor = genetic.obtener_mejor(fnObtenerAptitud, None, valorÓptimo,
                                      None, fnMostrar, fnMutar, fnCrear,
                                      edadMáxima=5000)
```

Ejecutar 4

```
6 3 1 | 5 7 2 | 4 8 9
5 8 7 | 4 6 9 | 3 2 1
4 9 2 | 7 5 3 | 8 1 6
----- + ----- + -----
8 7 5 | 9 1 6 | 2 3 4
1 6 3 | 2 8 4 | 9 5 7
2 4 9 | 1 3 8 | 7 6 5
----- + ----- + -----
9 1 8 | 6 2 7 | 5 4 3
7 2 6 | 3 4 5 | 1 9 8
3 5 4 | 8 9 1 | 6 7 2
- = -   - = -   - = - 23      39,616364
```

Este cambio elimina la ineficiencia restante del proceso pero aún se atasca. Para mejorar más, necesitamos pensar en la aptitud de otra manera.

- Usar una aptitud más granular. (ve a la página 169)

- Volver a empezar desde el principio. (ve a la página 151)

Añadir la mutación personalizada

El algoritmo genético es bastante capaz de producir una secuencia de genes que tenga exactamente 9 de cada uno de los 9 dígitos. Sin embargo, cuando lo hace, siempre se atasca porque la operación de mutación incorporada sólo puede efectuar un cambio a la vez. Para progresar más, al menos necesita ser capaz de intercambiar dos genes. Sabemos cómo hacer eso.

Añadiremos una variación de la función de mutación personalizada del proyecto Cartas. Si el cromosoma tiene una cantidad excesiva o insuficiente de un dígito, sustituiremos un gen al azar. No importa cuál, ya que el motor hará que funcione. De lo contrario, cuando tengamos el número correcto de todos los dígitos, simplemente intercambiaremos dos genes al azar.

```python
import random
...
def mutar(genes, geneSet):
    cuentas = [0 for _ in range(len(geneSet) + 1)]
    for dígito in genes:
        cuentas[dígito] += 1
    númeroDeDígitosCorrectos = sum(1 for i in cuentas if i == 9)
    if númeroDeDígitosCorrectos != 9:
        índice = random.randrange(0, len(genes) - 1)
        genes[índice] = random.choice(geneSet)
    else:
        índiceA, índiceB = random.sample(range(len(genes)), 2)
        genes[índiceA], genes[índiceB] = genes[índiceB], genes[índiceA]
```

También necesitamos hacer que el banco de pruebas use nuestra función de mutación personalizada.

```python
    def test(self):
...
        def fnMutar(genes):
            mutar(genes, geneSet)

        mejor = genetic.obtener_mejor(fnObtenerAptitud, 81, valorÓptimo,
                                      geneSet, fnMostrar, fnMutar,
                                      edadMáxima=5000)
```

Ejecutar 3

Este cambio sin duda mejora el rango de los valores de aptitud. Ahora, en diez ejecuciones, siempre acaba con unos valores de aptitud de 22 o 23.

```
...
6 4 9 | 8 3 7 | 1 5 2
5 3 1 | 2 6 9 | 7 8 4
2 7 8 | 5 4 1 | 6 9 3
----- + ----- + -----
9 8 5 | 3 7 4 | 2 6 1
4 6 3 | 9 1 2 | 5 7 8
1 5 7 | 6 2 8 | 4 3 9
----- + ----- + -----
7 2 6 | 1 8 3 | 9 4 5
8 9 2 | 4 5 6 | 3 1 7
3 1 4 | 7 9 5 | 8 2 6
- = -   - = -   - = - 23     11,885119
```

Añadir la creación personalizada

Vamos a añadir una función de mutación personalizada para no perder el tiempo creando una secuencia de genes inválida en primer lugar. Quizás eso solucione el atasco.

```python
    def test(self):
...
        def fnCrear():
            return random.sample(geneSet * 9, 81)
...
        mejor = genetic.obtener_mejor(fnObtenerAptitud, None, valorÓptimo,
                                      None, fnMostrar, fnMutar, fnCrear,
                                      edadMáxima=5000)
```

Con ese cambio, podemos simplificar la implementación de la función de mutación para que sólo realice intercambios.

```python
def mutar(genes, geneÍndices):
    índiceA, índiceB = random.sample(geneÍndices, 2)
    genes[índiceA], genes[índiceB] = genes[índiceB], genes[índiceA]
```

Luego actualizamos el banco de pruebas para adaptarlo al cambio de parámetros.

```python
    def test(self):
...
        geneÍndices = [i for i in range(0, 81)]

        def fnMutar(genes):
            mutar(genes, geneÍndices)
```

Ejecutar 4

```
4 7 2 | 8 5 9 | 6 3 1
8 1 5 | 9 4 2 | 3 6 7
6 3 9 | 1 2 5 | 7 8 4
----- + ----- + -----
9 4 7 | 3 6 8 | 1 5 2
1 2 8 | 7 3 6 | 5 4 9
5 6 3 | 4 1 7 | 9 2 8
----- + ----- + -----
2 5 1 | 6 7 4 | 8 9 3
7 9 4 | 5 8 3 | 2 1 6
3 8 6 | 2 9 1 | 4 7 5
- = -   - = -   - = - 23    30,633457
```

Este cambio elimina la ineficiencia restante del proceso y nos permite lograr un valor de aptitud de 23 diez veces de cada diez. Pero aún se atasca. Para mejorar más, necesitamos pensar en la aptitud de otra manera.

- Usar una aptitud más granular. (ve a la página 169)

- Volver a empezar desde el principio. (ve a la página 151)

Usar la mutación personalizada

El algoritmo genético es bastante capaz de producir una secuencia de genes que tenga exactamente 9 de cada uno de los 9 dígitos. Sin embargo, cuando lo hace, siempre se atasca porque la operación de mutación incorporada sólo puede efectuar un cambio a la vez. Para progresar más, al menos necesita ser capaz de intercambiar dos genes. Sabemos cómo hacer eso.

Añadiremos una variación de la función de mutación personalizada del proyecto Cartas. Si el *Chromosome* tiene una cantidad excesiva o insuficiente de un dígito, sustituimos un gen al azar. No importa cuál, ya que el motor hará que funcione. De lo contrario, cuando tengamos el número correcto de todos los dígitos, simplemente intercambiaremos dos genes al azar.

```python
import random
...
def mutar(genes, geneSet):
    cuentas = [0 for _ in range(len(geneSet) + 1)]
    for dígito in genes:
        cuentas[dígito] += 1
    númeroDeDígitosCorrectos = sum(1 for i in cuentas if i == 9)
    if númeroDeDígitosCorrectos != 9:
        índice = random.randrange(0, len(genes) - 1)
        genes[índice] = random.choice(geneSet)
    else:
        índiceA, índiceB = random.sample(range(len(genes)), 2)
        genes[índiceA], genes[índiceB] = genes[índiceB], genes[índiceA]
```

También necesitamos hacer que el banco de pruebas use nuestra función de mutación personalizada.

```python
    def test(self):
...
        def fnMutar(genes):
            mutar(genes, geneSet)

        mejor = genetic.obtener_mejor(fnObtenerAptitud, 81, valorÓptimo,
                                      geneSet, fnMostrar, fnMutar)
```

Ejecutar 2

Este cambio sin duda mejora el rango de los valores de aptitud. Ahora, en diez ejecuciones, siempre acaba con unos valores de aptitud de 22 o 23.

```
...
6 9 3 | 2 4 5 | 8 1 7
5 8 1 | 7 3 4 | 6 2 9
4 2 7 | 5 6 3 | 9 8 1
----- + ----- + -----
7 3 2 | 1 9 8 | 4 5 6
9 6 5 | 4 8 1 | 3 7 2
8 1 6 | 9 2 7 | 5 4 3
----- + ----- + -----
3 4 8 | 6 7 2 | 1 9 5
1 7 4 | 3 5 9 | 2 6 8
2 5 9 | 8 1 6 | 7 3 4
- = -   - = -   - = - 23    12,103029
```

¿Qué deberíamos hacer ahora?

- Añadir el recocido simulado para solucionar el máximo local. (ve a la página 162)

- Añadir la creación personalizada para empezar con el número correcto de cada dígito. (ve a la página siguiente)

- Volver a empezar desde el principio. (ve a la página 151)

(Elige una de las opciones anteriores)

Añadir la creación personalizada

Si añadimos una función de creación personalizada, podemos asegurarnos de empezar con el número correcto de cada dígito.

```
    def test(self):
...
        def fnCrear():
            return random.sample(geneSet * 9, 81)
...
        mejor = genetic.obtener_mejor(fnObtenerAptitud, None, valorÓptimo,
                                      None, fnMostrar, fnMutar, fnCrear)
```

Esto también significa que podemos simplificar nuestra función de mutación para que simplemente intercambie dos genes.

```
def mutar(genes, geneÍndices):
    índiceA, índiceB = random.sample(geneÍndices, 2)
    genes[índiceA], genes[índiceB] = genes[índiceB], genes[índiceA]
```

Ahora actualizamos el banco de pruebas para adaptarlo al cambio de parámetros.

```
    def test(self):
...
        geneÍndices = [i for i in range(0, 81)]

        def fnMutar(genes):
            mutar(genes, geneÍndices)
...
```

Ejecutar 3

```
6 4 3 | 2 5 7 | 8 9 1
2 1 7 | 3 9 4 | 6 8 5
5 9 8 | 6 2 1 | 7 3 4
----- + ----- + -----
4 3 5 | 8 7 9 | 2 1 6
8 2 1 | 9 3 6 | 4 5 7
7 6 4 | 5 1 8 | 9 2 3
----- + ----- + -----
9 5 6 | 1 4 2 | 3 7 8
1 7 9 | 4 8 3 | 5 6 2
3 8 2 | 7 6 5 | 1 4 9
- = -   - = -   - = - 23     20,101972
```

Este cambio permite al motor lograr un valor de aptitud de 22 o 23 cada vez, y hacerlo rápidamente la mayoría de las veces. Pero aún se atasca.

Añadir el recocido simulado

En el pasado, cuando el motor se atascaba, era porque alcanzaba un máximo local, ¿verdad? No hay problema. Veamos si el recocido simulado puede ayudar.

```
    def test(self):
...

        mejor = genetic.obtener_mejor(fnObtenerAptitud, None, valorÓptimo,
                                  None, fnMostrar, fnMutar, fnCrear,
                                  edadMáxima=5000)
```

Ejecutar 4

Este cambio nos permite lograr un valor de aptitud de 23 cada vez, pero aún se atasca. Eso es una buena indicación de que estamos encontrando máximos locales y de que son relativamente complejos de resolver.

```
...
8 9 5 | 6 4 2 | 1 3 7
4 2 3 | 1 9 7 | 6 5 8
1 7 6 | 5 2 8 | 3 4 9
----- + ----- + -----
6 8 2 | 7 5 3 | 9 1 4
3 4 7 | 9 8 1 | 5 2 6
5 1 9 | 3 6 4 | 7 8 2
----- + ----- + -----
2 3 1 | 4 7 9 | 8 6 5
9 5 8 | 2 1 6 | 4 7 3
7 6 4 | 8 3 5 | 2 9 1
- = -   - = -   - = -  23    79,822566
```

Para mejorar más, necesitamos pensar en la aptitud de otra manera.

- Usar una aptitud más granular. (ve a la página 169)

- Volver a empezar desde el principio. (ve a la página 151)

Añadir el recocido simulado

En el pasado, cuando el motor se atascaba, era porque alcanzaba un máximo local, ¿verdad? No hay problema. Veamos si el recocido simulado ayuda.

```
    def test(self):
...
        mejor = genetic.obtener_mejor(fnObtenerAptitud, 81, valorÓptimo,
                                      geneSet, fnMostrar, fnMutar,
                                      edadMáxima=5000)
```

Ejecutar 3

Este cambio nos permite lograr un valor de aptitud de 23 cada vez, pero aún se atasca. Eso es una buena indicación de que estamos encontrando máximos locales y de que son complejos de resolver.

```
. . .
8 9 5 | 6 4 2 | 1 3 7
4 2 3 | 1 9 7 | 6 5 8
1 7 6 | 5 2 8 | 3 4 9
----- + ----- + -----
6 8 2 | 7 5 3 | 9 1 4
3 4 7 | 9 8 1 | 5 2 6
5 1 9 | 3 6 4 | 7 8 2
----- + ----- + -----
2 3 1 | 4 7 9 | 8 6 5
9 5 8 | 2 1 6 | 4 7 3
7 6 4 | 8 3 5 | 2 9 1
- = -   - = -   - = - 23    79,822566
```

Añadir la creación personalizada

Vamos a evitar la creación de secuencias de genes inválidas en primer lugar. Quizás eso resuelva el atasco.

```
    def test(self):
...
        def fnCrear():
            return random.sample(geneSet * 9, 81)
...
        mejor = genetic.obtener_mejor(fnObtenerAptitud, None, valorÓptimo,
                                      None, fnMostrar, fnMutar, fnCrear,
                                      edadMáxima=5000)
```

Con ese cambio, podemos simplificar la implementación de la función de mutación y sólo realizar intercambios.

```
def mutar(genes, geneÍndices):
    índiceA, índiceB = random.sample(geneÍndices, 2)
    genes[índiceA], genes[índiceB] = genes[índiceB], genes[índiceA]
```

Luego actualizamos el banco de pruebas para adaptarlo al cambio de parámetros.

```
    def test(self):
...

        geneÍndices = [i for i in range(0, 81)]

        def fnMutar(genes):
            mutar(genes, geneÍndices)
```

Ejecutar 4

```
5 8 1 | 9 2 3 | 6 4 7
4 3 7 | 1 5 8 | 2 9 6
6 9 2 | 7 8 1 | 4 5 3
----- + ----- + -----
2 6 3 | 4 7 5 | 1 8 9
7 5 6 | 2 9 4 | 8 3 1
9 1 4 | 8 3 6 | 5 7 2
----- + ----- + -----
3 2 8 | 6 4 7 | 9 1 5
1 4 5 | 3 6 9 | 7 2 8
8 7 9 | 5 1 2 | 3 6 4
- = -   - = -   - = - 23    35,506982
```

Este cambio elimina la ineficiencia restante del proceso y nos permite lograr un valor de aptitud de 23 diez veces de cada diez. Pero aún se atasca. Para mejorar más, necesitamos pensar en la aptitud de otra manera.

- Usar una aptitud más granular. (ve a la página 169)

- Volver a empezar desde el principio. (ve a la página 151)

Usar la creación personalizada

Podemos reducir la cantidad de trabajo que tiene que hacer el motor si empezamos con el número correcto de cada dígito. Lo haremos con una permutación de 9 copias de los dígitos.

```
import random
...
    def test(self):
...

        def fnCrear():
            return random.sample(geneSet * 9, 81)

        mejor = genetic.obtener_mejor(fnObtenerAptitud, None, valorÓptimo,
                                      geneSet, fnMostrar,
                                      creación_personalizada=fnCrear)
```

Ejecutar 2

Este cambio mejora el rango del valor de la aptitud a entre 16 y 19 (en 10 ejecuciones) con un valor atípico en 23. Pero aún se atasca cada vez.

```
...
2 5 9 | 3 1 6 | 8 4 7
6 8 4 | 9 2 7 | 5 1 3
3 1 7 | 2 5 4 | 6 8 9
----- + ----- + -----
5 9 6 | 1 3 2 | 7 4 8
8 7 6 | 2 9 3 | 1 5 4
9 3 8 | 7 6 1 | 4 2 5
----- + ----- + -----
4 2 5 | 6 7 8 | 9 3 1
7 6 1 | 8 4 5 | 3 9 2
1 4 7 | 3 8 9 | 2 5 6
- = -   - = -   - = - 19    9,601567
```

¿Qué deberíamos hacer ahora?

- Añadir el recocido simulado para solucionar el máximo local. (ve a la página siguiente)

- Añadir la mutación personalizada para intercambiar dos genes. (ve a la página 167)

- Volver a empezar desde el principio. (ve a la página 151)

(Elige una de las opciones anteriores)

Añadir el recocido simulado

Parece que estamos alcanzando un máximo local. Veamos si usando el recocido simulado podemos escapar del atasco.

```
    def test(self):
...
        mejor = genetic.obtener_mejor(fnObtenerAptitud, None, valorÓptimo,
                                geneSet, fnMostrar,
                                creación_personalizada=fnCrear,
                                edadMáxima=5000)
```

Ejecutar 3

Esto mejora el rango de los valores de la aptitud a entre 19 y 23 en 10 ejecuciones, pero sólo si usamos una edad máxima elevada. Cuanto más elevada es la edad máxima, mejores son los resultados de la aptitud, hasta cierto punto. Eso es una buena indicación de que estamos encontrando máximos locales y de que son relativamente complejos de resolver.

```
9 8 2 | 1 4 5 | 6 3 7
7 1 3 | 5 8 6 | 4 2 9
4 5 6 | 8 2 3 | 9 7 1
----- + ----- + -----
1 2 4 | 6 5 4 | 3 5 8
8 3 9 | 4 7 2 | 5 1 6
6 9 7 | 5 3 1 | 8 4 2
----- + ----- + -----
3 4 8 | 2 6 7 | 1 9 5
2 6 5 | 3 1 9 | 7 8 4
5 7 1 | 4 9 8 | 2 6 3
- = -   - = -   - = - 21    21,398411
```

Añadir la mutación personalizada

Tanto la creación personalizada como el recocido simulado mejoraron los resultados de la aptitud. Como nuestra función de creación se asegura de que empecemos con el número correcto de cada dígito, podemos sustituir la función de mutación incorporada con una que simplemente intercambie dos genes.

```
def mutar(genes, geneÍndices):
    índiceA, índiceB = random.sample(geneÍndices, 2)
    genes[índiceA], genes[índiceB] = genes[índiceB], genes[índiceA]
```

```
    def test(self):
...

        geneÍndices = [i for i in range(0, 81)]

        def fnMutar(genes):
            mutar(genes, geneÍndices)

        mejor = genetic.obtener_mejor(fnObtenerAptitud, None, valorÓptimo,
                                      None, fnMostrar, fnMutar, fnCrear,
                                      edadMáxima=5000)
```

Ejecutar 4

```
6 3 1 | 5 7 2 | 4 8 9
5 8 7 | 4 6 9 | 3 2 1
4 9 2 | 7 5 3 | 8 1 6
----- + ----- + -----
8 7 5 | 9 1 6 | 2 3 4
1 6 3 | 2 8 4 | 9 5 7
2 4 9 | 1 3 8 | 7 6 5
----- + ----- + -----
9 1 8 | 6 2 7 | 5 4 3
7 2 6 | 3 4 5 | 1 9 8
3 5 4 | 8 9 1 | 6 7 2
- = -   - = -   - = -  23    39,616364
```

Este cambio elimina la ineficiencia restante del proceso y nos permite lograr un valor de aptitud de 23 diez veces de cada diez. Pero aún se atasca. Para mejorar más, necesitamos pensar en la aptitud de otra manera.

- Usar una aptitud más granular. (ve a la página 169)

- Volver a empezar desde el principio. (ve a la página 151)

Añadir la mutación personalizada

La función de creación personalizada que añadimos nos asegura que empecemos con el número correcto de cada dígito. Esto significa que podemos sustituir la función de mutación incorporada con una que simplemente intercambie dos genes.

```
def mutar(genes, geneÍndices):
    índiceA, índiceB = random.sample(geneÍndices, 2)
    genes[índiceA], genes[índiceB] = genes[índiceB], genes[índiceA]
```

```
    def test(self):
...
        geneÍndices = [i for i in range(0, 81)]

        def fnMutar(genes):
            mutar(genes, geneÍndices)

        mejor = genetic.obtener_mejor(fnObtenerAptitud, None, valorÓptimo,
                                None, fnMostrar, fnMutar, fnCrear)
```

Ejecutar 3

```
1 3 7 | 8 6 9 | 2 5 4
2 8 5 | 7 1 6 | 4 9 3
9 6 4 | 2 5 1 | 7 3 8
----- + ----- + -----
4 7 3 | 9 2 8 | 5 1 6
6 2 8 | 4 3 5 | 9 7 1
3 9 1 | 5 7 4 | 6 8 2
----- + ----- + -----
5 4 2 | 1 8 7 | 3 6 9
7 1 6 | 3 9 2 | 8 4 5
8 5 9 | 6 4 3 | 1 2 7
- = -   - = -   - = - 23     13,460378
```

Este cambio permite al motor lograr un valor de aptitud de 22 o 23 cada vez, y hacerlo rápidamente la mayoría de las veces. Pero aún se atasca.

Añadir el recocido simulado

Veamos si usando el recocido simulado podemos escapar de lo que parece ser un máximo local.

```
    def test(self):
...
        mejor = genetic.obtener_mejor(fnObtenerAptitud, None, valorÓptimo,
                                None, fnMostrar, fnMutar, fnCrear,
                                edadMáxima=5000)
```

Ejecutar 4

Este cambio nos permite lograr un valor de aptitud de 23 cada vez, pero aún se atasca. Eso es una buena indicación de que *estamos* encontrando máximos locales y de que son relativamente complejos de resolver.

```
6 3 8 | 1 9 4 | 7 2 5
7 4 2 | 8 3 5 | 1 6 9
9 1 5 | 7 4 2 | 8 3 6
----- + ----- + -----
3 2 4 | 9 6 8 | 5 1 7
8 7 1 | 2 5 6 | 9 4 3
5 9 6 | 3 1 7 | 2 8 4
----- + ----- + -----
4 5 7 | 6 2 1 | 3 9 8
2 8 9 | 4 7 3 | 6 5 1
1 6 3 | 5 8 9 | 4 7 2
- = -   - = -   - = -  23     9,504245
```

Para mejorar más, necesitamos pensar en la aptitud de otra manera.

- Usar una aptitud más granular. (ve a la página siguiente)

- Volver a empezar desde el principio. (ve a la página 151)

Usar una aptitud más granular

El problema de raíz que estamos teniendo es que estamos intentando construir todo el rompecabezas de una vez. Esto nos hace acabar en una situación en la que no podemos efectuar un cambio sin reducir la aptitud porque las filas, columnas y secciones válidas están entrelazadas con las inválidas. La manera de solucionar esto es construir el rompecabezas de manera organizada fila por fila, de arriba a bajo, y de izquierda a derecha. Eso nos permitirá intercambiar todo lo que queramos con dígitos que tengan un índice de arreglo más alto para resolver los conflictos. Una vez que el dígito actual sea congruente con todos los dígitos relacionados que tienen un índice más bajo, avanzaremos al dígito siguiente. Sin embargo, ahora necesitamos saber el punto en el que se vuelve incongruente. Para determinarlo, vamos a tomar prestada la idea de la *Regla* del proyecto de Coloración de Grafos

```python
class Regla:
    def __init__(self, eso, otro):
        if eso > otro:
            eso, otro = otro, eso
        self.Índice = eso
        self.OtroÍndice = otro

    def __eq__(self, otro):
        return self.Índice == otro.Índice and \
               self.OtroÍndice == otro.OtroÍndice

    def __hash__(self):
        return self.Índice * 100 + self.OtroÍndice
```

y crear reglas de referencia inversa que sólo impongan la unicidad de las filas, columnas y secciones contra los genes que tengan índices de arreglo más bajos.

Empezamos con un par anidado de bucles en el que el bucle externo recorre todos los índices menos el último; éste será el índice de referencia inversa en la regla.

```python
def construir_las_reglas_de_validación():
    reglas = []
    for índice in range(80):
        suFila = índice_fila(índice)
        suColumna = índice_columna(índice)
        suSección = fila_columna_sección(suFila, suColumna)
```

El bucle interior empieza en el índice más bajo más uno e itera sobre el resto de los índices de los genes. Luego determinamos si los dos índices están en la misma fila, columna y/o sección y, si es así, producimos una *Regla* que los vincule.

```
        for índice2 in range(índice + 1, 81):
            otroFila = índice_fila(índice2)
            otroColumna = índice_columna(índice2)
            otroSección = fila_columna_sección(otroFila, otroColumna)
            if suFila == otroFila or \
                        suColumna == otroColumna or \
                        suSección == otroSección:
                reglas.append(Regla(índice, índice2))
```

Por último, ordenamos las reglas por el índice superior y luego el índice inferior para poder encontrar rápidamente todas las reglas que afectan a todos los índices hasta el actual y hacerlo en un orden coherente.

```
    reglas.sort(key=lambda x: x.OtroÍndice * 100 + x.Índice)
    return reglas
```

Usamos las siguientes funciones auxiliares para determinar la fila, columna y sección a partir de un índice.

```
def índice_fila(índice):
    return int(índice / 9)


def índice_columna(índice):
    return int(índice % 9)


def fila_columna_sección(fila, columna):
    return int(fila / 3) * 3 + int(columna / 3)


def índice_sección(índice):
    return fila_columna_sección(índice_fila(índice), índice_columna(índice))


def sección_principio(índice):
    return int((índice_fila(índice) % 9) / 3) * 27 + int(
        índice_columna(índice) / 3) * 3
```

Actualizar la prueba

Después, en el banco de pruebas, necesitamos obtener las reglas de validación y pasarlas a las funciones de aptitud y mutación.

```
    def test(self):
...

        reglasDeValidación = construir_las_reglas_de_validación()

        def fnObtenerAptitud(genes):
            return obtener_aptitud(genes, reglasDeValidación)

        def fnMutar(genes):
            mutar(genes, reglasDeValidación)
```

Ahora estamos en posición de usar las reglas en la función de aptitud. Cambiaremos el valor de aptitud para que sea la fila y columna del índice del primer cuadrado que tenga un conflicto de dígitos. Esto nos permitirá encontrar fácilmente el cuadrado problemático en la pantalla. También triplica la granularidad del valor de la aptitud.

Aptitud

```
def obtener_aptitud(genes, reglasDeValidación):
    try:
        primeraReglaQueFalla = next(regla for regla in reglasDeValidación
                                    if genes[regla.Índice] == genes[
                                        regla.OtroÍndice])
    except StopIteration:
        aptitud = 100
    else:
        aptitud = (1 + índice_fila(primeraReglaQueFalla.OtroÍndice)) * 10 \
                    + (1 + índice_columna(primeraReglaQueFalla.OtroÍndice))
    return aptitud
```

Ese cambio implica que el valor de aptitud roto más alto será 99. Así que haremos que el valor óptimo sea 100.

```
    def test(self):
...
        valorÓptimo = 100
```

Mutar

Finalmente, en la función de mutación, tenemos que procesar las reglas otra vez para averiguar cuál (si lo hay) de los índices del arreglo tiene un conflicto de dígitos y luego intercambiar el gen en ese índice con uno en cualquier índice más alto.

```
def mutar(genes, reglasDeValidación):
    reglaSeleccionada = next(regla for regla in reglasDeValidación
                             if genes[regla.Índice] == genes[regla.OtroÍndice])
    if reglaSeleccionada is None:
        return
    índiceA = reglaSeleccionada.OtroÍndice
    índiceB = random.randrange(1 + índiceA, len(genes))
    genes[índiceA], genes[índiceB] = genes[índiceB], genes[índiceA]
```

Ejecutar 5

Ahora, cuando ejecutamos la prueba, se atasca porque todos los valores posibles que podría poner en ese índice del arreglo ya han sido usados en la fila, columna o sección asociada.

```
7 1 9 | 4 2 8 | 6 3 5
4 5 3 | 7 1 9 | 8 2 8
4 2 1 | 7 9 3 | 1 6 4
----- + ----- + -----
8 4 5 | 9 4 5 | 1 8 1
6 7 3 | 9 7 8 | 4 5 4
6 1 5 | 2 7 9 | 5 2 9
----- + ----- + -----
3 6 8 | 5 9 1 | 6 2 5
7 2 8 | 3 3 1 | 6 9 6
2 8 3 | 7 6 7 | 3 4 2
- = -   - = -   - = - 29    0,009169
```

El valor de la aptitud nos dice que el problema está en la fila 2, columna 9. Podemos ver arriba que un 8 está en conflicto con otro 8 en la misma fila. La solución aparente sería sustituirlo con un 1, 4, 6 o 7, pero el 1, el 4, el 6 y el 7 ya aparecen en su fila y el 6 ya ha sido usado en la misma sección. No hay nada que la función de mutación pueda intercambiar en esa posición para resolver el problema, por lo que, como resultado, se queda atascado.

Permitir el intercambio de filas

La solución es permitir el intercambio con cualquier dígito en la misma fila también:

```python
def mutar(genes, reglasDeValidación):
...
    fila = índice_fila(reglaSeleccionada.OtroÍndice)
    principio = fila * 9
    índiceA = reglaSeleccionada.OtroÍndice
    índiceB = random.randrange(principio, len(genes))
    genes[índiceA], genes[índiceB] = genes[índiceB], genes[índiceA]
```

Ejecutar 6

Ahora, cuando ejecutamos la prueba, 9 veces de cada 10 produce un tablero de sudoku válido en menos de un segundo. Cuando no puede, tiene el siguiente aspecto:

salida de muestra

```
9 7 1 | 4 6 2 | 8 3 5
6 2 8 | 3 5 7 | 1 4 9
3 5 4 | 9 8 1 | 6 2 7
----- + ----- + -----
7 8 5 | 6 1 3 | 2 9 4
1 4 2 | 8 9 5 | 7 6 3
3 1 1 | 4 3 9 | 2 9 1
----- + ----- + -----
2 4 6 | 5 8 6 | 5 9 8
9 8 5 | 6 4 7 | 8 2 4
7 3 3 | 7 2 7 | 5 1 6
- = -   - = -   - = - 61     0,043248
```

Ahora sólo se atasca en la última fila de una sección. Cuando eso ocurre, intercambiar con otro gen en la misma fila no puede solucionarlo porque el problema es que los 9 dígitos posibles ya han sido usados en algún otro lugar en su fila, columna o sección.

Revisión final

La solución final es añadir una pequeña probabilidad de mezclar el contenido de todos los genes, empezando por el primer gen en la sección del gen actual y continuando hasta que se cumplan todas las reglas, incluyendo las del gen actual.

```
def mutar(genes, reglasDeValidación):
...
        return

    if índice_fila(reglaSeleccionada.OtroÍndice) % 3 == 2 \
            and random.randint(0, 10) == 0:
        secciónPrincipio = sección_principio(reglaSeleccionada.Índice)
        actual = reglaSeleccionada.OtroÍndice
        while reglaSeleccionada.OtroÍndice == actual:
            barajar_en_su_lugar(genes, secciónPrincipio, 80)
            reglaSeleccionada = next(regla for regla in reglasDeValidación
                                    if genes[regla.Índice] == genes[
                                        regla.OtroÍndice])
        return
    fila = índice_fila(reglaSeleccionada.OtroÍndice)
...
```

Con la función de mezclado definida como:

```
def barajar_en_su_lugar(genes, primero, último):
    while primero < último:
        índice = random.randint(primero, último)
        genes[primero], genes[índice] = genes[índice], genes[primero]
        primero += 1
```

Podemos acelerarlo más si reducimos la edad máxima del recocido simulado.

```
    def test(self):
...
        mejor = genetic.obtener_mejor(fnObtenerAptitud, None, valorÓptimo,
                                    None, fnMostrar, fnMutar, fnCrear,
                                    edadMáxima=50)
```

Ejecutar 7

Estos cambios resuelven el problema final sin una penalización de rendimiento significati-va. ¡Genial!

Benchmarks

Aquí está la función de benchmark:

```
def test_comparativa(self):
    genetic.Comparar.ejecutar(lambda: self.test())
```

Cuadro 11.5: Benchmarks

media (segundos)	desviación estándar
0,19	0,11

Resumen

En este proyecto, aprendimos que debemos ser tenaces y estar dispuestos a cuestionarlo todo sobre la implementación de nuestro algoritmo genético para evitar un punto de es-tancamiento. También aprendimos que abordar el problema de manera controlada en lugar de tener soluciones parciales esparcidas por todas partes puede producir mejoras de rendi-miento sustanciales.

El problema del viajante

Nuestro siguiente proyecto implica encontrar una ruta óptima o casi óptima para visitar un conjunto de ubicaciones. Esto se conoce generalmente como el Problema del Viajante. La optimalidad de la ruta se puede ver afectada por los costes, las prioridades, etc. Las variaciones incluyen costes desiguales por recorrer una ruta en diferentes direcciones, como el consumo de combustible al subir o bajar una cuesta, las calles de sentido único, el pago de peajes en ciertos momentos del día, los obstáculos a lo largo del camino como ríos que cruzar o trazados de calles que recorrer, cuánto tiempo podría requerir una parada particular, etc. Piensa en cómo podrías implementar esto.

Datos de prueba

Empezaremos con un conjunto de datos que podemos verificar fácilmente con la vista - una de las soluciones al Problema de las 8 Reinas (0,0 está en la esquina inferior izquierda, los puntos van en sentido contrario a las agujas del reloj empezando en A):

```
. . . . A . . .
. . B . . . . .
C . . . . . . .
. . . . . . H .
. D . . . . . .
. . . . . . . G
. . . . . F . .
. . . E . . . .
4,7 2,6 0,5 1,3 3,0 5,1 7,2 6,4
```

Prueba y genes

Como es habitual, empezaremos definiendo el conjunto de genes y, en este caso, una tabla de búsqueda donde podamos obtener las coordenadas de una ubicación dada.

vendedor.py

```python
class PruebasDeVendedorAmbulante(unittest.TestCase):
    def test_8_reinas(self):
        búsquedaDeUbicación = {
            'A': [4, 7],
            'B': [2, 6],
            'C': [0, 5],
            'D': [1, 3],
            'E': [3, 0],
            'F': [5, 1],
            'G': [7, 2],
            'H': [6, 4]
        }
        secuenciaÓptima = ['A', 'B', 'C', 'D', 'E', 'F', 'G', 'H']
        self.resolver(búsquedaDeUbicación, secuenciaÓptima)
```

```python
import unittest
import datetime
import genetic
```

```python
    def resolver(self, búsquedaDeUbicación, secuenciaÓptima):
        geneSet = [i for i in búsquedaDeUbicación.keys()]
```

Calcular la distancia

Para determinar la aptitud, necesitamos ser capaces de calcular la distancia entre dos ubicaciones. Vamos a usar la distancia euclidiana (en línea recta).

```python
import math
...
def obtener_distancia(ubicaciónA, ubicaciónB):
    ladoA = ubicaciónA[0] - ubicaciónB[0]
    ladoB = ubicaciónA[1] - ubicaciónB[1]
    ladoC = math.sqrt(ladoA * ladoA + ladoB * ladoB)
    return ladoC
```

Aptitud

Como queremos optimizar para la distancia más corta, usaremos un objeto *Aptitud* personalizado.

```
class Aptitud:
    def __init__(self, distanciaTotal):
        self.DistanciaTotal = distanciaTotal

    def __gt__(self, otro):
        return self.DistanciaTotal < otro.DistanciaTotal

    def __str__(self):
        return "{:0.2f}".format(self.DistanciaTotal)
```

Para determinar la longitud de la ruta, vamos a sumar las distancias entre los puntos de la
ruta, incluyendo el regreso a la ubicación de partida.

```
def obtener_aptitud(genes, búsquedaDeUbicación):
    aptitud = obtener_distancia(búsquedaDeUbicación[genes[0]],
                                búsquedaDeUbicación[genes[-1]])

    for i in range(len(genes) - 1):
        principio = búsquedaDeUbicación[genes[i]]
        fin = búsquedaDeUbicación[genes[i + 1]]
        aptitud += obtener_distancia(principio, fin)

    return Aptitud(round(aptitud, 2))
```

Mostrar

En la función mostrar, mostraremos simplemente la ruta y la distancia total recorrida.

```
def mostrar(candidato, horaInicio):
    diferencia = (datetime.datetime.now() - horaInicio).total_seconds()
    print("{}\t{}\t{}".format(
        ' '.join(map(str, candidato.Genes)),
        candidato.Aptitud,
        diferencia))
```

La salida debería tener el siguiente aspecto:

```
A E F G H B C D 27,72    0,001002
```

Mutar

Como no queremos visitar ninguna ubicación más de una vez, pero queremos asegurarnos de visitar todas las ubicaciones, tomaremos prestadas la creación

```python
import random
...
def mutar(genes, fnObtenerAptitud):
    cuenta = random.randint(2, len(genes))
    aptitudInicial = fnObtenerAptitud(genes)
    while cuenta > 0:
        cuenta -= 1
        índiceA, índiceB = random.sample(range(len(genes)), 2)
        genes[índiceA], genes[índiceB] = genes[índiceB], genes[índiceA]
        aptitud = fnObtenerAptitud(genes)
        if aptitud > aptitudInicial:
            return
```

y la mutación personalizadas del proyecto de los Cuadrados Mágicos.

```python
def resolver(self, búsquedaDeUbicación, secuenciaÓptima):
...
    def fnCrear():
        return random.sample(geneSet, len(geneSet))
```

Probar

El resto del banco de pruebas debería resultar familiar a estas alturas:

```python
def resolver(self, búsquedaDeUbicación, secuenciaÓptima):
    geneSet = [i for i in búsquedaDeUbicación.keys()]
    def fnCrear():
        return random.sample(geneSet, len(geneSet))

    def fnMostrar(candidato):
        mostrar(candidato, horaInicio)

    def fnObtenerAptitud(genes):
        return obtener_aptitud(genes, búsquedaDeUbicación)

    def fnMutar(genes):
        mutar(genes, fnObtenerAptitud)

    aptitudÓptima = fnObtenerAptitud(secuenciaÓptima)
    horaInicio = datetime.datetime.now()
    mejor = genetic.obtener_mejor(fnObtenerAptitud, None, aptitudÓptima,
                                  None, fnMostrar, fnMutar, fnCrear)
    self.assertTrue(not aptitudÓptima > mejor.Aptitud)
```

Ejecutar

Al ejecutar, esperamos que la solución óptima sea alguna rotación de la secuencia alfabética ABCDEFGH porque ésa es la ruta más corta alrededor de esos 8 puntos. Y eso es exactamente lo que obtenemos.

salida de muestra

```
B D C G A H F E 33,93    0,0
H G C D A B F E 32,39    0,0
F B A D C H G E 30,33    0,0
E B A D C H G F 28,35    0,000501
E C D A B H G F 26,48    0,000501
E C D B A H G F 23,78    0,001002
F D C B A H G E 23,73    0,002013
E D C B A H G F 20,63    0,004010
```

Un problema mayor

Hay muchos conjuntos de datos comúnmente usados para este tipo de problema, y muchos más están disponibles en un sitio web llamado TSPLIB (ver: http: //comopt.ifi.uni-heidelberg.de/software/TSPLIB95/). Vamos a probar una pequeña variante llamada ulysses16. Las ubicaciones en este conjunto de datos son supuestamente las visitadas por el Ulises de Homero. El conjunto de datos tiene 16 ubicaciones numeradas que están especificadas mediante coordenadas x e y en coma flotante, así como pesos de ruta simétricos.

Así es como aparecen los puntos cuando se trazan en Microsoft Excel.

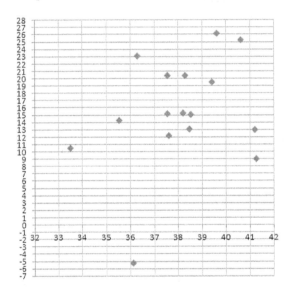

El archivo de datos es fácil de analizar sintácticamente, del siguiente modo:

```
def cargar_datos(archivoLocal):
    """ espera que:
        Sección de HEADER antes de la sección de DATA, todos los filas
        comienzan en columna 0
        Los elementos de la sección de DATA tienen un espacio en columna 0
            <espacio>1 23.45 67.89
        último fila de archivo es: " EOF"
    """
    with open(archivoLocal, mode='r') as fuente:
        contenido = fuente.read().splitlines()
    búsquedaDeUbicación = {}
    for fila in contenido:
        if fila[0] != ' ':  # HEADER
            continue
        if fila == " EOF":
            break

        id, x, y = fila.split(' ')[1:4]
        búsquedaDeUbicación[int(id)] = [float(x), float(y)]
    return búsquedaDeUbicación
```

Llamamos a la función que carga los datos desde la nueva prueba:

```
def test_ulysses16(self):
    búsquedaDeUbicación = cargar_datos("ulysses16.tsp")
    secuenciaÓptima = [14, 13, 12, 16, 1, 3, 2, 4,
                       8, 15, 5, 11, 9, 10, 7, 6]
    self.resolver(búsquedaDeUbicación, secuenciaÓptima)
```

La ruta óptima publicada para este problema trata los puntos como ubicaciones en la Tierra, lo cual complica los cálculos con la latitud, la longitud, el radio de la Tierra, etc. Nosotros no nos vamos a complicar y vamos a usar la función de la distancia euclidiana que ya tenemos.

El motor no puede resolver este problema sin el recocido simulado, por lo que también lo usaremos.

```
    def resolver(self, búsquedaDeUbicación, secuenciaÓptima):
...
        mejor = genetic.obtener_mejor(fnObtenerAptitud, None, aptitudÓptima,
                                      None, fnMostrar, fnMutar, fnCrear,
                                      edadMáxima=500)
```

Ejecutar

salida de muestra

```
...
3 2 4 8 1 10 9 11 5 15 6 7 12 13 14 16   74,75    0,147422
3 2 4 8 1 10 9 11 5 15 6 7 14 13 12 16   74,73    0,158453
13 14 7 6 15 5 11 9 10 3 2 4 8 1 16 12   74,61    0,502374
4 8 1 13 14 15 5 11 9 10 7 6 12 16 3 2   74,28    1,036758
4 8 1 13 14 15 5 11 9 10 6 7 12 16 3 2   74,18    1,076865
7 10 9 11 5 15 1 8 4 2 3 16 12 13 14 6   74,00    4,306453
12 16 1 3 2 4 8 15 5 11 9 10 7 6 14 13   73,99    45,714639
```

Encuentra la solución óptima cada vez, pero superar el mínimo local en 74,00 tarda la mayor parte del tiempo. En los benchmarks, tarda 8,69 segundos +/- 8,02 segundos, lo cual es demasiado lento para que queramos usarlo en los benchmarks.

```
def test_comparativa(self):
    genetic.Comparar.ejecutar(lambda: self.test_ulysses16())
```

Vamos a tener que añadir algo nuevo.

Introducción de la recombinación

Cuando lees trabajos de investigación online sobre el problema del viajante, la conversación se centra invariablemente en una estrategia de algoritmo genético que aún no hemos discutido - la recombinación. La recombinación utiliza características de dos padres diferentes para crear un nuevo hijo. La idea es que los genes de cada padre tienen parte de la solución pero ambos pueden estar atascados en un mínimo o máximo local. Así, si se combinan partes aleatorias de ambos, puede producir una solución mejor al problema.

La razón de que la conversación se centre en la recombinación son las restricciones del problema y las numerosas maneras que la gente ha probado para intentar evitarlas. Por ejemplo, no puedes simplemente copiar genes al azar porque podrías introducir duplicación, lo cual produce una aptitud peor y un intento desperdiciado. La solución al problema del viajante es un ciclo a través de todos los puntos, pero los genes del padre para producir esa ruta podrían empezar en cualquier parte del ciclo y viajar en cualquier dirección a lo largo del mismo. Esto significa que, incluso si usas un método ingenioso para copiar los genes al nuevo hijo sin introducir duplicación, puedes acabar sustituyendo genes que circulan en el sentido de las agujas del reloj por genes que circulan en el sentido contrario a las agujas del reloj, lo cual puede o no ser una mejora. También puedes, dependiendo de cómo selecciones los genes que se mueven, romper una secuencia que ya es óptima. Al final, el caso es que tendrás que diseñar la recombinación tanto o más que la mutación.

Soporte para una reserva de padres

Lo primero es lo primero. Un prerrequisito para la recombinación es que haya dos padres. Ahora mismo, sólo tenemos un padre, así que vamos a añadir la capacidad de establecer el número de padres.

> ❶ La comunidad denomina a esto *reserva* de padres.

genetic.py

```
def obtener_mejor(obtener_aptitud, longitudObjetivo, aptitudÓptima, geneSet,
                  mostrar, mutación_personalizada=None,
                  creación_personalizada=None, edadMáxima=None,
                  tamañoDePiscina=1):
...
```

Pasamos el tamaño de la reserva a _obtener_mejoras.

```
    for mejora in _obtener_mejoras(fnMutar, fnGenerarPadre, edadMáxima,
                                   tamañoDePiscina):
```

Donde inicializaremos un arreglo de padres con el mejor padre.

```
def _obtener_mejoras(nuevo_niño, generar_padre, edadMáxima,
                     tamañoDePiscina):
    mejorPadre = generar_padre()
    yield mejorPadre
    padres = [mejorPadre]
    aptitudesHistóricas = [mejorPadre.Aptitud]
```

Luego llenaremos el arreglo de padres generando nuevos padres al azar. Si uno tiene una aptitud mejor que el mejor padre encontrado, sustituimos el mejor padre y actualizamos la lista de mejores aptitudes históricas.

```python
for _ in range(tamañoDePiscina - 1):
    padre = generar_padre()
    if padre.Aptitud > mejorPadre.Aptitud:
        yield padre
        mejorPadre = padre
        aptitudesHistóricas.append(padre.Aptitud)
    padres.append(padre)
```

Después, como tenemos un arreglo de padres, en cada iteración del bucle seleccionaremos uno diferente para que sea el padre actual.

```python
índiceDelÚltimoPadre = tamañoDePiscina - 1
pÍndice = 1
while True:
    pÍndice = pÍndice - 1 if pÍndice > 0 else índiceDelÚltimoPadre
    padre = padres[pÍndice]
```

La estrategia que estamos usando para organizar la reserva es iterar a través de todos los padres de la misma, sustituyendo continuamente a los padres por hijos mejores. Esto tiene la ventaja de conservar la diversidad genética de la reserva con un mantenimiento simple de la misma.

Si sustituyéramos al padre cada vez, entonces se comportaría más como un recocido simulado continuo. Si hiciste los experimentos cuando presentamos esa característica, entonces sabes que dicho sistema tendría un rendimiento terrible en los problemas combinatorios puros.

Una implementación mucho más común es tener una reserva de padres y una reserva de hijos. Las maneras de seleccionar a los hijos a conservar incluyen:

- Conservar a todos los hijos.
- Conservar sólo a los hijos mejores que su respectivo padre.
- Conservar sólo a los hijos mejores que el mejor hijo.
- Conservar sólo a los hijos mejores que el mejor hijo mediano.

Una vez que la reserva de hijos está llena, vuelven a haber numerosas opciones para repoblar la reserva de padres, incluyendo:

- La reserva de hijos sustituye a la reserva de padres tal cual.
- El mejor porcentaje N (especificado por el usuario) de hijos sustituye al peor porcentaje N de padres. Esto se llama elitismo. El problema se convierte entonces en cómo elegir el porcentaje adecuado.
- Los mejores hijos sqrt(tamaño de la reserva) son combinados con los mejores padres sqrt(tamaño de la reserva) a través de la recombinación completa, cada padre con cada hijo, para producir una nueva reserva de padres.
- Elegir un número al azar de hijos y, luego, coger a aquél con la mejor aptitud de ese grupo. Repetir hasta que la reserva esté llena. Esto se conoce como selección por torneo.
- Cuando el valor de la aptitud es numérico, a los hijos se les puede dar una oportunidad de ser seleccionados para convertirse en padres basándose en la relación de su aptitud respecto a la suma de las aptitudes de todos los hijos. Esto se conoce como selección por ruleta.

Los cambios restantes en _obtener_mejoras implican usar un índice arreglo-padre cuando el padre es sustituido.

```
...
        if random.random() < exp(-proporciónSimilar):
            padres[pÍndice] = niño                          <==
            continue
        mejorPadre.Edad = 0
        padres[pÍndice] = mejorPadre                        <==
        continue
...
```

```
...
    if not niño.Aptitud > padre.Aptitud:
        # mismo aptitud
        niño.Edad = padre.Edad + 1
        padres[pÍndice] = niño                              <==
        continue
    niño.Edad = 0
    padres[pÍndice] = niño                                  <==
...
```

Añadir sólo la reserva a esta solución, sin embargo, perjudica al rendimiento porque cada elemento de la reserva es visitado antes de volver de nuevo al que se acaba de mejorar.

vendedor.py

```
    def resolver(self, búsquedaDeUbicación, secuenciaÓptima):
...
        mejor = genetic.obtener_mejor(fnObtenerAptitud, None, aptitudÓptima,
                                 None, fnMostrar, fnMutar, fnCrear,
                                 edadMáxima=500, tamañoDePiscina=25)
```

Cuadro 12.1: Benchmarks

media (segundos)	desviación estándar
9,45	10,83

Soportar la recombinación

Como la recombinación está íntimamente relacionada con el genotipo y el proyecto, no añadiremos una implementación por defecto al módulo genetic. En lugar de ello, estará disponible como parámetro opcional únicamente.

Empezaremos añadiendo el parámetro opcional a obtener_mejor.

genetic.py

```
def obtener_mejor(obtener_aptitud, longitudObjetivo, aptitudÓptima, geneSet,
                  mostrar, mutación_personalizada=None,
                  creación_personalizada=None, edadMáxima=None,
                  tamañoDePiscina=1, intercambiar=None):
...
```

No queremos usar la recombinación *en lugar de* la mutación, sino como complemento. De hecho, vamos a hacerla adaptativa, de modo que preferiremos aquella de las dos estrategias que produzca más mejoras. Para hacerlo, necesitamos hacer un seguimiento de qué estrategia se usó para crear a ese padre. Esto implica una lista de estrategias

```
from enum import Enum
...
class Estrategias(Enum):
    Creación = 0,
    Mutación = 1,
    Intercambio = 2
```

y un atributo *Estrategia* en la clase *Cromosoma*:

```
class Cromosoma:
    def __init__(self, genes, aptitud, estrategia):
        self.Genes = genes
        self.Aptitud = aptitud
        self.Edad = 0
        self.Estrategia = estrategia
```

Además, ese nuevo parámetro del constructor debe proporcionarse dondequiera que creemos un *Cromosoma*.

```
def _generar_padre(longitud, geneSet, obtener_aptitud):
...
    return Cromosoma(genes, aptitud, Estrategias.Creación)
```

```
def _mutar(padre, geneSet, obtener_aptitud):
...
    return Cromosoma(genesDelNiño, aptitud, Estrategias.Mutación)
```

```
def _mutar_personalizada(padre, mutación_personalizada, obtener_aptitud):
...
    return Cromosoma(genesDelNiño, aptitud, Estrategias.Mutación)
```

```
def obtener_mejor(obtener_aptitud, longitudObjetivo, aptitudÓptima, geneSet,
                  mostrar, mutación_personalizada=None,
                  creación_personalizada=None, edadMáxima=None,
                  tamañoDePiscina=1, intercambiar=None):
...
    else:
        def fnGenerarPadre():
            genes = creación_personalizada()
            return Cromosoma(genes, obtener_aptitud(genes),
                             Estrategias.Creación)
```

Después, en obtener_mejor, podemos mantener una lista de las estrategias que fueron usadas para crear a los padres.

```python
def obtener_mejor(obtener_aptitud, longitudObjetivo, aptitudÓptima, geneSet,
                  mostrar, mutación_personalizada=None,
                  creación_personalizada=None, edadMáxima=None,
                  tamañoDePiscina=1, intercambiar=None):
...
    estrategiasUsadas = [búsquedaDeEstrategia[Estrategias.Mutación]]
    if intercambiar is not None:
        estrategiasUsadas.append(búsquedaDeEstrategia[Estrategias.Intercambio])
...
```

Y actualizarla siempre que _obtener_mejoras le envíe una nueva mejora.

```python
...
        mostrar(mejora)
        f = búsquedaDeEstrategia[mejora.Estrategia]
        estrategiasUsadas.append(f)
        if not aptitudÓptima > mejora.Aptitud:
            return mejora
...
```

Ahora necesitamos crear nuevos hijos seleccionando una estrategia al azar del arreglo de
estrategias exitosas, en lugar de usar siempre mutar:

```python
...
    búsquedaDeEstrategia = {
        Estrategias.Creación: lambda p, i, o: fnGenerarPadre(),
        Estrategias.Mutación: lambda p, i, o: fnMutar(p),
        Estrategias.Intercambio: lambda p, i, o:_
        intercambiar(p.Genes, i, o, obtener_aptitud, intercambiar, fnMutar,
                     fnGenerarPadre)
    }

    estrategiasUsadas = [búsquedaDeEstrategia[Estrategias.Mutación]]
    if intercambiar is not None:
        estrategiasUsadas.append(búsquedaDeEstrategia[Estrategias.Intercambio])

        def fnNuevoNiño(padre, índice, padres):
            return random.choice(estrategiasUsadas)(padre, índice, padres)
    else:
        def fnNuevoNiño(padre, índice, padres):
            return fnMutar(padre)

    for mejora in _obtener_mejoras(fnNuevoNiño, fnGenerarPadre,
                                   edadMáxima, tamañoDePiscina):
...
```

Esto requiere un pequeño cambio en _obtener_mejoras

```
def _obtener_mejoras(nuevo_niño, generar_padre, edadMáxima,
                     tamañoDePiscina):
...
        niño = nuevo_niño(padre, pÍndice, padres)
...
```

> ❶ Muchos motores genéticos permiten especificar las *tasas* de recombinación y mutación. Sin embargo, esto hace que recaiga en ti la tarea de experimentar con los porcentajes para intentar encontrar los valores que le van bien a tu problema. El sistema implementado aquí es ofrecer estrategias que tengan una mayor probabilidad de ser usadas otra vez. Como la estrategia usada para producir un *Cromosoma* particular está incluida con el objeto, puedes supervisar las estrategias usadas. Eso puede ayudarte a comprobar si tu algoritmo de recombinación es más potente o débil que tu algoritmo de mutación, como veremos más tarde.

Finalmente, necesitamos añadir una función de conveniencia para llamar a la función de recombinación.

```
def _intercambiar(genesDePadre, índice, padres, obtener_aptitud, intercambiar,
                  mutar, generar_padre):
    índiceDeDonante = random.randrange(0, len(padres))
    if índiceDeDonante == índice:
        índiceDeDonante = (índiceDeDonante + 1) % len(padres)
    genesDelNiño = intercambiar(genesDePadre, padres[índiceDeDonante].Genes)
    if genesDelNiño is None:
        # padre y donante son indistinguibles
        padres[índiceDeDonante] = generar_padre()
        return mutar(padres[índice])
    aptitud = obtener_aptitud(genesDelNiño)
    return Cromosoma(genesDelNiño, aptitud, Estrategias.Intercambio)
```

Eso completa el soporte de la infraestructura para el uso de adaptación y recombinación de las estrategias de genetic.

Usar la recombinación

De vuelta en nuestro archivo de prueba, necesitamos cambiar la función para que pase una función de recombinación a obtener_mejor y solicite una reserva más grande de padres.

vendedor.py

```
    def resolver(self, búsquedaDeUbicación, secuenciaÓptima):
...
        def fnIntercambio(padre, donante):
            return intercambiar(padre, donante, fnObtenerAptitud)
...
        mejor = genetic.obtener_mejor(fnObtenerAptitud, None, aptitudÓptima,
                                      None, fnMostrar, fnMutar, fnCrear,
                                      edadMáxima=500, tamañoDePiscina=25,
                                      intercambiar=fnIntercambio)
```

Luego necesitamos crear la función de recombinación. Empezará construyendo una tabla de búsqueda de todos los pares de 2 puntos en los genes del padre donante.

```
def intercambiar(genesDePadre, donanteGenes, fnObtenerAptitud):
    pares = {Par(donanteGenes[0], donanteGenes[-1]): 0}

    for i in range(len(donanteGenes) - 1):
        pares[Par(donanteGenes[i], donanteGenes[i + 1])] = 0
...
```

La clase *Par* es simplemente una copia renombrada de la clase *Regla* del proyecto de Coloración de Grafos. *Par* ordena los dos genes para que los pares de genes puedan ser comparados independientemente de la dirección del ciclo.

```
class Par:
    def __init__(self, nodo, adyacente):
        if nodo < adyacente:
            nodo, adyacente = adyacente, nodo
        self.Nodo = nodo
        self.Adyacente = adyacente

    def __eq__(self, otro):
        return self.Nodo == otro.Nodo and self.Adyacente == otro.Adyacente

    def __hash__(self):
        return hash(self.Nodo) * 397 ^ hash(self.Adyacente)
```

Lo siguiente que hace la función de recombinación es asegurarse de que el primer y el último gen del padre no sean adyacentes en el donante. Si lo son, entonces buscamos un par de puntos adyacentes del padre que no sean adyacentes en el donante. Si encontramos uno, entonces cambiamos esa discontinuidad al principio del arreglo para saber que no se forma ninguna secuencia entre el principio y el fin del arreglo.

ejemplo

```
genesDonantes: ['E', 'A', 'C', 'G', 'B', 'D', 'H', 'F']
genesDelPadre: ['G', 'C', 'D', 'F', 'E', 'H', 'A', 'B']

pares contiene:
  EA, CA, GC, GB, DB, HD, HF, FE
```

El par GB existe en ambas secuencias de genes. Al igual que GC. Pero DC no, por lo que una copia de los genes del padre se desplazará a la izquierda pasando a ser:

```
temp: ['D', 'F', 'E', 'H', 'A', 'B', 'G', 'C']
```

De lo contrario, el padre y el donante son idénticos, por lo que simplemente devolvemos None y dejamos que el motor genético se ocupe de ello. Aquí está la implementación:

```
...
    genesTemporales = genesDePadre[:]
    if Par(genesDePadre[0], genesDePadre[-1]) in pares:
        # encontrar una discontinuidad
        encontró = False
        for i in range(len(genesDePadre) - 1):
            if Par(genesDePadre[i], genesDePadre[i + 1]) in pares:
                continue
            genesTemporales = genesDePadre[i + 1:] + genesDePadre[:i + 1]
            encontró = True
            break
        if not encontró:
            return None
...
```

Luego vamos a recopilar todas las secuencias del padre que también están en el donante. La tabla de búsqueda nos ayuda a encontrarlas independientemente de la dirección del ciclo de los genes del padre.

```
...
    series = [[genesTemporales[0]]]
    for i in range(len(genesTemporales) - 1):
        if Par(genesTemporales[i], genesTemporales[i + 1]) in pares:
            series[-1].append(genesTemporales[i + 1])
            continue
        series.append([genesTemporales[i + 1]])
...
```

continuación del ejemplo

```
secuencias comunes:
  ['D'],
  ['F', 'E'],
  ['H'],
  ['A'],
  ['B', 'G', 'C']
```

Ahora intentamos encontrar una reordenación de las secuencias que tenga una mejor aptitud que el padre actual. Lo haremos intercambiando cualquier par de secuencias y comprobando la aptitud, con la posibilidad de invertir el orden.

```
...
    aptitudInicial = fnObtenerAptitud(genesDePadre)
    cuenta = random.randint(2, 20)
    índicesDeSerie = range(len(series))
    while cuenta > 0:
        cuenta -= 1
        for i in índicesDeSerie:
            if len(series[i]) == 1:
                continue
            if random.randint(0, len(series)) == 0:
                series[i] = [n for n in reversed(series[i])]
...
```

Si la aptitud es mejor que la del padre, entonces devolvemos la nueva secuencia de genes. De lo contrario, repetimos hasta encontrar una mejora o completamos el número máximo de intentos, en cuyo punto nos rendimos y devolvemos lo que tenemos.

```
from itertools import chain
...
        índiceA, índiceB = random.sample(índicesDeSerie, 2)
        series[índiceA], series[índiceB] = series[índiceB], series[índiceA]
        genesDelNiño = list(chain.from_iterable(series))
        if fnObtenerAptitud(genesDelNiño) > aptitudInicial:
            return genesDelNiño
    return genesDelNiño
```

Otro de los cambios que podemos efectuar es en la función mostrar, donde podemos mostrar la estrategia que fue usada para producir cada mejora.

```
def mostrar(candidato, horaInicio):
    diferencia = (datetime.datetime.now() - horaInicio).total_seconds()
    print("{}\t{}\t{}\t{}".format(
        ' '.join(map(str, candidato.Genes)),
        candidato.Aptitud,
        candidato.Estrategia.name,
        diferencia))
```

Ejecutar

Ahora, cuando ejecutamos test_ulysses16, la recombinación suele ser la estrategia más comúnmente usada.

```
13 12 16 8 4 2 3 1 15 5 11 9 10 7 6 14  74,86    Intercambio 1,437824
13 12 1 8 4 2 3 16 15 5 11 9 10 7 6 14   74,60    Mutación     1,468941
3 2 4 8 1 15 5 11 9 10 6 7 14 13 12 16   74,23    Intercambio 2,032406
1 14 15 5 11 9 10 6 7 12 13 16 3 2 4 8   74,00    Intercambio 2,170804
13 12 16 1 3 2 4 8 15 5 11 9 10 7 6 14   73,99    Intercambio 2,576854
```

El algoritmo también encuentra la solución óptima mucho más rápido de media.

Retrospectiva

Añadimos dos nuevas herramientas, el tamaño de la reserva del padre y la recombinación, que puedes usar para mejorar el rendimiento de los proyectos anteriores.

Por ejemplo, la recombinación se podría usar para detectar los caracteres correctos en el proyecto de la Contraseña para que puedas concentrarte en los índices que no coinciden.

También podrías intentar usar la recombinación para intercambiar las ejecuciones en el proyecto de los Números Ordenados.

En la Coloración de Grafos, las Ecuaciones Lineales y los Caballos, averigua cómo añadir más padres afecta al rendimiento.

Para usar la recombinación eficazmente en el proyecto de la Mochila, podrías necesitar cambiar a un genotipo diferente.

Benchmarks actualizados

Como cambiamos las rutas de código en genetic, actualizaremos todos los benchmarks.

Cuadro 12.2: Benchmarks actualizados

proyecto	media (segundos)	desviación estándar
Contraseña	1,35	0,32
One Max	1,30	0,19
Números Ordenados	1,25	0,61
Reinas	1,53	1,08
Coloración	0,80	0,34
Cartas	0,01	0,01
Caballos	0,70	0,80
Cuadrados mágicos	0,27	0,35
Mochila	0,64	0,55
Ecuaciones Lineales	1,33	0,97
Sudoku	0,19	0,10
Viajante	1,26	1,08

Resumen

En este proyecto, añadimos una reserva opcional de padres al módulo `genetic`. También añadimos soporte para usar la recombinación con selección de estrategia adaptativa. Estas dos potentes capacidades hacen que nuestro motor genético esté básicamente completo en cuanto a características. A partir de aquí, nos concentraremos en ampliar la complejidad y la diversidad de los problemas que sabemos cómo manejar.

Aproximarse a Pi

En este proyecto, vamos a usar un algoritmo genético para encontrar una aproximación de Pi, un proyecto engañosamente simple. Nuestro fenotipo serán 2 enteros en el rango 1 a 1024 que dividiremos para producir un valor decimal. Nuestro genotipo será código binario. Eso significa que el conjunto de genes sólo estará formado por 0 y 1. Ve a probarlo y luego vuelve para trabajar sobre mi implementación.

Prueba y genes

pi.py

```python
import unittest
import datetime
import genetic

class PruebasDePi(unittest.TestCase):
    def test(self):
        geneSet = [i for i in range(2)]
```

También significa que la *posición* del gen cambia su *valor* en el fenotipo.

valor del fenotipo	valores del genotipo			
	8	4	2	1
0	0	0	0	0
1	0	0	0	1
2	0	0	1	0
3	0	0	1	1
4	0	1	0	0
5	0	1	0	1
6	0	1	1	0
7	0	1	1	1
8	1	0	0	0
9	1	0	0	1
10	1	0	1	0

Convertir bits en un entero

Hacen falta 10 bits binarios para producir valores enteros hasta 1023. Eso significa que necesitamos 20 bits para almacenar el numerador y el denominador que dividiremos para aproximarnos a Pi.

```
mejor = genetic.obtener_mejor(fnObtenerAptitud, 20, aptitudÓptima,
                              geneSet,
```

También necesitamos una función de utilidad para convertir un arreglo de 10 bits en un entero.

```
def bits_a_entero(bits):
    resultado = 0
    for bit in bits:
        resultado = (resultado << 1) | bit
    return resultado
```

Para evitar la división por cero, y aumentar el rango del valor a 1024, sumaremos 1 al numerador descodificado

```
def obtener_numerador(genes):
    return 1 + bits_a_entero(genes[:10])
```

y al denominador.

```
def obtener_denominador(genes):
    return 1 + bits_a_entero(genes[10:])
```

Aptitud

Queremos el cociente que esté más cerca de Pi, por lo que restaremos la diferencia entre el valor calculado y Pi de Pi para obtener la aptitud. De esta manera, no necesitamos una clase *Aptitud*.

```
import math
...
def obtener_aptitud(genes):
    relación = obtener_numerador(genes) / obtener_denominador(genes)
    return math.pi - abs(math.pi - relación)
```

Mostrar

La función mostrar mostrará las dos partes de la fracción y su cociente calculado.

```
def mostrar(candidato, horaInicio):
    diferencia = (datetime.datetime.now() - horaInicio).total_seconds()
    numerador = obtener_numerador(candidato.Genes)
    denominator = obtener_denominador(candidato.Genes)
    print("{}/{}\t{}\t{}".format(
        numerador,
        denominator,
        candidato.Aptitud, diferencia))
```

salida de muestra

```
240/129 1,8604651162790697   0,001000
```

Mejores aproximaciones de Pi

Después, sería útil saber cuáles son las mejores aproximaciones de Pi en el rango que estamos comprobando:

```
def test_encontrar_10_mejores_aproximaciones(self):
    mejor = {}
    for numerador in range(1, 1024):
        for denominator in range(1, 1024):
            relación = numerador / denominator
            piDist = math.pi - abs(math.pi - relación)
            if piDist not in mejor or mejor[piDist][0] > numerador:
                mejor[piDist] = [numerador, denominator]

    mejoresAproximaciones = list(reversed(sorted(mejor.keys())))
    for i in range(10):
        relación = mejoresAproximaciones[i]
        nd = mejor[relación]
        print(" %i / %i\t%f" % (nd[0], nd[1], relación))
```

las diez mejores aproximaciones

```
355  / 113    3,141592
732  / 233    3,141554
688  / 219    3,141553
1021 / 325    3,141538
377  / 120    3,141519
333  / 106    3,141509
776  / 247    3,141485
977  / 311    3,141479
644  / 205    3,141463
399  / 127    3,141453
```

Esto significa que esperamos que el motor encuentre 355/133 o algún múltiple del mismo.

Valor óptimo

Como los valores en coma flotante no son exactos en Python, usaremos un valor entre 355/133 y 732/233 como valor óptimo. Aquí está el banco de pruebas completo:

```
def test(self):
    geneSet = [i for i in range(2)]
    horaInicio = datetime.datetime.now()

    def fnMostrar(candidato):
        mostrar(candidato, horaInicio)

    def fnObtenerAptitud(genes):
        return obtener_aptitud(genes)

    aptitudÓptima = 3.14159
    mejor = genetic.obtener_mejor(fnObtenerAptitud, 20, aptitudÓptima,
                                  geneSet,
                                  fnMostrar)
    self.assertTrue(aptitudÓptima <= mejor.Aptitud)
```

Ejecutar

Cuando lo ejecutamos, obtenemos una salida como la siguiente:

resultado de muestra

```
679/362 1,8756906077348066   0,0
679/361 1,8808864265927978   0,0
935/361 2,590027700831025    0,0
935/329 2,8419452887537995   0,0
935/321 2,912772585669782    0,0
943/321 2,9376947040498442   0,0
944/321 2,940809968847352    0,0
1008/321    3,1401869158878504  0,0
```

Podemos ejecutarlo muchas veces, pero rara vez encontrará la solución óptima. El problema es que sólo podemos cambiar 1 bit a la vez en el numerador o el denominador, y esto hace que se atasque en un máximo local donde ha optimizado individualmente esos dos valores todo lo que ha podido.

Modificar ambas partes

Sin embargo, podemos añadir una función de mutación personalizada que modifique tanto el numerador como el denominador cada vez que sea llamada:

```
import random
...
def mutar(genes):
    índiceDelNumerador, índiceDelDenominador = \
        (random.randrange(0, 10),
         random.randrange(10, len(genes)))
    genes[índiceDelNumerador] = 1 - genes[índiceDelNumerador]
    genes[índiceDelDenominador] = 1 - genes[índiceDelDenominador]
```

Y luego usarla en la prueba.

```
    def test(self):
...
        mejor = genetic.obtener_mejor(fnObtenerAptitud, 20, aptitudÓptima,
                                      geneSet, fnMostrar, mutar)
```

Ejecutar 2

Ejecutamos la prueba otra vez y aún no puede encontrar la solución óptima.

```
924/389  2,3753213367609254   0,0
956/390  2,4512820512820515   0,001002
940/262  2,6953990476376015   0,001002
932/294  3,113117279968702    0,001002
931/296  3,137915036909316    0,001002
```

Como parece que aún estamos alcanzando un máximo local, veamos si el recocido simulado puede solucionarlo.

Usar el recocido simulado

```
    def test(self):
...
        mejor = genetic.obtener_mejor(fnObtenerAptitud, 20, aptitudÓptima,
                                      geneSet, fnMostrar, mutar,
                                      edadMáxima=250)
```

Ejecutar 3

Ahora, al ejecutar la prueba, ésta puede encontrar la solución óptima cada vez pero puede tardar un buen rato.

```
...
1016/324    3,1358024691358026   0,002006
1024/326    3,1411042944785277   0,006020
1021/325    3,1415384615384614   0,034090
732/233 3,1415544058920326   8,040390
355/113 3,1415923868256037   34,368389
```

Podemos medir lo lenta que es con una prueba de benchmark:

```
def test_comparativa(self):
    genetic.Comparar.ejecutar(lambda: self.test())
```

media (segundos)	desviación estándar
28,23	30,62

El problema que estamos teniendo es que las mejoras sucesivas no se basan en las anteriores. Considera el siguiente caso límite:

```
127    [0, 1, 1, 1, 1, 1, 1, 1]
128    [1, 0, 0, 0, 0, 0, 0, 0]
```

Si necesitáramos 128 en el numerador pero tuviéramos 127, el algoritmo genético tendría que cambiar 8 bits. Sería muy difícil que hiciera ese salto. Además, no hay margen en nuestro genotipo. Por ejemplo, hay exactamente un patrón que producirá el valor 355/113. Esto es algo a tener en cuenta a la hora de elegir un genotipo para un algoritmo genético.

Entonces, ¿cómo podemos añadir algo de margen?

Ampliar el genotipo

Los bits en nuestro genotipo actual tienen los siguientes valores por posición:

```
[512, 256, 128, 64, 32, 16, 8, 4, 2, 1]
```

¿Y si simplemente duplicamos el número de bits que usamos por fenotipo y luego duplicamos cada valor? Efectivamente:

```
[512, 512, 256, 256, 128, 128, 64, 64, 32, 32, 16, 16, 8, 8, 4, 4, 2, 2, 1, 1]
```

Vamos a probarlo.

Pasar los valores de los bits

Empezaremos moviendo los valores de los bits a un arreglo,

```
    def test(self):
...
        valoresDeBits = [512, 256, 128, 64, 32, 16, 8, 4, 2, 1]
```

y luego usaremos ese arreglo para descodificar los genes del siguiente modo:

```
def bits_a_entero(bits, valoresDeBits):
    resultado = 0
    for i, bit in enumerate(bits):
        if bit == 0:
            continue
        resultado += valoresDeBits[i]
    return resultado
```

El paso final es pasar el arreglo de valores de bits a través de las diversas funciones que lo necesitan:

```
    def test(self):
...
        def fnMostrar(candidato):
            mostrar(candidato, horaInicio, valoresDeBits)           <==

        def fnObtenerAptitud(genes):
            return obtener_aptitud(genes, valoresDeBits)            <==
```

```
def obtener_aptitud(genes, valoresDeBits):
    denominator = obtener_denominador(genes, valoresDeBits)         <==
    if denominator == 0:
        return 0

    relación = obtener_numerador(genes, valoresDeBits) / denominator   <==
    return math.pi - math.fabs(math.pi - relación)
```

```
def mostrar(candidato, horaInicio, valoresDeBits):
    diferencia = (datetime.datetime.now() - horaInicio).total_seconds()
    numerador = obtener_numerador(candidato.Genes, valoresDeBits)      <==
    denominator = obtener_denominador(candidato.Genes, valoresDeBits)  <==
...
```

```
def obtener_numerador(genes, valoresDeBits):
    return 1 + bits_a_entero(genes[:10], valoresDeBits)            <==


def obtener_denominador(genes, valoresDeBits):
    return bits_a_entero(genes[10:], valoresDeBits)                <==
```

Ahora cambiamos los valores de los bits.

Cambiar los valores de los bits

```
    def test(self):
...
        valoresDeBits = [512, 512, 256, 256, 128, 128, 64, 64, 32,
                         32, 16, 16, 8, 8, 4, 4, 2, 2, 1, 1]
```

Como la longitud de la nueva secuencia de genes depende de la longitud del arreglo de valores de bits, necesitamos actualizar las posiciones donde referenciamos índices específicos.

```
    def test(self):
...
        def fnMutar(genes):                                        <==
            mutar(genes, len(valoresDeBits))

        longitud = 2 * len(valoresDeBits)
        mejor = genetic.obtener_mejor(fnObtenerAptitud, longitud,
                                      aptitudÓptima, geneSet, fnMostrar,
                                      fnMutar, edadMáxima=250)       <==
```

```
def mutar(genes, numBits):
    índiceDelNumerador, índiceDelDenominador = \
        (random.randrange(0, numBits),
         random.randrange(numBits, len(genes)))
...
```

```
def obtener_numerador(genes, valoresDeBits):
    return 1 + bits_a_entero(genes[:len(valoresDeBits)], valoresDeBits)


def obtener_denominador(genes, valoresDeBits):
    return bits_a_entero(genes[len(valoresDeBits):], valoresDeBits)
```

Este cambio mejora sustancialmente el resultado del benchmark para este proyecto.

media (segundos)	desviación estándar
0,91	0,89

Este simple cambio produjo una mejora de velocidad de 30x.

Ejercicio

¿Podríamos conseguir más velocidad si ninguno de los valores estuviera duplicado? ¿Y si duplicáramos el tamaño del arreglo otra vez? ¿Necesitan estar ordenados los valores de los bits? ¿Cuál es el valor de bit más alto que necesitamos? Deberías experimentar y volver luego.

Optimizar el arreglo de bits

¿Qué crees que haría falta para encontrar el mejor arreglo de valores de bits para este problema? Parece exactamente algo que podríamos resolver con un algoritmo genético, ¿verdad? Vamos a hacerlo.

Como sabemos que un mal conjunto de valores para el arreglo de bits puede tardar mucho tiempo en ejecutarse, necesitamos poner un límite al tiempo de ejecución. Así, digamos que el objetivo es encontrar la solución óptima al proyecto Pi tantas veces como sea posible en 2 segundos. Eso significa que necesitamos una manera de escapar del motor tras 2 segundos.

Soportar las limitaciones de tiempo en el módulo `genetic`

Empezaremos añadiendo un parámetro opcional a obtener_mejor para el número máximo de segundos de ejecución.

genetic.py

```
def obtener_mejor(obtener_aptitud, longitudObjetivo, aptitudÓptima, geneSet,
                  mostrar, mutación_personalizada=None,
                  creación_personalizada=None, edadMáxima=None,
                  tamañoDePiscina=1, intercambiar=None,
                  segundosMáximos=None):
...
```

Luego pasamos esa variable a _obtener_mejoras y también nos ocupamos del nuevo valor de retorno adicional que indica que el tiempo de ejecución máximo se ha agotado.

```
    for caducado, mejora in \_
            obtener_mejoras(fnNuevoNiño, fnGenerarPadre, edadMáxima,
                            tamañoDePiscina, segundosMáximos):
        if caducado:
            return mejora
...
```

Después, al principio de _obtener_mejoras, iniciamos un temporizador y, allí donde devolvamos un resultado, necesitamos incluir un flag que indique si el tiempo de ejecución máximo se ha agotado.

```
def _obtener_mejoras(nuevo_niño, generar_padre, edadMáxima, tamañoDePiscina,
                     segundosMáximos):
    horaInicio = time.time()
    mejorPadre = generar_padre()
    yield segundosMáximos is not None and time.time() \
          - horaInicio > segundosMáximos, mejorPadre
...
```

Lo comprobamos después de cada llamada a *generar_padre* al poblar la reserva de padres.

```
    for _ in range(tamañoDePiscina - 1):
        padre = generar_padre()
        if segundosMáximos is not None and time.time() - horaInicio > \
                segundosMáximos:
            yield True, padre
        if padre.Aptitud > mejorPadre.Aptitud:
            yield False, padre
```

También lo comprobamos al principio del bucle `while`.

```
    while True:
        if segundosMáximos is not None and time.time() - horaInicio > \
                segundosMáximos:
            yield True, mejorPadre
```

Ya lo hemos comprobado cuando encontramos un nuevo mejor padre, por lo que simplemente enviamos `False`.

```
        if niño.Aptitud > mejorPadre.Aptitud:
            mejorPadre = niño
            yield False, mejorPadre
```

Optimizador

Ahora, en el optimizador, veremos si podemos hacer que la versión de 10 bits se ejecute más rápido. Empezamos con un conjunto de genes que contenga todos los números en el rango 1 a 512. Y daremos a cada pasada 2 segundos para ejecutarse.

```
import time
...
    def test_optimize(self):
        geneSet = [i for i in range(1, 512 + 1)]
        longitud = 10
        segundosMáximos = 2
```

Después, necesitamos escribir la función de aptitud. Ésta iniciará un temporizador y llevará la cuenta del número de éxitos.

```
    def fnObtenerAptitud(genes):
        horaInicio = time.time()
        cuenta = 0
```

Luego ejecutará la prueba de aproximación de Pi y contará cuántas veces puede encontrar el resultado óptimo. También suprimiremos su salida.

```
import sys
...
        stdout = sys.stdout
        sys.stdout = None
        while time.time() - horaInicio < segundosMáximos:
            if self.test(genes, segundosMáximos):
                cuenta += 1
        sys.stdout = stdout
```

El valor de aptitud será una combinación del número de éxitos y una fracción. La fracción indica lo lejos que está la suma de los valores de los bits de 1023. Esto le da al motor una aptitud muy granular que puede usar para encontrar mejoras.

```
        distancia = abs(sum(genes) - 1023)
        fracción = 1 / distancia if distancia > 0 else distancia
        cuenta += round(fracción, 4)
        return cuenta
```

Después, queremos una manera de supervisar lo que está ocurriendo, por lo que escribimos una función mostrar.

```
    def fnMostrar(cromosoma):
        print("{}\t{}".format(cromosoma.Genes, cromosoma.Aptitud))
```

Con fines comparativos, mostraremos la aptitud de la secuencia inicial.

```
initial = [512, 256, 128, 64, 32, 16, 8, 4, 2, 1]
print("initial:", initial, fnObtenerAptitud(initial))
```

Finalmente, empezaremos la ejecución y le daremos 10 minutos para encontrar una mejora, siendo el objetivo un conjunto de valores de bits que se pueda usar para encontrar Pi 20 veces en 2 segundos.

```
aptitudÓptima = 10 * segundosMáximos
genetic.obtener_mejor(fnObtenerAptitud, longitud, aptitudÓptima,
                      geneSet, fnMostrar, segundosMáximos=600)
```

Ahora necesitamos efectuar los cambios relacionados en la función de prueba para poder pasar un arreglo de valores de bits y el número máximo de segundos de ejecución como parámetros. Recuerda eliminar la definición del arreglo existente de la función.

```
def test(self, valoresDeBits=[512, 256, 128, 64, 32, 16, 8, 4, 2, 1],
         segundosMáximos=None):
```

Luego pasamos el número de segundos a través del motor para que sepa cuándo parar. Al final, necesitamos devolver un valor que indique si encontró o no una aproximación de Pi al menos igual de buena que el valor óptimo.

```
mejor = genetic.obtener_mejor(fnObtenerAptitud, longitud,
                              aptitudÓptima, geneSet, fnMostrar,
                              fnMutar, edadMáxima=250,
                              segundosMáximos=segundosMáximos)
return aptitudÓptima <= mejor.Aptitud
```

Ejecución de optimización

Ahora, al ejecutarlo, encuentra una secuencia de valores de bits mucho mejor.

resultado de muestra

```
inicial: [512, 256, 128, 64, 32, 16, 8, 4, 2, 1] 0
[45, 39, 289, 407, 23, 224, 280, 240, 412, 260] 0,0008
[45, 39, 289, 407, 71, 224, 280, 240, 412, 260] 3,0008
[45, 39, 289, 407, 71, 224, 45, 240, 412, 260] 5,001
[45, 26, 289, 407, 71, 224, 45, 240, 412, 260] 6,001
[45, 26, 289, 407, 71, 82, 45, 240, 412, 260] 8,0012
[45, 26, 289, 407, 70, 82, 45, 240, 412, 260] 14,0012
```

Verificar el resultado

Ahora podemos usar la secuencia de valores de bits que encontró antes para verificar que obtenemos una mejora de rendimiento.

```
def test_comparativa(self):
    genetic.Comparar.ejecutar(lambda: self.test([45, 26, 289, 407,
                                                  70, 82, 45, 240,
                                                  412, 260]))
```

salida de muestra

```
100 0,29 0,39
```

Eso es un rendimiento aproximadamente 3 veces mejor que el que logramos duplicando los valores de los bits. ¡Bien!

Si permitimos que el optimizador ejecute cada pasada más tiempo, digamos 4 segundos en lugar de 2, y se ejecute hasta el final, puede encontrar un resultado incluso mejor.

resultado de muestra

```
initial: [512, 256, 128, 64, 32, 16, 8, 4, 2, 1] 0
...
[37, 334, 38, 133, 117, 39, 50, 225, 262, 129]  14,0029
[37, 334, 38, 133, 117, 39, 87, 225, 262, 129]  15,0026
[37, 334, 38, 96, 117, 39, 87, 225, 262, 129]   17,0029
[37, 334, 38, 96, 117, 39, 145, 225, 262, 129]  26,0025
[37, 334, 38, 339, 117, 39, 145, 225, 262, 129] 30,0016
[98, 334, 38, 339, 117, 39, 145, 225, 262, 129] 32,0014
[98, 334, 38, 339, 117, 39, 145, 123, 262, 129] 33,0017
[98, 334, 38, 339, 117, 39, 145, 123, 40, 129]  40,0026
```

benchmark de muestra

```
100 0,12 0,13
```

Resumen

En este proyecto, aprendimos una manera de usar un algoritmo genético para optimizar otro, que las opciones que tenemos para trasladar los valores del genotipo a valores del fenotipo pueden afectar significativamente al rendimiento del algoritmo genético, y que es importante ofrecer al algoritmo múltiples maneras de usar los genes para lograr el objetivo.

Generación de ecuaciones

Hasta ahora sólo hemos usado genes como elementos de datos que se aplican a un problema externo. Nuestro siguiente proyecto, la generación de ecuaciones, nos introducirá una nueva manera de usar los genes llamada programación genética. La esencia de la programación genética es aplicar alguna clase de gramática a los genes, la cual puede o no incluir datos incrustados. Estos genes-de-operación pueden ser entonces evaluados para producir un resultado.

Ejemplo

Al usar la programación genética, es importante comprender las características de los datos incrustados (si los hay) y de cómo esperamos que las operaciones interactúen entre sí y/o con el entorno. Por ejemplo, digamos que nos piden encontrar alguna combinación de los números 1 al 7 y de las operaciones de suma y resta que, cuando se evalúa, produce el valor numérico 29. Párate aquí y piensa en cómo implementarías esto.

Hay muchas maneras de resolver este problema. Por ejemplo: 7+7+7+7+7-6

Podríamos simplemente usar los enteros positivos y negativos entre -7 y 7 porque básicamente tienen las operaciones de suma y resta incorporadas, pero necesitamos aprender a evaluar las operaciones como genes independientes, por lo que haremos que + y - sean símbolos separados. Eso significa que la ecuación tiene 11 símbolos o genes:

```
7 + 7 + 7 + 7 + 7 - 6
|  |  |  |  |  |  |  |  |  |  |
1  2  3  4  5  6  7  8  9 10 11
```

Visto de esta manera, podemos observar fácilmente el patrón, o gramática, de las operaciones y números que se alternan. Esto debería ser fácil de hacer cumplir usando una comprobación par/impar a la hora de crear y mutar los cromosomas.

Después, si visualizamos la ecuación desde el punto de vista de las operaciones:

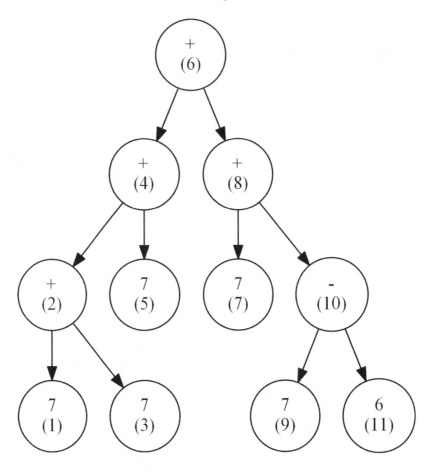

Es fácil ver que cada operación tiene 2 parámetros porque cada una de ellas actúa sobre 2 genes más que pueden ser un número u otra operación.

Evaluar

El corazón de un algoritmo de programación genética es la función que lleva a cabo la evaluación. Sabe cómo tratar la secuencia de genes específica al problema como un programa. En este proyecto, aplicará los genes de operación a los números vecinos, combinándolos para obtener el resultado final.

```python
def evaluar(genes):
    resultado = genes[0]
    for i in range(1, len(genes), 2):
        operación = genes[i]
        siguienteValor = genes[i + 1]
        if operación == '+':
            resultado += siguienteValor
        elif operación == '-':
            resultado -= siguienteValor
    return resultado
```

La función empieza inicializando una variable de resultado con el valor del primer gen numérico. Luego aplica las operaciones, de izquierda a derecha, al resultado actual y al gen-valor que sigue a la operación. La salida de cada operación se vuelve a almacenar en la variable de resultado.

Prueba y genes

Estamos listos para escribir el resto del algoritmo genético de acuerdo con el patrón habitual, empezando por el conjunto de genes.

ecuaciones.py

```python
import unittest
import datetime
import genetic
import random

class PruebasDeEcuaciones(unittest.TestCase):
    def test(self):
        números = [1, 2, 3, 4, 5, 6, 7]
        operaciones = ['+', '-']
```

Crear

Ahora podemos ver inmediatamente que necesitaremos una función de creación de genes personalizada por dos razones. En primer lugar, no sabemos cuántos símbolos necesitaremos para producir un resultado particular y, en segundo lugar, necesitamos alternar los números y las operaciones.

```
def crear(números, operaciones, númerosMin, númerosMax):
    genes = [random.choice(números)]
    cuenta = random.randint(númerosMin, 1 + númerosMax)
    while cuenta > 1:
        cuenta -= 1
        genes.append(random.choice(operaciones))
        genes.append(random.choice(números))
    return genes
```

Esta implementación evita la creación de secuencias de genes que tienen múltiples números u operaciones seguidos, por lo que no tenemos que detectar esa situación en la función de aptitud.

Mutar

También necesitamos una función personalizada de mutación que sepa cómo añadir un par operación-número a la secuencia de genes,

```
def mutar(genes, números, operaciones, númerosMin, númerosMax):
    cuentaDeNúmeros = (1 + len(genes)) / 2
    añadiendo = cuentaDeNúmeros < númerosMax and random.randint(0, 100) == 0
    if añadiendo:
        genes.append(random.choice(operaciones))
        genes.append(random.choice(números))
        return
```

eliminar un par operación-número,

```
    eliminando = cuentaDeNúmeros > númerosMin and random.randint(0, 20) == 0
    if eliminando:
        índice = random.randrange(0, len(genes) - 1)
        del genes[índice]
        del genes[índice]
        return
```

y mutar una operación o un número.

```
    índice = random.randrange(0, len(genes))
    genes[índice] = random.choice(operaciones) \
        if (índice & 1) == 1 else random.choice(números)
```

Aquí usamos la paridad del índice para determinar si estamos sustituyendo un número o una operación.

Función de visualización

En la función mostrar, podemos simplemente escribir los genes separados por un espacio para ver la ecuación.

```
def mostrar(candidato, horaInicio):
    diferencia = (datetime.datetime.now() - horaInicio).total_seconds()
    print("{}\t{}\t{}".format(
        (' '.join(map(str, [i for i in candidato.Genes]))),
        candidato.Aptitud,
        diferencia))
```

salida de muestra

```
6 + 3 + 3 - 4 + 6 - 3 - 6 - 6 - 3 - 1    -5  0,001003
```

Aptitud

Eso sólo nos deja la función de aptitud donde usaremos la función de evaluación para obtener el resultado de la ecuación y, luego, compararlo con el resultado esperado. Esta vez, en lugar de usar una clase *Aptitud*, usaremos una función de aptitud de 2 fases. La primera fase hace un seguimiento de lo lejos que está el resultado de evaluar los genes del total esperado. Si el resultado es correcto, entonces se usa el segundo rango de aptitud. Esto nos permite preferir las secuencias de genes más cortas; es decir, las ecuaciones con menos operaciones.

```
def obtener_aptitud(genes, totalEsperado):
    resultado = evaluar(genes)

    if resultado != totalEsperado:
        aptitud = totalEsperado - abs(resultado - totalEsperado)
    else:
        aptitud = 1000 - len(genes)

    return aptitud
```

Probar

El siguiente banco de pruebas completo no debería presentar sorpresas.

```
def test(self):
    números = [1, 2, 3, 4, 5, 6, 7]
    operaciones = ['+', '-']
    totalEsperado = 29
    soluciónDeLongitudÓptima = [7, '+', 7, '+', 7, '+', 7, '+', 7, '-', 6]
    númerosMin = (1 + len(soluciónDeLongitudÓptima)) / 2
    númerosMax = 6 * númerosMin
    horaInicio = datetime.datetime.now()

    def fnMostrar(candidato):
        mostrar(candidato, horaInicio)

    def fnObtenerAptitud(genes):
        return obtener_aptitud(genes, totalEsperado)

    def fnCrear():
        return crear(números, operaciones, númerosMin, númerosMax)

    def fnMutar(niño):
        mutar(niño, números, operaciones, númerosMin, númerosMax)

    aptitudÓptima = fnObtenerAptitud(soluciónDeLongitudÓptima)
    mejor = genetic.obtener_mejor(fnObtenerAptitud, None, aptitudÓptima,
                                  None, fnMostrar, fnMutar, fnCrear,
                                  edadMáxima=50)
    self.assertTrue(not aptitudÓptima > mejor.Aptitud)
```

Ejecutar

Al ejecutar la prueba, ésta encuentra una solución equivalente.

salida de muestra

```
5 + 3 + 2 + 4 + 6 + 2 + 1    23  0,0
5 + 3 + 2 + 4 + 6 + 6 + 1    27  0,0
5 + 3 + 3 + 4 + 6 + 6 + 1    28  0,0
6 + 3 + 3 + 4 + 6 + 6 + 1    987 0,0
6 + 5 + 3 + 3 + 6 + 6    989 0,000998
```

Bien. Pero tener que sumar 6 tres veces y 3 dos veces es aburrido. Si introducimos una operación de multiplicación, podría encontrar 7 * 3 + 4 * 2, que ahorra una operación, o incluso 7 * 4 + 1, que ahorra dos. Vamos a probarlo.

Soportar la multiplicación

Primero tenemos que añadir el símbolo de la multiplicación (*) a la lista de genes de operación.

```
    def test(self):
...
        operaciones = ['+', '-', '*']
```

Después, tenemos que implementar la multiplicación en la función de evaluación. El problema es que, para que la matemática sea correcta, tenemos que realizar todas las operaciones de multiplicación antes de realizar cualquier suma o resta. No hay problema, podemos simplemente agrupar las operaciones por prioridad.

```
    def test(self):
...
        operaciones = ['+', '-', '*']
        operacionesPriorizadas = [['*'], ['+', '-']]
...
        def fnEvaluar(genes):
            return evaluar(genes, operacionesPriorizadas)
```

Luego evaluaremos todas las operaciones en orden de prioridad en lugar de simultáneamente, lo cual significa que iteraremos sobre el arreglo una vez por cada grupo de prioridad.

```
def evaluar(genes, operacionesPriorizadas):
    ecuación = genes[:]
    for operationSet in operacionesPriorizadas:
        iOffset = 0
        for i in range(1, len(ecuación), 2):
            i += iOffset
            opSímbolo = ecuación[i]
            if opSímbolo in operationSet:
                operandoIzquierdo = ecuación[i - 1]
                operandoDerecho = ecuación[i + 1]

                if opSímbolo == '+':
                    operandoIzquierdo += operandoDerecho
                elif opSímbolo == '-':
                    operandoIzquierdo -= operandoDerecho
                elif opSímbolo == '*':
                    operandoIzquierdo *= operandoDerecho
                ecuación[i - 1] = operandoIzquierdo
                del ecuación[i + 1]
                del ecuación[i]
                iOffset -= 2
    return ecuación[0]
```

En la implementación anterior, creamos una copia de los genes, por lo que podemos modificarla cada vez a través del bucle. Cada operación almacena su salida en la posición del arreglo a su izquierda y, luego, se borra a sí misma y a su segundo operando del arreglo. Una vez evaluadas todas las operaciones, el resultado está en el índice cero del arreglo.

Como modificamos la función para pasarle la lista de operaciones, también necesitamos cambiar lo que pasamos a la función de aptitud

```
def obtener_aptitud(genes, totalEsperado, fnEvaluar):
    resultado = fnEvaluar(genes)
...
```

y actualizar la llamada a la función en el banco de pruebas.

```
    def test(self):
...
        def fnObtenerAptitud(genes):
            return obtener_aptitud(genes, totalEsperado, fnEvaluar)
```

Ejecutar

Este código encuentra una solución, pero no una solución de longitud mínima, porque la solución de longitud óptima definida en la prueba está basada en la suma y la resta, por lo que el motor se detiene tan pronto como encuentra esa solución.

```
...
4 - 3 * 3 - 7 * 2 + 7 + 6 + 5 * 7    983 0,103305
5 + 2 - 7 * 2 + 6 + 5 + 5 * 5    985 0,115337
5 - 4 - 3 + 6 + 5 + 4 * 5    987 0,124361
5 - 4 - 3 + 6 + 5 * 5    989 0,128372
```

Extraer una función de resolución

Para solucionar eso, tenemos que extraer una función de resolución para poder pasar la lista de operaciones con la solución óptima para ese conjunto de operaciones.

```
    def test_adición(self):
        operaciones = ['+', '-']
        operacionesPriorizadas = [['+', '-']]
        soluciónDeLongitudÓptima = [7, '+', 7, '+', 7, '+', 7, '+', 7, '-', 6]
        self.resolver(operaciones, operacionesPriorizadas,
                      soluciónDeLongitudÓptima)

    def resolver(self, operaciones, operacionesPriorizadas,
                 soluciónDeLongitudÓptima):
        números = [1, 2, 3, 4, 5, 6, 7]
        totalEsperado = evaluar(soluciónDeLongitudÓptima,
                                operacionesPriorizadas)
```

Probar la multiplicación

Ahora podemos añadir una prueba para la multiplicación y darle una ecuación más difícil de generar.

```
def test_multiplicación(self):
    operaciones = ['+', '-', '*']
    operacionesPriorizadas = [['*'], ['+', '-']]
    soluciónDeLongitudÓptima = [6, '*', 3, '*', 3, '*', 6, '-', 7]
    self.resolver(operaciones, operacionesPriorizadas,
                  soluciónDeLongitudÓptima)
```

Ejecutar 2

Al ejecutar la prueba, ésta también puede encontrar una solución de longitud óptima:

salida de muestra

```
....
7 * 5 * 6 - 3 + 7 * 2 * 7 + 4 * 3   983 0,109255
7 * 7 * 7 - 4 * 4 - 6 - 5 + 1   985 0,141350
7 * 7 * 7 - 7 * 2 - 3 * 4   987 0,150363
5 * 7 * 7 + 6 * 2 * 6   989 0,158386
5 * 4 * 4 * 4 - 3   991 2,141662
```

Genial. Sin embargo, cuando revisamos esa solución, también parece repetitiva. Sería mucho mejor si pudiéramos reducir la ecuación a $5 * 4^3$ - 3. Vamos a hacerlo.

Refactorización

Pero primero, ¿has observado que cada vez que añadimos una nueva operación tenemos que cambiar la función de evaluación? Eso es un indicio de un mal diseño que infringe el principio de abierto/cerrado. Podemos solucionarlo extrayendo las implementaciones de las operaciones en funciones separadas:

```
def añadir(a, b):
    return a + b

def sustraer(a, b):
    return a - b

def multiplicar(a, b):
    return a * b
```

Luego hacemos que la lista de operaciones priorizada contenga diccionarios donde cada clave de diccionario es el símbolo de una operación y cada valor es una función que implementa la operación.

```
def test_adición(self):
    operaciones = ['+', '-']
    operacionesPriorizadas = [{'+': añadir,
                               '-': sustraer}]
...
```

```
def test_multiplicación(self):
    operaciones = ['+', '-', '*']
    operacionesPriorizadas = [{'*': multiplicar},
                              {'+': añadir,
                               '-': sustraer}]
...
```

Finalmente, usamos la función de la operación del diccionario en la función de evaluación.

```
def evaluar(genes, operacionesPriorizadas):
    ecuación = genes[:]
    for operationSet in operacionesPriorizadas:
        iOffset = 0
        for i in range(1, len(ecuación), 2):
            i += iOffset
            opSímbolo = ecuación[i]
            if opSímbolo in operationSet:
                operandoIzquierdo = ecuación[i - 1]
                operandoDerecho = ecuación[i + 1]
                ecuación[i - 1] = operationSet[opSímbolo](operandoIzquierdo,
                                                          operandoDerecho)
                del ecuación[i + 1]
                del ecuación[i]
                iOffset += -2
    return ecuación[0]
```

Soporte de exponentes

Ahora podemos añadir fácilmente soporte para una nueva operación, como la exponenciación, sin cambiar ningún otro código:

```
def test_exponente(self):
    operaciones = ['^', '+', '-', '*']
    operacionesPriorizadas = [{'^': lambda a, b: a ** b},
                              {'*': multiplicar},
                              {'+': añadir,
                               '-': sustraer}]
    soluciónDeLongitudÓptima = [6, '^', 3, '*', 2, '-', 5]
    self.resolver(operaciones, operacionesPriorizadas,
                  soluciónDeLongitudÓptima)
```

salida de muestra

```
...
4 * 3 ^ 4 - 3 - 1 - 7 + 4 * 2 * 7 * 2 + 2   979 0,030079
4 * 3 ^ 4 - 2 - 7 + 4 * 2 * 7 * 2   983 0,035093
6 * 7 * 5 * 2 + 5 + 3 + 3 - 4   985 0,070215
6 * 6 * 6 * 2 + 1 - 6   989 0,083221
7 * 5 * 6 * 2 + 7   991 0,108286
6 ^ 3 * 2 - 5   993 13,129462
```

Mejorar el rendimiento

Como está empezando a tardar decenas de segundos en encontrar la solución, vamos a
añadir un bucle a la función de mutación para que pueda efectuar un número aleatorio de
cambios en lugar de sólo uno.

```
def mutar(genes, números, operaciones, númerosMin, númerosMax,
          fnObtenerAptitud):
    cuenta = random.randint(1, 10)
    aptitudInicial = fnObtenerAptitud(genes)
    while cuenta > 0:
        cuenta -= 1
        if fnObtenerAptitud(genes) > aptitudInicial:
            return                                        <==
        cuentaDeNúmeros = (1 + len(genes)) / 2
...
```

```
...
            genes.append(random.choice(números))
            continue                                            <==

        eliminando = cuentaDeNúmeros > númerosMin and \
                    random.randint(0, 20) == 0
...
```

```
...
            del genes[índice]
            continue                                            <==

        índice = random.randrange(0, len(genes))
...
```

Ahora que estamos comprobando la aptitud en la función de mutación, también necesitamos pasar la capacidad de llamar a la función de aptitud:

```
    def resolver(self, operaciones, operacionesPriorizadas,
                 soluciónDeLongitudÓptima):
...
        def fnMutar(niño):
            mutar(niño, números, operaciones, númerosMin, númerosMax,
                  fnObtenerAptitud)
...
```

Ejecutar

Como era de esperar, encuentra la solución mucho más rápido.

salida de muestra

```
2 + 3 ^ 4 * 5 + 3 * 6    425 0,014006
3 + 3 ^ 4 * 5 + 3 * 6    426 0,016041
4 + 3 ^ 4 * 5 + 3 * 6    989 0,024067
6 * 2 * 5 * 7 + 7    991 0,067148
2 * 6 ^ 3 - 5    993 0,567508
```

¡Fantástico!

Benchmarks

Haremos un benchmark para este proyecto con la prueba del exponente.

```
    def test_comparativa(self):
        genetic.Comparar.ejecutar(self.test_exponente)
```

Cuadro 14.1: Benchmarks

media (segundos)	desviación estándar
0,62	0,46

Resumen

Este proyecto fue nuestra primera introducción a la programación genética y reveló varios problemas realmente interesantes para su exploración. También aprendimos una manera de trabajar tanto con datos como con operaciones en una secuencia de genes. Esto nos dio experiencia con los símbolos, con la gramática y con la evaluación del "programa".

El problema de la cortadora de césped

En este proyecto, continuaremos nuestra exploración de la programación genética resolviendo el problema de la cortadora de césped de John Koza. Éste nos pide que proporcionemos instrucciones a una cortadora de césped para que corte un campo de césped. Para facilitar que el algoritmo genético encuentre una solución, el campo inicial es toroidal. Esto significa que está envuelto en todas las direcciones. Así, si la cortadora de césped se sale por la parte superior, acaba en la parte inferior y viceversa, y lo mismo de lado a lado. La definición del problema dice que la cortadora de césped empieza en el centro de un campo toroidal de 8x8 mirando hacia el sur (abajo) y entiende dos instrucciones: *corta* y *gira*. ¿Cuál es la serie más corta de instrucciones (programa) que hace falta para que corte el campo entero?

Parte I - cortar y girar

La instrucción *corta* le dice a la cortadora de césped que avance un cuadrado de la cuadrícula en la dirección en la que esté mirando y que luego corte el césped en esa ubicación. La instrucción *gira* le dice a la cortadora que gire a la izquierda 90 grados en su sitio.

Para que podamos seguir visualmente a la cortadora mientras se mueve por el campo, cuando corte una ubicación del campo sustituiremos el símbolo de no cortado (#) por el número del paso que la cortó, de la siguiente manera:

```
C^   #   #   #   #   #   #   #
11   #   #   #   #   #   #   #
10   #   #   #   #   #   #   #
 9   #   #   #   #   #   #   #
 8   #   #   #   #   #   #   #
 6   #   #   #   1   3   4   5
 #   #   #   #   #   #   #   #
 #   #   #   #   #   #   #   #
```

> ❶ C es la cortadora, < > ^ y v se usan para indicar la dirección en la que está mirando la cortadora: izquierda, derecha, norte o sur, respectivamente. Los números que faltan en la secuencia anterior indican que se ha ejecutado una instrucción *gira* en los pasos 2 y 7.

Infraestructura de la cortadora virtual

Pondremos el código específico de la cortadora y de su entorno en un archivo distinto que las pruebas.

Empecemos con los elementos visuales referenciados anteriormente.

cortadora.py

```python
from enum import Enum

class ContenidoDelCampo(Enum):
    Hierba = ' #'
    Cortado = ' .'
    Cortador = 'C'

    def __str__(self):
        return self.value
```

Necesitamos una manera de indicar la dirección en la que está mirando la cortadora,

```python
class Direcciones(Enum):
    Norte = Dirección(0, 0, -1, '^')
    Este = Dirección(1, 1, 0, '>')
    Sur = Dirección(2, 0, 1, 'v')
    Oeste = Dirección(3, -1, 0, '<')
```

y un objeto *Dirección*.

```python
class Dirección:
    def __init__(self, índice, xOffset, yOffset, símbolo):
        self.Índice = índice
        self.XOffset = xOffset
        self.YOffset = yOffset
        self.Símbolo = símbolo
```

A continuación definiremos la clase *Cortadora*:

```python
class Cortadora:
    def __init__(self, ubicación, dirección):
        self.Ubicación = ubicación
        self.Dirección = dirección
        self.CuentaDePasos = 0
...
```

Cuando a la *Cortadora* se le dice que gire a la izquierda, necesita averiguar la nueva dirección en la que debería estar mirando.

```
...
    def girar_a_la_izquierda(self):
        self.CuentaDePasos += 1
        self.Dirección = Direcciones \
            .obtener_dirección_después_de_girar_a_la_izquierda_90_grados(
            self.Dirección)
```

La clase *Direcciones* puede determinar eso usando la dirección en la que está mirando actualmente la *Cortadora*.

```
class Direcciones(Enum):
...
    @staticmethod
    def obtener_dirección_después_de_girar_a_la_izquierda_90_grados(dirección):
        nuevoÍndice = dirección.Índice - 1 \
            if dirección.Índice > 0 \
            else len(Direcciones) - 1
        nuevaDirección = next(i for i in Direcciones
                              if i.value.Índice == nuevoÍndice)
        return nuevaDirección.value
```

Cuando se le dice que corte, la cortadora primero pregunta al objeto *Dirección* dónde acabará si avanza desde la ubicación actual. Luego pregunta al campo que traduzca eso en una ubicación física válida. También incrementa el contador de movimientos y actualiza el contenido del campo en esa ubicación.

```
class Cortadora:
...
    def corta(self, campo):
        nuevaUbicación = self.Dirección.mover_de(self.Ubicación)
        self.Ubicación = campo.arreglar_ubicación(nuevaUbicación)
        self.CuentaDePasos += 1
        campo.ajuste(self.Ubicación,
                    self.CuentaDePasos if self.CuentaDePasos > 9
                    else " {}".format(self.CuentaDePasos))
```

Eso implica una función *mover_de* en la clase *Dirección*:

```
class Dirección:
...
    def mover_de(self, ubicación, distancia=1):
        return Ubicación(ubicación.X + distancia * self.XOffset,
                        ubicación.Y + distancia * self.YOffset)
```

Lo cual, a su vez, implica una clase de ubicación:

```
class Ubicación:
    def __init__(self, x, y):
        self.X, self.Y = x, y
```

Después, necesitamos definir el campo:

```
class Campo:
    def __init__(self, anchura, altura, contenidoInicial):
        self.Campo = [[contenidoInicial] * anchura for _ in range(altura)]
        self.Anchura = anchura
        self.Altura = altura
...
```

Éste sabe cómo cambiar el contenido de una ubicación particular de la cuadrícula:

```
...
    def ajuste(self, ubicación, símbolo):
        self.Campo[ubicación.Y][ubicación.X] = símbolo
...
```

También sabe cómo convertir una ubicación virtual en una ubicación física válida. Sin embargo, el campo no sabe lo que significa moverse en una dirección particular desde una ubicación, por lo que se lo pregunta al objeto de ubicación. Luego, lo ajusta basándose en el comportamiento esperado del campo virtual.

```
...
    def arreglar_ubicación(self, ubicación):
        nuevaUbicación = Ubicación(ubicación.X, ubicación.Y)
        if nuevaUbicación.X < 0:
            nuevaUbicación.X += self.Anchura
        elif nuevaUbicación.X >= self.Anchura:
            nuevaUbicación.X %= self.Anchura

        if nuevaUbicación.Y < 0:
            nuevaUbicación.Y += self.Altura
        elif nuevaUbicación.Y >= self.Altura:
            nuevaUbicación.Y %= self.Altura

        return nuevaUbicación
```

Esto implica una función *mover* en la clase de ubicación:

```
class Ubicación:
...
    def mover(self, xOffset, yOffset):
        return Ubicación(self.X + xOffset, self.Y + yOffset)
```

Ahora tenemos las partes básicas que necesitamos para soportar el proyecto descrito: una cortadora que empieza en el centro de un campo toroidal de 8x8 mirando hacia el sur, con la capacidad de girar a la izquierda y/o de cortar en línea recta.

Clase de prueba

Ahora podemos empezar en la infraestructura de pruebas. Nuestros genes para este proyecto serán comportamientos, por lo que usaremos clases.

pruebas.py

```
class Corta:
    def __init__(self):
        pass

    @staticmethod
    def ejecutar(cortadora, campo):
        cortadora.corta(campo)
```

```
class Gira:
    def __init__(self):
        pass

    @staticmethod
    def ejecutar(cortadora, campo):
        cortadora.girar_a_la_izquierda()
```

Luego definiremos una clase *Programa* para dirigir la ejecución de las instrucciones de los genes.

```
class Programa:
    def __init__(self, instrucciones):
        self.Principal = instrucciones

    def evaluar(self, cortadora, campo):
        for instrucción in self.Principal:
            instrucción.ejecutar(cortadora, campo)
```

Crear

Después, como no sabemos cuántas instrucciones *corta* y *gira* le harán falta a la *Cortadora* para cortar el *campo*, necesitamos definir una función de creación de genes personalizada. Ésta generará una secuencia aleatoria de instrucciones con una longitud entre el mínimo y el máximo dados:

```
import random

def crear(geneSet, mínGenes, máxGenes):
    cantidad = random.randint(mínGenes, máxGenes)
    genes = [random.choice(geneSet) for _ in range(1, cantidad)]
    return genes
```

Probar

Aquí está el inicio del banco de pruebas:

```
import unittest
import datetime
import genetic
from cortadora import *
...
class PruebasDeCortadora(unittest.TestCase):
    def test(self):
        geneSet = [Corta(), Gira()]
        anchura = altura = 8
        ubicaciónInicialDelCortador = Ubicación(int(anchura / 2),
                                                int(altura / 2))
        direcciónInicialDelCortador = Direcciones.Sur.value

        def fnCrear():
            return crear(geneSet, 1, altura)
```

Evaluación

Para determinar cuántas de las instrucciones de los genes del campo hacen que se corte, la función *obtener_aptitud* va a ordenar a una *Cortadora* virtual que ejecute las instrucciones en un *campo* virtual. Eso implica una función de evaluación que también necesitará ser accesible para la función mostrar.

```
    def test(self):
...
        def fnEvaluar(instrucciones):
            programa = Programa(instrucciones)
            cortadora = Cortadora(ubicaciónInicialDelCortador,
                                  direcciónInicialDelCortador)
            campo = Campo(anchura, altura,
                          ContenidoDelCampo.Hierba)
            programa.evaluar(cortadora, campo)
            return campo, cortadora, programa
```

Aptitud

Ahora podemos pasar la función de evaluar a *obtener_aptitud*

```
def test(self):
...
    def fnObtenerAptitud(genes):
        return obtener_aptitud(genes, fnEvaluar)
```

y usarla para determinar cuántos cuadrados son cortados.

```
def obtener_aptitud(genes, fnEvaluar):
    campo = fnEvaluar(genes)[0]
    return Aptitud(campo.cuente_cortada(), len(genes))
```

Tras el corte, necesitamos saber cuánto del campo fue cortado, así que se lo preguntamos al *campo*:

cortadora.py

```
class Campo:
...
    def cuente_cortada(self):
        return sum(1 for fila in range(self.Altura)
                   for columna in range(self.Anchura)
                   if self.Campo[fila][columna] != ContenidoDelCampo.Hierba)
```

No sólo queremos cortar el campo, además queremos hacerlo usando el menor número de instrucciones posible, por lo que usamos una clase *Aptitud* para gestionar esas prioridades conflictivas.

pruebas.py

```
class Aptitud:
    def __init__(self, totalCortada, instruccionesTotales):
        self.TotalCortada = totalCortada
        self.InstruccionesTotales = instruccionesTotales

    def __gt__(self, otro):
        if self.TotalCortada != otro.TotalCortada:
            return self.TotalCortada > otro.TotalCortada
        return self.InstruccionesTotales < otro.InstruccionesTotales
```

Mostrar

Ahora que podemos determinar la aptitud de una secuencia de genes, nos gustaría tener una manera de mostrar el estado del *campo* después de que se hayan ejecutado las instrucciones de los genes.

```
    def test(self):
...
        horaInicio = datetime.datetime.now()

        def fnMostrar(candidato):
            mostrar(candidato, horaInicio, fnEvaluar)
```

Pedimos al *campo* que muestre su contenido, incluyendo la ubicación de la *Cortadora*. Luego imprimimos la aptitud, el tiempo transcurrido y las instrucciones del programa.

```
def mostrar(candidato, horaInicio, fnEvaluar):
    campo, cortadora, programa = fnEvaluar(candidato.Genes)
    diferencia = (datetime.datetime.now() - horaInicio).total_seconds()
    campo.mostrar(cortadora)
    print("{}\t{}".format(
        candidato.Aptitud,
        diferencia))
    programa.print()
```

Cuando se le pide que imprima su contenido, el *campo* recorre el arreglo e imprime el contenido.

cortadora.py

```
class Campo:
...
    def mostrar(self, cortadora):
        for índiceDeFilas in range(self.Altura):
            if índiceDeFilas != cortadora.Ubicación.Y:
                fila = ' '.join(map(str, self.Campo[índiceDeFilas]))
            else:
                r = self.Campo[índiceDeFilas][:]
                r[cortadora.Ubicación.X] = "{}{}".format(
                    ContenidoDelCampo.Cortador, cortadora.Dirección.Símbolo)
                fila = ' '.join(map(str, r))
            print(fila)
```

Las instrucciones también necesitan una implementación de __str__ para que la función mostrar pueda imprimir el contenido de los genes.

pruebas.py

```
class Corta:
...
    def __str__(self):
        return "corta"
```

```
class Gira:
...
    def __str__(self):
        return "gira"
```

La función mostrar le pide a la *Aptitud* que se convierta en cadena:

```
class Aptitud:
...
    def __str__(self):
        return "{} segados con {} instrucciones".format(
            self.TotalCortada, self.InstruccionesTotales)
```

Y le pide al *Programa* que se imprima a sí mismo:

pruebas.py

```
class Programa:
...
    def print(self):
        print(' '.join(map(str, self.Principal)))
```

Mutar

Como no sabemos cuántas instrucciones harán falta para cortar el campo, también necesitamos una función de mutación personalizada que intente añadir, eliminar y cambiar instrucciones.

pruebas.py

```python
def mutar(genes, geneSet, mínGenes, máxGenes, fnObtenerAptitud, rondasMáximas):
    cuenta = random.randint(1, rondasMáximas)
    aptitudInicial = fnObtenerAptitud(genes)
    while cuenta > 0:
        cuenta -= 1
        if fnObtenerAptitud(genes) > aptitudInicial:
            return
        añadiendo = len(genes) == 0 or \
                    (len(genes) < máxGenes and random.randint(0, 5) == 0)
        if añadiendo:
            genes.append(random.choice(geneSet))
            continue

        eliminando = len(genes) > mínGenes and random.randint(0, 50) == 0
        if eliminando:
            índice = random.randrange(0, len(genes))
            del genes[índice]
            continue

        índice = random.randrange(0, len(genes))
        genes[índice] = random.choice(geneSet)
```

Luego necesitamos definir una función de enlace en la prueba para poder pasar los parámetros adicionales requeridos.

Como *corta* sólo puede afectar a una posición del campo a la vez, podemos establecer un límite inferior en el número de instrucciones necesarias para cortar todo el campo. Estableceremos el número máximo de instrucciones a 1,5 veces ese valor.

```python
    def test(self):
...
        mínGenes = anchura * altura
        máxGenes = int(1.5 * mínGenes)
        rondasMáximasDeMutación = 3

        def fnMutar(niño):
            mutar(niño, geneSet, mínGenes, máxGenes, fnObtenerAptitud,
                  rondasMáximasDeMutación)
```

Aptitud óptima

Para determinar la aptitud óptima, necesitamos averiguar cuántas instrucciones *gira* harían falta. Como el campo es toroidal, y con fines de cálculo, podemos desplazar la ubicación inicial a la esquina suroeste, apuntando hacia el sur, sin afectar a los cálculos.

```
.  .  .  .  .  .  .  .
.  .  .  .  .  .  .  .
.  .  .  .  .  .  .  .
.  .  .  .  .  .  .  .
.  .  .  .  .  .  .  .
.  .  .  .  .  .  .  .
.  .  .  .  .  .  .  .
Cv .  .  .  .  .  .  .
```

En una solución óptima, la cortadora sólo girará cuando se encuentre a un cuadrado que ya haya sido cortado, para no malgastar una instrucción. Esto produce un patrón de corte en espiral.

```
1  28 27 26 25 24 23 22
2  29 48 47 46 45 44 21
3  30 49 60 59 58 43 20
4  31 50 61 64 57 42 19
5  32 51 62 63 56 41 18
6  33 52 53 54 55 40 17
7  34 35 36 37 38 39 16
8* 9  10 11 12 13 14 15      * ubicación inicial
```

De esto podemos determinar que la secuencia de genes óptima tendrá 1 instrucción *corta* por cada cuadrado del campo más (anchura + altura - 2) instrucciones *gira*, o lo que es lo mismo, 78 instrucciones en total.

```
    def test(self):
...
        númeroEsperadoDeInstrucciones = 78
        aptitudÓptima = Aptitud(anchura * altura,
                        númeroEsperadoDeInstrucciones)
```

Recombinación

También vamos a aplicar la recombinación a este problema.

```
def intercambiar(padre, otroPadre):
    genesDelNiño = padre[:]
    if len(padre) <= 2 or len(otroPadre) < 2:
        return genesDelNiño
    longitud = random.randint(1, len(padre) - 2)
    principio = random.randrange(0, len(padre) - longitud)
    genesDelNiño[principio:principio + longitud] = \
        otroPadre[principio:principio + longitud]
    return genesDelNiño
```

Esta implementación sobreescribe una secuencia aleatoria de genes contiguos en el hijo con los del padre donante.

Probar

Por último necesitamos llamar al motor desde la prueba.

```
    def test(self):
...
        mejor = genetic.obtener_mejor(fnObtenerAptitud, None, aptitudÓptima,
                                      None, fnMostrar, fnMutar, fnCrear,
                                      tamañoDePiscina=10,
                                      intercambiar=intercambiar)
        self.assertTrue(not aptitudÓptima > mejor.Aptitud)
```

Ejecutar

Con todas las partes necesarias definidas, estamos listos para ejecutar la prueba. Como era de esperar, el resultado es una espiral hacia adentro:

```
C^ 67 48 21  4 35 58 73
76 66 47 20  5 36 59 74
63 64 46 19  6 37 60 62
42 43 44 18  7 38 40 41
13 14 15 16  8 10 11 12
28 27 26 24  1 31 30 29
53 52 50 23  2 33 55 54
70 68 49 22  3 34 57 71
64 segados con 78 instrucciones 19,503392
corta corta corta corta corta corta corta corta gira corta corta corta corta corta
    corta corta gira corta corta corta corta corta corta corta gira corta corta corta
     corta corta corta gira corta corta corta corta corta corta gira corta corta
    corta corta corta gira corta corta corta corta corta gira corta corta corta corta
     gira corta corta corta corta gira corta corta corta gira corta corta corta gira
    corta corta gira corta corta gira corta gira corta
```

Por desgracia, con el conjunto de instrucciones actual, ése es el único resultado que *podemos* obtener.

Parte II - Salta

Para hacer el proyecto más interesante, vamos a añadir una nueva instrucción. Siguiendo de nuevo la definición del problema de John Koza, la nueva instrucción es *salta*. Ésta hace que la cortadora salte hacia delante y hacia la derecha un número especificado de cuadrados y que corte el césped en el cuadrado en el que aterrice. *salta* tendrá 2 parámetros enteros no negativos: uno para la distancia a recorrer hacia delante y otro para la distancia a recorrer hacia la derecha.

Por ejemplo, si la cortadora está mirando hacia el sur en la ubicación inicial (4,4)

```
.  .  .  .  .  .  .  .
.  .  .  .  .  .  .  .
.  .  .  .  .  .  .  .
.  .  .  .  .  .  .  .
.  .  .  .  Cv .  .  .
.  .  .  .  .  .  .  .
.  .  .  .  .  .  .  .
.  .  .  .  .  .  .  .
```

y se le dice que salte (2,3), acabará en (1,6) (numerado desde el extremo superior izquierdo) mirando hacia el sur.

```
.   .   .   .   .   .   .   .
.   .   .   .   .   .   .   .
.   .   .   .   .   .   .   .
.   .   .   .   .   .   .   .
.   .   .   .   .*   .   .   .     * - ubicación anterior
.   .   .   .   .   .   .   .
.   Cv   .   .   .   .   .   .
.   .   .   .   .   .   .   .
```

Implementación

Para implementar esto, empezaremos añadiendo una instrucción *salta*. Las distancias hacia delante y hacia la derecha serán valores aleatorios pasados al constructor y limitados por el tamaño del campo.

```python
class Salta:
    def __init__(self, adelante, derecha):
        self.Adelante = adelante
        self.Derecha = derecha
```

También necesitará una función de ejecución para hacer el trabajo.

```python
    def ejecutar(self, cortadora, campo):
        cortadora.salta(campo, self.Adelante, self.Derecha)
```

Y `__str__` para que la use la función mostrar:

```python
    def __str__(self):
        return "salta({},{})".format(self.Adelante, self.Derecha)
```

Actualizar la cortadora

La implementación de *salta* en la *Cortadora* es interesante porque *hacia_delante* y *hacia_la_derecha* producen diferentes desplazamientos de x e y dependiendo de la dirección en la que esté mirando la *Cortadora*.

cortadora.py

```
class Cortadora:
...
    def salta(self, campo, adelante, derecha):
        nuevaUbicaciónHaciaAdelante = self.Dirección.mover_de(
            self.Ubicación, adelante)
        derechaDirección = Direcciones \
            .obtener_dirección_después_de_girar_a_la_derecha_90_grados(
            self.Dirección)
        nuevaUbicación = derechaDirección.mover_de(
            nuevaUbicaciónHaciaAdelante, derecha)
        self.Ubicación = campo.arreglar_ubicación(nuevaUbicación)
        self.CuentaDePasos += 1
        campo.ajuste(self.Ubicación, self.CuentaDePasos
        if self.CuentaDePasos > 9
        else " {}".format(self.CuentaDePasos))
```

Esto requiere una nueva función en la clase *Direcciones*:

```
class Direcciones(Enum):
...
    @staticmethod
    def obtener_dirección_después_de_girar_a_la_derecha_90_grados(dirección):
        nuevoÍndice = dirección.Índice + 1 \
            if dirección.Índice < len(Direcciones) - 1 \
            else 0
        nuevaDirección = next(i for i in Direcciones
                            if i.value.Índice == nuevoÍndice)
        return nuevaDirección.value
```

Usar lambdas para crear genes

salta requiere parámetros, y los parámetros deberían ser aleatorios, por lo que no podemos simplemente crear uno y ponerlo en nuestra lista de instrucciones. Esto significa que debemos convertir la lista de instrucciones en una lista de lambdas-que-devuelven-una-instrucción.

Antes de hacerlo, necesitamos extraer algunos de los valores de configuración de las variables de la prueba para poder tener una prueba que siga usando sólo *corta* y *gira* añadiendo al mismo tiempo una nueva prueba que use esas dos instrucciones y además añada *salta*.

```python
def test_corta_gira(self):
    anchura = altura = 8
    geneSet = [lambda: Corta(),
               lambda: Gira()]
    mínGenes = anchura * altura
    máxGenes = int(1.5 * mínGenes)
    rondasMáximasDeMutación = 3
    númeroEsperadoDeInstrucciones = 78
    self.ejecutar_con(geneSet, anchura, altura, mínGenes, máxGenes,
                      númeroEsperadoDeInstrucciones,
                      rondasMáximasDeMutación)
```

```python
def ejecutar_con(self, geneSet, anchura, altura, mínGenes, máxGenes,
                 númeroEsperadoDeInstrucciones,
                 rondasMáximasDeMutación):
    ubicaciónInicialDelCortador = Ubicación(int(anchura / 2),
                                            int(altura / 2))
    direcciónInicialDelCortador = Direcciones.Sur.value
...
```

También tenemos que eliminar las definiciones de los valores máximo y mínimo de los genes, así como el número esperado de instrucciones de la función auxiliar, ya que ahora son parámetros.

Ahora podemos añadir la nueva función de prueba con *salta* incluido en el conjunto de genes.

```python
def test_corta_gira_salta(self):
    anchura = altura = 8
    geneSet = [lambda: Corta(),
               lambda: Gira(),
               lambda: Salta(random.randint(0, min(anchura, altura)),
                             random.randint(0, min(anchura, altura)))]
    mínGenes = anchura * altura
    máxGenes = int(1.5 * mínGenes)
    rondasMáximasDeMutación = 1
    númeroEsperadoDeInstrucciones = 64
    self.ejecutar_con(geneSet, anchura, altura, mínGenes, máxGenes,
                      númeroEsperadoDeInstrucciones,
                      rondasMáximasDeMutación)
```

Ten en cuenta que el número esperado de instrucciones ha sido reducido a 64. Esto es debido a que *salta* también implica *corta* y tiene la capacidad de saltar a cualquier ubicación del campo, por lo que debería ser posible llegar a todas las ubicaciones usando sólo *salta* o *corta*, de ahí que se necesiten 64 instrucciones para un campo de 8 por 8.

Además, como el conjunto de genes ahora contiene lambdas, necesitamos ejecutarlos allí donde antes simplemente usábamos el valor:

```
def crear(geneSet, mínGenes, máxGenes):
    cantidad = random.randint(mínGenes, máxGenes)
    genes = [random.choice(geneSet)() for _ in range(1, cantidad)]
    return genes
```

Y en las secciones *añadir* y *cambiar* de la función de mutación:

```
def mutar(genes, geneSet, mínGenes, máxGenes, fnObtenerAptitud, rondasMáximas):
...
        if añadiendo:
            genes.append(random.choice(geneSet)())
            continue
...
        índice = random.randrange(0, len(genes))
        genes[índice] = random.choice(geneSet)()
```

Ejecutar

Cuando ejecutamos la nueva prueba, obtenemos un resultado como el siguiente:

salida de muestra

```
30 63 27 26 62 22 54 29
31 43 28 60  4 23 55 41
32  8 49 34 53 24 56 14
33  9 50 35 46 17 57 15
Cv 10 39 36  5 18 58 16
40 11 47 37  6 19 59 44
51 12 48 38  7 20  1 45
52 13  3 25 42 21  2 61
64 segados con 64 instrucciones 15,051588
salta(2,6) corta salta(8,4) salta(2,6) salta(3,0) corta corta salta(4,3) corta corta
    corta corta corta salta(3,2) corta corta salta(7,2) corta corta corta corta corta
     corta corta salta(5,2) corta salta(0,1) corta salta(7,3) salta(8,7) corta corta
    corta salta(7,5) corta corta corta corta salta(6,1) salta(1,2) salta(4,1) salta
    (6,3) salta(2,3) salta(4,2) corta salta(5,3) salta(2,2) corta salta(4,0) corta
    salta(3,2) corta salta(3,4) salta(6,6) corta corta corta corta corta salta(4,3)
    salta(6,4) salta(1,3) salta(8,3) salta(4,1)
```

Arriba vemos que el algoritmo genético ha abandonado completamente la instrucción *gira* en favor de la más potente instrucción *salta*, ya que esto produce un programa más corto. Sin embargo, eso sólo es cierto en un campo toroidal.

Probar un campo validador

¿Y si usáramos un campo que no permitiera que la cortadora fuera más allá del borde? Tendría que comprobar la validez del movimiento antes de hacerlo. Implementamos eso definiendo una clase campo validador que hereda de la clase Campo actual.

cortadora.py

```
class CampoValidando(Campo):
    def __init__(self, anchura, altura, contenidoInicial):
        super().__init__(anchura, altura, contenidoInicial)
...
```

La función que utiliza para corregir la ubicación comprobará si la ubicación dada está fuera de los límites del arreglo del campo. Si es así, devolverá `False` indicando que el movimiento es inválido. De lo contrario, devolverá `True` junto con la ubicación.

```
    def arreglar_ubicación(self, ubicación):
        if ubicación.X >= self.Anchura or \
                        ubicación.X < 0 or \
                        ubicación.Y >= self.Altura or \
                        ubicación.Y < 0:
            return None, False
        return ubicación, True
```

Esto requiere un cambio similar en el campo toroidal. Primero necesitamos definir la clase campo toroidal para que albergue la implementación de la función específica a esa clase de campo y además hacer que herede de la clase *Campo*.

cortadora.py

```
class CampoToroidal(Campo):
    def __init__(self, anchura, altura, contenidoInicial):
        super().__init__(anchura, altura, contenidoInicial)
...
```

Luego moveremos la función de corrección de ubicación original desde *Campo* a ella. Esa función siempre devuelve `True` porque los movimientos en un campo toroidal envuelven los bordes del campo.

```
    def arreglar_ubicación(self, ubicación):
        nuevaUbicación = Ubicación(ubicación.X, ubicación.Y)
...
        return nuevaUbicación, True
```

Luego, en la cortadora, tenemos que comprobar el valor booleano que fue devuelto antes de actualizar su ubicación.

```
class Cortadora:
...
    def corta(self, campo):
        nuevaUbicación = self.Dirección.mover_de(self.Ubicación)
        nuevaUbicación, esVálida = campo.arreglar_ubicación(nuevaUbicación)
        if esVálida:                                                    <==
            self.Ubicación = nuevaUbicación
            self.CuentaDePasos += 1
            campo.ajuste(self.Ubicación, self.CuentaDePasos
            if self.CuentaDePasos > 9
            else " {}".format(self.CuentaDePasos))
```

```
    def salta(self, campo, adelante, derecha):
        nuevaUbicación = self.Dirección.mover_de(self.Ubicación, adelante)
        derechaDirección = Direcciones \
            .obtener_dirección_después_de_girar_a_la_derecha_90_grados(
            self.Dirección)
        nuevaUbicación = derechaDirección.mover_de(nuevaUbicación, derecha)
        nuevaUbicación, esVálida = campo.arreglar_ubicación(nuevaUbicación)
        if esVálida:                                                    <==
            self.Ubicación = nuevaUbicación
            self.CuentaDePasos += 1
            campo.ajuste(self.Ubicación, self.CuentaDePasos
            if self.CuentaDePasos > 9
            else " {}".format(self.CuentaDePasos))
```

Después, necesitamos actualizar las pruebas. Como cada una va a usar un tipo de campo diferente, definiremos una función que cree el campo y que luego lo pase a la función auxiliar.

pruebas.py

```
    def test_corta_gira(self):
...
        def fnCrearCampo():
            return CampoToroidal(anchura, altura,
                                 ContenidoDelCampo.Hierba)

        self.ejecutar_con(geneSet, anchura, altura, mínGenes, máxGenes,
                          númeroEsperadoDeInstrucciones,
                          rondasMáximasDeMutación, fnCrearCampo)
```

```
     def test_corta_gira_salta(self):
...
         def fnCrearCampo():
             return CampoToroidal(anchura, altura,
                                  ContenidoDelCampo.Hierba)

         self.ejecutar_con(geneSet, anchura, altura, mínGenes, máxGenes,
                           númeroEsperadoDeInstrucciones,
                           rondasMáximasDeMutación, fnCrearCampo)
```

Ahora añadimos la función a ejecutar a los parámetros de la función auxiliar y la usamos.

```
     def ejecutar_con(self, geneSet, anchura, altura, mínGenes, máxGenes,
                      númeroEsperadoDeInstrucciones,
                      rondasMáximasDeMutación, fnCrearCampo):
...
         def fnEvaluar(instrucciones):
             programa = Programa(instrucciones)
             cortadora = Cortadora(ubicaciónInicialDelCortador,
                                   direcciónInicialDelCortador)
             campo = fnCrearCampo()
             programa.evaluar(cortadora, campo)
             return campo, cortadora, programa
```

Usar un campo validador hace que la prueba de *salta* sea significativamente más compleja porque, una vez que la cortadora se mueve hacia la derecha, la única manera de volver a los cuadrados sin cortar del lado izquierdo es *gira*. La mejor solución que incluye un *salta* sería que la *Cortadora* saltara a la esquina suroeste, girara, y luego hiciera una espiral. Eso requeriría 1 movimiento adicional al principio para organizar la espiral, así que serían 79 instrucciones.

Crea una copia de la prueba y luego cámbiala para que use un campo validador y espere 79 instrucciones.

```
     def test_corta_gira_salta_validando(self):
...
         númeroEsperadoDeInstrucciones = 79

         def fnCrearCampo():
             return CampoValidando(anchura, altura,
                                   ContenidoDelCampo.Hierba)
...
```

Ejecutar

Cuando ejecutamos la prueba con un campo validador, siempre alcanza un máximo local.

```
# # # # # # # C^
# # # # # # 17 18
# # # # # 15 16 #
# # # # # 14 # #
1 # # # # 13 # #
2 4 5 # # 12 # #
# # # # # 11 # #
# # 6 7 9 10 # #
17 segados con 19 instrucciones 5,978865
salta(0,4) corta gira corta corta salta(0,2) corta gira salta(0,1) salta(0,1) corta
    corta corta corta corta salta(0,1) corta salta(0,1) corta
```

Podemos evitarlo aumentando el número máximo de rondas de mutación.

```
    def test_corta_gira_salta_validando(self):
...
        rondasMáximasDeMutación = 3
...
```

Ejecutar 2

Con ese cambio, *puede* encontrar la solución óptima pero puede necesitar varios minutos para hacerlo. Aún usa las 3 instrucciones, pero *salta* ya no domina.

```
27 26 25 24 23 22 21 19
29 51 50 49 48 47 45 18
30 53 55 56 57 58 44 17
31 33 34 35 36 C^ 43 16
67 66 65 64 63 61 42 15
69  2 76 77  1 59 41 14
70  3  5  6 37 38 39 13
71 73 74  7  8  9 10 12
64 segados con 78 instrucciones 180,102803
corta salta(0,3) corta gira corta corta salta(0,1) corta corta corta gira salta(0,1)
    corta corta corta salta(1,0) corta corta corta gira corta corta corta corta corta
     corta corta gira corta corta corta gira corta corta corta corta salta(0,3) corta
     corta gira corta corta corta corta corta gira corta corta corta corta corta gira
     corta gira corta corta corta corta salta(0,3) gira corta gira corta corta corta
     corta corta gira corta corta corta gira corta corta gira salta(2,0) salta(0,1)
    salta(2,2)
```

Esto se ejecutaría mucho más rápido si la función de mutación fuera diseñada para seleccionar sólo destinos de *salta* o *corta* que estén sin cortar y, de lo contrario, *gira* e intentarlo de nuevo. Pero esa optimización está a punto de ser completamente innecesaria porque ahora estamos en posición de explorar el objetivo de Koza para este proyecto.

Por interesantes que hayan sido las soluciones hasta ahora, la secuencia de instrucciones generada por el motor es completamente diferente de la solución que usaría un humano. Piensa en cómo ordenarías a una persona que cortara un campo cuando nunca antes lo ha hecho. No le darías instrucciones detalladas para cada paso, ¿verdad? Lo dividirías en un conjunto de secuencias repetibles. En un campo toroidal, podrías simplemente decir: corta en línea recta hasta que encuentres una zona que ya haya sido cortada, luego gira a la izquierda y hazlo otra vez; repite hasta que hayas cortado todo el campo.

En un campo no toroidal podrías decir algo como: empieza en la esquina del campo y corta una tira a lo largo del borde del campo hasta llegar al otro lado.

```
# # # # # # # #
# # # # # # # #
# # # # # # # #
# # # # # # # #
# # # # # # # #
# # # # # # # #
# # # # # # # #
. . . . . . .  C>
```

Luego gira la cortadora de vuelta en la otra dirección y corta la tira que está justo al lado de la que acabas de cortar hasta que regreses a donde empezaste.

```
# # # # # # # #
# # # # # # # #
# # # # # # # #
# # # # # # # #
# # # # # # # #
# # # # # # # #
C< . . . . . . .
. . . . . . . .
```

Da la vuelta otra vez y repite el proceso en la siguiente tira sin cortar hasta que hayas cortado todo el campo.

Observa cómo combinamos automáticamente cuadrados en tiras y viajes de ida y vuelta en un patrón repetible. ¿Cómo hacemos eso con la cortadora de césped no dirigida por alguien?

El mejor resultado que hemos generado hasta ahora requiere 64 instrucciones *salta* y *corta* (uno por cada cuadrado de la cuadrícula) para decirle a la cortadora cómo cortar el césped en el campo. ¿Puedes imaginar tener que introducir esas instrucciones a través de una interfaz de interruptores DIP en la cortadora? Yo probablemente cometería un error a mitad de camino y tendría que volver a empezar. Sería mucho mejor introducir una secuencia corta de instrucciones como las que daríamos a un humano. Para hacerlo, tenemos que introducir la capacidad de repetir una secuencia de instrucciones.

Parte III - `repite`

La siguiente instrucción que vamos a añadir es *repite*. Al igual que *salta*, tendrá 2 parámetros enteros no negativos. El primero indica cuántas instrucciones que le siguen en la
secuencia de genes deben repetirse, y el segundo dice cuántas veces repetirlas.

```python
class Repite:
    def __init__(self, númeroDeOperaciones, veces):
        self.NúmeroDeOperaciones = númeroDeOperaciones
        self.Veces = veces
        self.Instrucciones = []
```

Una variable contendrá las instrucciones a repetir. Cuando la función de ejecución sea
llamada, ejecutará esa lista de instrucciones el número de veces solicitado.

```python
    def ejecutar(self, cortadora, campo):
        for i in range(self.Veces):
            for instrucción in self.Instrucciones:
                instrucción.ejecutar(cortadora, campo)
```

Por último, necesitamos proporcionar una representación textual para que la use la función
mostrar. Si la propiedad de las operaciones es rellenada, combinaremos las representaciones
textuales de las instrucciones en una cadena y la devolveremos. De lo contrario, usaremos
el contador de pasos.

```python
    def __str__(self):
        return "repite({},{})".format(
            ' '.join(map(str, self.Instrucciones))
            if len(self.Instrucciones) > 0
            else self.NúmeroDeOperaciones,
            self.Veces)
```

Actualizar la clase *Programa*

El constructor proporcionará las instrucciones que la instrucción *repite* tiene que repetir.

```
class Programa:
    def __init__(self, instrucciones):
        temp = instrucciones[:]
        for índice in reversed(range(len(temp))):
            if type(temp[índice]) is Repite:
                principio = índice + 1
                fin = min(índice + temp[índice].NúmeroDeOperaciones + 1,
                          len(temp))
                temp[índice].Instrucciones = temp[principio:fin]
                del temp[principio:fin]
        self.Principal = temp
```

Probar

Finalmente, necesitamos una nueva prueba, por lo que clonaremos la que acabamos de crear y luego actualizaremos el código para crear una instrucción *repite* y usar un número mínimo, máximo y esperado diferente de instrucciones, del siguiente modo:

```
    def test_corta_gira_repite(self):
...
        geneSet = [lambda: Corta(),
                   lambda: Gira(),
                   lambda: Repite(random.randint(0, 8),
                                  random.randint(0, 8))]
        mínGenes = 3
        máxGenes = 20
        rondasMáximasDeMutación = 3
        númeroEsperadoDeInstrucciones = 6
...
```

Ejecutar

Cuando ejecutamos esa prueba, presenciamos el poder de la repetición:

```
105 106 107 245 260 102 103 104
138 139 140 244 261 135 136 137
171 172 173 243 262 168 169 170
204 205 206 242 263 201 202 203
237 238 239 240 Cv 234 235 236
252 251 250 248 256 255 254 253
39 40 41 247 258 36 37 38
72 73 74 246 259 69 70 71
64 segados con 6 instrucciones  12,052043
repite(corta repite(gira repite(corta,7),4),8)
```

¡Guau! ¡Podemos cortar el campo con sólo 6 instrucciones! Sin embargo, hay un par de problemas que se deben resolver. La salida de la función mostrar es ahora un lío porque el contador de pasos ha aumentado a 3 dígitos. Nunca antes ha sido tan alto. Además, ocasionalmente, el motor construye un conjunto muy anidado de repeticiones que provoca el lanzamiento de un `RecursionError`. Cuando eso sucede, podemos simplemente atrapar el error y continuar, confiando en que el motor genético elimine esa secuencia de genes.

```python
    def ejecutar_con(self, geneSet, anchura, altura, mínGenes, máxGenes,
                     númeroEsperadoDeInstrucciones,
                     rondasMáximasDeMutación, fnCrearCampo):
...
        def fnEvaluar(instrucciones):
            programa = Programa(instrucciones)
            cortadora = Cortadora(ubicaciónInicialDelCortador,
                                  direcciónInicialDelCortador)
            campo = fnCrearCampo()
            try:
                programa.evaluar(cortadora, campo)
            except RecursionError:
                pass
            return campo, cortadora, programa
...
```

Optimizar para la eficiencia de combustible

Otro problema es la eficiencia del combustible. Si la *Cortadora* usara combustible para cada paso, el conjunto de instrucciones anterior nos costaría casi 4 veces más que la solución codificada a mano pero óptima. Para solucionar esto, vamos a cambiar la clase *Aptitud* para que prefiera menos pasos a menos instrucciones.

Empezamos añadiendo el contador de pasos a la clase *Aptitud*.

```python
class Aptitud:
    def __init__(self, totalCortada, instruccionesTotales, cuentaDePasos):
        self.TotalCortada = totalCortada
        self.InstruccionesTotales = instruccionesTotales
        self.CuentaDePasos = cuentaDePasos
```

Luego actualizamos su función de comparación

```python
    def __gt__(self, otro):
        if self.TotalCortada != otro.TotalCortada:
            return self.TotalCortada > otro.TotalCortada
        if self.CuentaDePasos != otro.CuentaDePasos:
            return self.CuentaDePasos < otro.CuentaDePasos
        return self.InstruccionesTotales < otro.InstruccionesTotales
```

y añadimos el contador de pasos a los datos que se muestran.

```
    def __str__(self):
        return "{} segados con {} instrucciones y {} pasos".format(
            self.TotalCortada, self.InstruccionesTotales,
            self.CuentaDePasos)
```

Después, necesitamos suministrar el valor cuando creamos el objeto *Aptitud* en *obtener_aptitud*,

```
...
def obtener_aptitud(genes, fnEvaluar):
    campo, cortadora, _ = fnEvaluar(genes)
    return Aptitud(campo.cuente_cortada(), len(genes),
                    cortadora.CuentaDePasos)
```

y cuando creamos el valor de aptitud óptimo en la función auxiliar.

```
    def ejecutar_con(self, geneSet, anchura, altura, mínGenes, máxGenes,
                     númeroEsperadoDeInstrucciones,
                     rondasMáximasDeMutación, fnCrearCampo,
                     númeroEsperadoDePasos):
...
        aptitudÓptima = Aptitud(anchura * altura,
                                númeroEsperadoDeInstrucciones,
                                númeroEsperadoDePasos)
```

Eso requiere cambios compensadores en las pruebas para enviar el nuevo parámetro:

```
    def test_corta_gira(self):
...
        self.ejecutar_con(geneSet, anchura, altura, mínGenes, máxGenes,
                          númeroEsperadoDeInstrucciones,
                          rondasMáximasDeMutación, fnCrearCampo,
                          númeroEsperadoDeInstrucciones)
```

```
    def test_corta_gira_salta(self):
...
        self.ejecutar_con(geneSet, anchura, altura, mínGenes, máxGenes,
                          númeroEsperadoDeInstrucciones,
                          rondasMáximasDeMutación, fnCrearCampo,
                          númeroEsperadoDeInstrucciones)
```

```
    def test_corta_gira_salta_validando(self):
...

        númeroEsperadoDeInstrucciones = 79
        self.ejecutar_con(geneSet, anchura, altura, mínGenes, máxGenes,
                          númeroEsperadoDeInstrucciones,
                          rondasMáximasDeMutación, fnCrearCampo,
                          númeroEsperadoDeInstrucciones)
```

```
    def test_corta_gira_repite(self):
...

        númeroEsperadoDeInstrucciones = 9
        númeroEsperadoDePasos = 88
...

        self.ejecutar_con(geneSet, anchura, altura, mínGenes, máxGenes,
                          númeroEsperadoDeInstrucciones,
                          rondasMáximasDeMutación, fnCrearCampo,
                          númeroEsperadoDePasos)
```

Ejecutar

Ahora, cuando ejecutamos la prueba, tarda más tiempo pero produce un conjunto de instrucciones más eficiente en términos de combustible aunque aún bastante breve.

```
59 58 57 55 63 62 61 60
50 51 52 53 65 47 48 49
81 80 79 77 85 84 83 82
72 73 74 75 87 69 70 71
15 14 13 11 Cv 18 17 16
 6  7  8  9 21  3  4  5
37 36 35 33 41 40 39 38
28 29 30 31 43 25 26 27
64 segados con 9 instrucciones y 88 pasos    1101,102552
repite(repite(corta gira repite(corta,7) gira,2) corta corta,4)
```

No está mal.

Parte IV - Funciones definidas automáticamente

Hemos visto lo potente que es *repite*, pero es un caso especial de agrupar instrucciones para reutilizarlas. ¿Y si en lugar de ello dejáramos que el motor creara su propia función? Ésta es una estrategia comúnmente usada y dichas funciones son conocidas como funciones definidas automáticamente o FDAs. Las FDAs son como *repite* en la medida en que, cuando son llamadas, ejecutan un conjunto de instrucciones puestas allí aleatoriamente por el algoritmo, pero son diferentes porque sólo ejecutan las instrucciones una vez por cada vez que la función es llamada.

Algoritmos Genéticos con Python

Sheppard

La instrucción Func

Para soportar las FDAs, introduciremos una instrucción Func. Es similar a *repite* en la medida en que ejecuta cierto número de instrucciones pero, en lugar de reclamar un número específico de instrucciones que la siguen, simplemente marca el inicio de la FDA.

```python
class Func:
    def __init__(self):
        self.Instrucciones = []

    def ejecutar(self, cortadora, campo):
        for instrucción in self.Instrucciones:
            instrucción.ejecutar(cortadora, campo)

    def __str__(self):
        return "func: {}".format(' '.join(map(str, self.Instrucciones))) \
            if len(self.Instrucciones) > 0 else "llama-func"
```

El problema de la cortadora de césped

La instrucción Func tomará posesión de todas las instrucciones que vienen después de ella en la secuencia de genes. Sólo vamos a hacer eso para la primera instrucción Func que encontremos:

```python
class Programa:
    Func = None
    Principal = None

    def __init__(self, instrucciones):
        temp = instrucciones[:]
        func = None
...
                del temp[principio:fin]
                continue

            if type(temp[índice]) is Func:
                if func is not None:
                    temp[índice].Instrucciones = []
                    continue
                principio = índice + 1
                fin = len(temp)
                temp[índice].Instrucciones = [i for i in temp[principio:fin]
                                    if type(i) is not Repite or
                                    type(i) is Repite and len(
                                        i.Instrucciones) > 0]
                func = temp[índice]
                del temp[índice:fin]
        self.Principal = temp
        self.Func = func
```

Al final del constructor, almacenamos las instrucciones de la función separadas de las del programa principal para poder acceder fácilmente a ellas.

Después, si encontramos una instrucción Func en la función de evaluación, llamamos a la función de ejecución en la que dejamos a un lado.

```python
    def evaluar(self, cortadora, campo):
        for i, instrucción in enumerate(self.Principal):
            if type(instrucción) is Func:
                self.Func.ejecutar(cortadora, campo)
                continue

            instrucción.ejecutar(cortadora, campo)
```

Además, añadimos las instrucciones de Func a lo que se muestra cuando al programa se le pide que se muestre.

```
    def print(self):
        if self.Func is not None:
            print(self.Func)
        print(' '.join(map(str, self.Principal)))
```

Finalmente, necesitamos una prueba. Así que duplicaremos la prueba que añadimos para la instrucción *repite*. Luego crearemos una Func en lugar de una instrucción *repite* al construir su conjunto de genes.

```
    def test_corta_gira_salta_func(self):
...
        geneSet = [lambda: Corta(),
                   lambda: Gira(),
                   lambda: Salta(random.randint(0, min(anchura, altura)),
                                 random.randint(0, min(anchura, altura))),
                   lambda: Func()]
...
```

También tenemos que incrementar el número esperado de instrucciones porque Func no es tan potente como *repite*

```
...
        númeroEsperadoDeInstrucciones = 17
        númeroEsperadoDePasos = 64
...
```

Ejecutar

Se ejecuta mucho más rápido que la versión de *repite* y aún produce un programa razonablemente corto como el siguiente.

resultado de muestra

```
36 46 48 58  4 14 16 26
37 47 49 59  5 15 17 27
38 40 50 60  6  8 18 28
39 41 51 61  7  9 19 29
32 42 52 62 C> 10 20 30
33 43 53 63  1 11 21 31
34 44 54 56  2 12 22 24
35 45 55 57  3 13 23 25
64 segados con 18 instrucciones y 65 pasos  4,805489
func: corta corta corta corta corta corta corta salta(7,7)
llama-func llama-func llama-func llama-func llama-func llama-func llama-func llama-
    func gira
```

Múltiples FDAs

Una limitación de nuestro método actual de creación de la función definida automáticamente es que sólo podemos tener una FDA. Estudiando la función principal generada anterior, podemos ver que podríamos acortar el programa si tuviéramos una segunda función cuyas instrucciones fueran:

```
corta corta corta
```

o incluso:

```
llama-func llama-func llama-func llama-func
```

Para soportar esta capacidad, necesitamos añadir una instrucción *llama* explícita que tenga el id (índice) de la Func a la que debería llamar como parámetro.

```python
class Llama:
    def __init__(self, funcId=None):
        self.FuncId = funcId
        self.Funcs = None
```

También necesitamos añadir un atributo Id a Func y, para que la prueba anterior siga funcionando, necesitamos añadir un parámetro a su constructor.

```python
class Func:
    def __init__(self, expectLlama=False):
        self.Instrucciones = []
        self.ExpectLlama = expectLlama
        self.Id = None
...
```

También usaremos la presencia de un Id para saber si el conjunto de genes incluye una instrucción *llama* y cambiar la salida de str en consecuencia:

```python
class Func:
...
    def __str__(self):
        return "func{1}: {0}".format(
            ' '.join(map(str, self.Instrucciones)),
            self.Id if self.Id is not None else '')
```

Después, tenemos que actualizar la clase *Programa* para soportar *llama* y múltiples funciones. Empezaremos renombrando su atributo Func a Funcs e inicializándolo a un arreglo vacío:

```
class Programa:
    def __init__(self, genes):
        temp = genes[:]
        funcs = []
...
```

Después, en el bucle, cuando encontremos una instrucción *llama*, necesitaremos pasarle una referencia al arreglo de funciones.

```
...
        for índice in reversed(range(len(temp))):
...
            if type(temp[índice]) is Llama:
                temp[índice].Funcs = funcs
            if type(temp[índice]) is Func:
...
```

Y para tener retrocompatibilidad, cuando encontremos una enésima instrucción Func y el conjunto de genes no contenga una instrucción *llama*, la convertiremos en *llama*.

```
...
            if type(temp[índice]) is Func:
                if len(funcs) > 0 and not temp[índice].ExpectLlama:
                    temp[índice] = Llama()
                    temp[índice].Funcs = funcs
                    continue
...
```

De lo contrario, si estamos esperando instrucciones *llama*, le asignaremos un id (con fines de visualización)

```
...
                fin = len(temp)
                func = Func()
                if temp[índice].ExpectLlama:
                    func.Id = len(funcs)
                func.Instrucciones = [i for i in temp[principio:fin]
...
```

y la añadiremos al arreglo de funciones tras rellenar su atributo de operaciones.

```
...
            funcs.append(func)
            del temp[índice:fin]
...
```

Tras procesar todas las instrucciones, vamos a hacer un poco de limpieza del contenido de la función, eliminando cualquier instrucción *llama* que referencie a un índice de función que no exista y cualquier Func que tenga una lista vacía de instrucciones a ejecutar.

```
...
            del temp[índice:fin]

    for func in funcs:
        for índice in reversed(range(len(func.Instrucciones))):
            if type(func.Instrucciones[índice]) is Llama and \
                        func.Instrucciones[índice].FuncId is not None:
                if func.Instrucciones[índice].FuncId >= len(funcs) or \
                        len(funcs[func.Instrucciones[
                                índice].FuncId].Instrucciones) == 0:
                    del func.Instrucciones[índice]
...
```

Luego realizaremos esa misma optimización sobre las instrucciones *llama* en el programa principal antes de asignar a las funciones y a la función principal sus respectivos atributos.

```
...
                del func.Instrucciones[índice]

    for índice in reversed(range(len(temp))):
        if type(temp[índice]) is Llama and \
                    temp[índice].FuncId is not None:
            if temp[índice].FuncId >= len(funcs) or \
                        len(funcs[temp[
                                índice].FuncId].Instrucciones) == 0:
                del temp[índice]
...
    self.Principal = temp
    self.Funcs = funcs
```

Ahora podemos trasladar el código específico de *llama* desde la función de evaluación

```
def evaluar(self, cortadora, campo):
    for i, instrucción in enumerate(self.Principal):
        instrucción.ejecutar(cortadora, campo)
```

a *llama* y actualizarlo para que llame a la función apropiada, una vez más por razones de retrocompatibilidad.

```
class Llama:
...
    def ejecutar(self, cortadora, campo):
        funcId = 0 if self.FuncId is None else self.FuncId
        if len(self.Funcs) > funcId:
            self.Funcs[funcId].ejecutar(cortadora, campo)
```

El cambio final en la clase *Programa* es manejar múltiples funciones cuando se llama a print.

```
    def print(self):
        if self.Funcs is not None:
            for func in self.Funcs:
                if func.Id is not None and len(func.Instrucciones) == 0:
                    continue
                print(func)
        print(' '.join(map(str, self.Principal)))
```

También necesitamos soportar __str__ en *llama* con fines de visualización.

```
class Llama:
...
    def __str__(self):
        return "llama-{}".format(
            self.FuncId
            if self.FuncId is not None
            else 'func')
```

Por último, para tener una prueba, podemos crear una copia de la prueba de saltar y luego añadir *llama* y actualizar el constructor de Func.

```
    def test_corta_gira_salta_llama(self):
...
        geneSet = [lambda: Corta(),
                   lambda: Gira(),
                   lambda: Salta(random.randint(0, min(anchura, altura)),
                                 random.randint(0, min(anchura, altura))),
                   lambda: Func(expectLlama=True),
                   lambda: Llama(random.randint(0, 5))]
```

Ejecutar

Empieza construyendo programas altamente recursivos que requieren miles de pasos para cortar el campo

salida de muestra

```
4197 4195 4126 4125 4123 4235 4244 4242
4199 4223 4231 4130 4271 4270 4268 4240
4190 4225 4230 4116 4273 4275 4276 4171
4258 4266 4256 4254 4162 4161 4175 4170
4260 4265 4251 4252 4207 4166 4176 4168
4261 4263 4185 4211 4206 4140 4135 4100
4150 4178 4180 4221 4220 4218 4133 4109
4152 4154 4145 4213 4215 4216 4105 C>
64 segados con 21 instrucciones y 4250 pasos     17,9036
func0: gira corta
func1: salta(1,5) corta salta(2,4) llama-0 corta gira salta(5,7) corta llama-0 corta
    llama-1
llama-1 gira salta(1,8)
```

Al final descubre que, eliminando la recursión, reduce el número de pasos, aunque eso puede tardar *horas*.

salida de muestra

```
79 78 77 75 57 56 55 53
81 62 40 74 38 37 36 52
82 63 42 73 17 16 14 51
83 64 43 72 46 47 48 49
101 100 99 98 97 95 12 31
103 66 68 69 21 94 11 30
104 88 89 90 91 92 10 29
Cv  3  4  5 23 25 26 27
64 segados con 30 instrucciones y 105 pasos  2319,30103
func0: salta(3,0)
func1: salta(3,4)
func2: llama-4
func3: corta corta gira corta corta corta corta
func4: llama-3 llama-3 corta gira salta(3,7) llama-3 llama-3
llama-1 llama-2 llama-4 llama-4 llama-4
```

La solución es evitar la recursión en primer lugar.

Ejercicio

La recursión se puede evitar fácilmente si cambiamos la implementación de manera que *llama* sólo sea válido si referencia a un Func que tenga un índice mayor (o menor si lo prefieres) que la función en la que esté *llama*, excluyendo la función principal. Puedes hacerlo en el paso de limpieza al construir el *Programa*. Haz este cambio y podrás ver el poder de las FDAs.

Resumen

En este proyecto, vimos algunas de las estructuras de control usadas en las instrucciones de programación genética, acabando al final con las funciones definidas automáticamente. Esto nos dio una idea de su posible utilidad en otros proyectos. También amplió enormemente el ámbito de los proyectos a los que podemos aplicar los algoritmos genéticos. ¡Bienvenido a la programación genética!

Circuitos lógicos

Las puertas lógicas son los componentes básicos de los circuitos lógicos. En este proyecto, vamos a usar un algoritmo genético para combinar las puertas lógicas en circuitos funcionales.

Infraestructura del circuito

Como en el proyecto de la cortadora de césped, tiene sentido que nuestro fenotipo deba tener comportamientos, por lo que usaremos objetos. Al igual que en ese proyecto, construiremos la infraestructura en un archivo separado. Empezaremos creando puertas lógicas para NOT y AND.

Puertas NOT y AND

La puerta NOT toma una entrada booleana y devuelve su opuesto; es decir, True si la entrada es False, y False si la entrada es True.

entrada	salida
0	1
1	0

Como nuestra entrada no será un valor booleano simple, sino una puerta previa del circuito, cuando se le pida su salida, la puerta NOT primero pedirá a la puerta previa su valor y, luego, devolverá el opuesto.

circuitos.py

```
class Not:
    def __init__(self, entrada):
        self._entrada = entrada

    def obtener_salida(self):
        return not self._entrada.obtener_salida()
```

La puerta AND toma dos entradas booleanas, A y B, y devuelve True si ambas son True. De lo contrario devuelve False.

entradas		salida
A	B	
0	0	0
0	1	0
1	0	0
1	1	1

Como la puerta NOT, la puerta AND debe pedir sus valores a las puertas que le proporcionan su entrada antes de proporcionar su salida.

```
class And:
    def __init__(self, entradaA, entradaB):
        self._entradaA = entradaA
        self._entradaB = entradaB

    def obtener_salida(self):
        aValor = self._entradaA.obtener_salida()
        bValor = self._entradaB.obtener_salida()
        return aValor and bValor
```

Además de puertas lógicas, el circuito también contendrá referencias a las entradas A y B de origen que estamos probando. Necesitamos ser capaces de cambiar los valores de origen para comprobar la aptitud del circuito, por lo que le pasaremos una referencia a un contenedor cuyo contenido podamos modificar externamente.

```
class Fuente:
    def __init__(self, fuenteId, contenedorDeFuentes):
        self._fuenteId = fuenteId
        self._contenedorDeFuentes = contenedorDeFuentes

    def obtener_salida(self):
        return self._contenedorDeFuentes[self._fuenteId]
```

Usaremos una nueva estructura para el genotipo, un nodo de árbol que contiene el tipo de puerta y los índices de 2 nodos de árbol hijo (entradas potenciales).

pruebas.py

```
class Nodo:
    def __init__(self, crearPuerta, índiceA=None, índiceB=None):
        self.CrearPuerta = crearPuerta
        self.ÍndiceA = índiceA
        self.ÍndiceB = índiceB
```

Nodos a circuito

Ahora escribiremos la función que construye el circuito.

```
def nodos_a_circuito(nodos):
    circuito = []
```

Recorre todos los nodos en un bucle empezando por los nodos hoja y avanza hacia la raíz mientras conecta las puertas lógicas.

```
    for i, nodo in enumerate(nodos):
```

Usando lo que aprendimos en el último proyecto, podemos evitar la recursión por diseño con la convención de que los índices hijo sólo son válidos si son inferiores al índice del nodo.

```
        entradaA = circuito[
            nodo.ÍndiceA] if nodo.ÍndiceA is not None \
                            and i > nodo.ÍndiceA else None
        entradaB = circuito[
            nodo.ÍndiceB] if nodo.ÍndiceB is not None \
                            and i > nodo.ÍndiceB else None
```

Por último, actualizamos el circuito creando la puerta. El circuito que usaremos acaba totalmente conectado y en el último índice del arreglo. También puede haber circuitos latentes en el arreglo cuando terminemos.

```
        circuito.append(nodo.CrearPuerta(entradaA, entradaB))
    return circuito[-1]
```

Ten en cuenta que, como las entradas A y B pueden ser ambas None, eso puede provocar que las puertas NOT y AND sean instanciadas con entradas None, por lo que debemos hacernos cargo de esa situación. Una entrada None hace que la salida de la puerta sea inválida, por lo que haremos que devuelva None cuando eso ocurra.

circuitos.py

```
class And:
...
    def obtener_salida(self):
        if self._entradaA is None or self._entradaB is None:
            return None
        aValor = self._entradaA.obtener_salida()
        bValor = self._entradaB.obtener_salida()
        return aValor and bValor
```

```
class Not:
...
    def obtener_salida(self):
        if self._entrada is None:
            return None
        return not self._entrada.obtener_salida()
```

Ese cambio nos fuerza a manejar la posibilidad de que la puerta de entrada no sea None pero devuelva None:

```
class Not:
...
    def obtener_salida(self):
        if self._entrada is None:
            return None
        valor = self._entrada.obtener_salida()
        if valor is None:
            return None
        return not valor
```

```
class And:
...
    def obtener_salida(self):
        if self._entradaA is None or self._entradaB is None:
            return None
        aValor = self._entradaA.obtener_salida()
        if aValor is None:
            return None
        bValor = self._entradaB.obtener_salida()
        if bValor is None:
            return None
        return aValor and bValor
```

Ahora tenemos lo que necesitamos para construir un circuito, proporcionar entradas a un circuito y comprobar la salida. Estamos listos para probarlo.

Generar OR

Para la primera prueba, vamos a usar un algoritmo genético para generar un circuito que se comporte como una puerta OR. Una puerta OR toma dos entradas booleanas y devuelve True si cualquiera de ellas es True, o False en caso contrario. Podemos usar la siguiente tabla de verdad para ver la salida esperada de cada combinación de entradas.

En nuestra función de prueba, convertimos la tabla a un arreglo de reglas que se pueden usar para evaluar la aptitud de un circuito.

entradas		salida
A	B	
0	0	0
0	1	1
1	0	1
1	1	1

pruebas.py

```
import unittest

class PruebasDeCircuitos(unittest.TestCase):
    def test_generar_OR(self):
        reglas = [[[False, False], False],
                  [[False, True], True],
                  [[True, False], True],
                  [[True, True], True]]
...
        self.encontrar_circuito(reglas, longitudÓptima)
```

Eso implica una función que encuentra el circuito

```
    def encontrar_circuito(self, reglas, longitudEsperada):
        def fnObtenerAptitud(genes):
            return obtener_aptitud(genes, reglas, self.entradas)
...
```

y una propiedad para contener las entradas, que es creada antes de la ejecución de la primera prueba.

```
class PruebasDeCircuitos(unittest.TestCase):
    @classmethod
    def setUpClass(cls):
        cls.entradas = dict()
...
```

Ahora tenemos lo que necesitamos para construir la función de aptitud.

Aptitud

Para calcular la aptitud, necesitamos construir el circuito a partir de los nodos y luego usar las entradas de cada regla para probar el circuito y contar cuántas reglas puede cumplir el circuito.

```
def obtener_aptitud(genes, reglas, entradas):
    circuito = nodos_a_circuito(genes)
    etiquetasDeFuente = "AB"
    reglasExitosas = 0
    for regla in reglas:
        entradas.clear()
        entradas.update(zip(etiquetasDeFuente, regla[0]))
        if circuito.obtener_salida() == regla[1]:
            reglasExitosas += 1
    return reglasExitosas
```

Mostrar

Queremos mostrar el circuito coincidente, por lo que necesitamos añadir funciones __str__ a las clases puerta y origen. Si la puerta tiene entradas inválidas, entonces mostraremos un signo de interrogación.

circuitos.py

```
class Not:
...
    def __str__(self):
        if self._entrada is None:
            return "Not(?)"
        return "Not({})".format(self._entrada)
```

```
class And:
...
    def __str__(self):
        if self._entradaA is None or self._entradaB is None:
            return "And(?)"
        return "And({} {})".format(self._entradaA, self._entradaB)
```

```
class Fuente:
...
    def __str__(self):
        return self._fuenteId
```

Esto produce una salida como la siguiente:

salida de muestra

```
Not(And(Not(B) And(Not(A) Not(B))))
```

Ahora lo juntaremos todo en la función mostrar:

pruebas.py

```
import datetime
...
def mostrar(candidato, horaInicio):
    circuito = nodos_a_circuito(candidato.Genes)
    diferencia = (datetime.datetime.now() - horaInicio).total_seconds()
    print("{}\t{}\t{}".format(
        circuito,
        candidato.Aptitud,
        diferencia))
```

```
    def encontrar_circuito(self, reglas, longitudEsperada):
        horaInicio = datetime.datetime.now()

        def fnMostrar(candidato):
            mostrar(candidato, horaInicio)
...
```

Crear

Los objetos de nuestros genes son complejos, por lo que usaremos una función especial para crearlos.

```python
    def encontrar_circuito(self, reglas, longitudEsperada):
...
        def fnCrearGen(índice):
            return crear_gen(índice, self.geneSet)
...
```

Ahora podemos completar el banco de pruebas rellenando el conjunto de genes.

```python
import circuitos
...
class PruebasDeCircuitos(unittest.TestCase):
...
    def setUpClass(cls):
        cls.entradas = dict()
        cls.geneSet = [[circuitos.And, circuitos.And],
                       [lambda i1, i2: circuitos.Not(i1), circuitos.Not],
                       [lambda i1, i2: circuitos.Fuente('A', cls.entradas),
                        circuitos.Fuente],
                       [lambda i1, i2: circuitos.Fuente('B', cls.entradas),
                        circuitos.Fuente]]
...
```

Escogerá los valores de los índices de los hijos relativos al índice donde será insertado el nodo para que sea más probable que sean válidos cuando sean convertidos a un circuito. También intentaremos hacer que los índices de entrada sean diferentes para poder reducir el desperdicio de puertas como And(A A).

```python
import random
...
def crear_gen(índice, geneSet):
    tipoDePuerta = random.choice(geneSet)
    índiceA = índiceB = None
    if tipoDePuerta[1].recuento_de_entradas() > 0:
        índiceA = random.randint(0, índice)
    if tipoDePuerta[1].recuento_de_entradas() > 1:
        índiceB = random.randint(0, índice) if índice > 1 else 0
        if índiceB == índiceA:
            índiceB = random.randint(0, índice)
    return Nodo(tipoDePuerta[0], índiceA, índiceB)
```

Eso implica añadir una función que cuente las entradas a las clases origen y puerta.

circuitos.py

```
class Fuente:
...
    @staticmethod
    def recuento_de_entradas():
        return 0
```

```
class Not:
...
    @staticmethod
    def recuento_de_entradas():
        return 1
```

```
class And:
...
    @staticmethod
    def recuento_de_entradas():
        return 2
```

Mutar

Luego añadiremos una función de mutación personalizada.

pruebas.py

```
    def encontrar_circuito(self, reglas, longitudEsperada):
...
        def fnMutar(genes):
            mutar(genes, fnCrearGen)
...
```

Para ser eficientes en la función de mutación, sólo queremos cambiar los nodos que realmente usamos en el circuito. Podemos acumularlos mientras construimos el circuito. El cambio en la función que construye el circuito es añadir un arreglo de seguimiento en el que cada elemento contenga el conjunto de índices de nodos que son usados para construir el circuito correspondiente.

```
def nodos_a_circuito(genes):
    circuito = []
    índicesUsados = []                                               <==
    for i, nodo in enumerate(genes):
        usados = {i}                                                 <==
        entradaA = entradaB = None
        if nodo.ÍndiceA is not None and i > nodo.ÍndiceA:
            entradaA = circuito[nodo.ÍndiceA]
            usados.update(índicesUsados[nodo.ÍndiceA])               <==
            if nodo.ÍndiceB is not None and i > nodo.ÍndiceB:
                entradaB = circuito[nodo.ÍndiceB]
                usados.update(índicesUsados[nodo.ÍndiceB])           <==
        circuito.append(nodo.CrearPuerta(entradaA, entradaB))
        índicesUsados.append(usados)                                 <==
    return circuito[-1], índicesUsados[-1]                           <==
```

Eso requiere su correspondiente cambio en la función de aptitud

```
def obtener_aptitud(genes, reglas, entradas):
    circuito = nodos_a_circuito(genes)[0]
...
```

y la función mostrar.

```
def mostrar(candidato, horaInicio):
    circuito = nodos_a_circuito(candidato.Genes)[0]
...
```

Ahora podemos llamar al constructor del circuito para obtener la lista de los índices de nodos y usarlos como candidatos para la mutación.

```
def mutar(genesDelNiño, fnCrearGen):
    cuenta = random.randint(1, 5)
    while cuenta > 0:
        cuenta -= 1
        índicesUsados = [i for i in nodos_a_circuito(genesDelNiño)[1]]
        índice = random.choice(índicesUsados)
        genesDelNiño[índice] = fnCrearGen(índice)
```

Crear

También necesitamos una función de creación personalizada. Es lo bastante simple para añadirla inline.

```
    def encontrar_circuito(self, reglas, longitudEsperada):
...
        longitudMáxima = longitudEsperada

        def fnCrear():
            return [fnCrearGen(i) for i in range(longitudMáxima)]
...
```

Circuito OR óptimo

Para construir la solución óptima, volvamos a consultar la tabla de verdad de la puerta OR.

entradas		salida
A	B	
0	0	0
0	1	1
1	0	1
1	1	1

Si pudiéramos negar la primera fila, tendríamos un circuito que funciona para las cuatro reglas. NOT A AND NOT B devolvería False. Si aplicamos NOT a eso, obtenemos un circuito que funciona para las cuatro reglas:

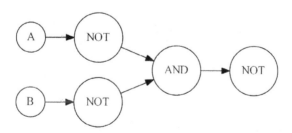

Usaremos el número de nodos en ese circuito para limitar el número de nodos que usamos.

```
    def test_generar_OR(self):
...
        longitudÓptima = 6
        self.encontrar_circuito(reglas, longitudÓptima)
```

Finalmente, llamamos al motor genético.

```
import genetic
...
    def encontrar_circuito(self, reglas, longitudEsperada):
...
        mejor = genetic.obtener_mejor(
            fnObtenerAptitud, None, len(reglas), None, fnMostrar,
            fnMutar, fnCrear, tamañoDePiscina=3)
        self.assertTrue(mejor.Aptitud == len(reglas))
        self.assertFalse(len(nodos_a_circuito(mejor.Genes)[1])
                    > longitudEsperada)
```

Ejecutar

Cuando ejecutamos la prueba, ésta encuentra la solución óptima cada vez.

```
Not(And(?)) 0   0,0
Not(B)  1   0,0
And(B B)    3   0,001004
Not(And(Not(A) Not(B))) 4   9,581228
```

¡Genial!

Generar XOR

Ahora veamos si podemos generar un circuito que se comporte como una puerta XOR (OR exclusivo). Una puerta XOR devuelve True si las entradas son diferentes. De lo contrario devuelve False.

entradas		salida
A	B	
0	0	0
0	1	1
1	0	1
1	1	0

Empezaremos construyendo una nueva prueba con esas reglas.

```
    def test_generar_XOR(self):
        reglas = [[[False, False], False],
                  [[False, True], True],
                  [[True, False], True],
                  [[True, True], False]]
...
```

Al comparar la tabla de verdad de la puerta XOR con la de la puerta OR, observamos que la única diferencia es la última regla. Esto significa que, para determinar la solución óptima para la puerta XOR, podemos empezar con el circuito de la puerta OR, Not(And(Not(A) Not(B))) (círculos a continuación), y aplicar la operación AND a eso con el opuesto de un circuito que produzca la cuarta regla, Not(And(A B)). He aquí una representación visual:

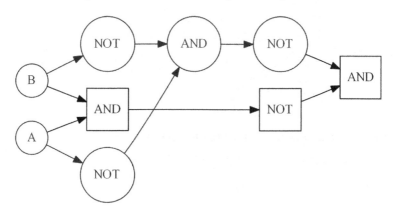

El número estricto de nodos en el circuito es 9, o 11 si contamos dos veces los nodos origen (A y B). Eso nos permite terminar de escribir la prueba de XOR:

```
...
        self.encontrar_circuito(reglas, 9)
```

Ejecutar

Al ejecutar la prueba casi siempre se atasca.

```
And(B And(B B))  2    0,001003
Not(And(B A))    3    0,014127
And(Not(And(Not(A) Not(B))) Not(And(A B)))   4    584,378545
```

¿Puedes pensar en alguna manera de poder aprovechar nuestro conocimiento del espacio del problema para mejorar el rendimiento del algoritmo genético? Antes de seguir leyendo, dedica más o menos media hora a experimentar.

Mejora de rendimiento

La siguiente es una de las mejoras más fáciles de implementar. Observa que los orígenes ocupan 2 de los 4 espacios en el conjunto de genes. Esto significa que, de media, acaban ocupando la mitad de los espacios en el *Cromosoma*, lo que hace muy difícil que el motor construya un circuito complejo. La solución es separar los orígenes de las puertas y usar sólo una copia de cada uno de los orígenes, ya que se pueden referenciar por el índice desde cualquier nodo con un índice mayor.

```python
class PruebasDeCircuitos(unittest.TestCase):
    @classmethod
    def setUpClass(cls):
        cls.entradas = dict()
        cls.puertas = [[circuitos.And, circuitos.And],
                       [lambda i1, i2: circuitos.Not(i1), circuitos.Not]]
        cls.fuentes = [[lambda i1, i2: circuitos.Fuente('A', cls.entradas),
                        circuitos.Fuente],
                       [lambda i1, i2: circuitos.Fuente('B', cls.entradas),
                        circuitos.Fuente]]
```

Luego pasamos ambos a la función que crea los genes:

```python
    def encontrar_circuito(self, reglas, longitudEsperada):
...
        def fnCrearGen(índice):
            return crear_gen(índice, self.puertas, self.fuentes)
...
```

Después cambiamos esa función de manera que los orígenes sólo se añadan al principio del arreglo de nodos, dejando el resto de los índices para las puertas.

```python
def crear_gen(índice, puertas, fuentes):
    if índice < len(fuentes):                                    <==
        tipoDePuerta = fuentes[índice]
    else:
        tipoDePuerta = random.choice(puertas)
...
    if tipoDePuerta[1].recuento_de_entradas() > 1:
        índiceB = random.randint(0, índice) \
            if índice > 1 and índice >= len(fuentes) else 0        <==
        if índiceB == índiceA:
...
```

También podemos usar nuestro conocimiento de las ubicaciones de los orígenes en la secuencia de genes para reducir el desperdicio evitando que la función de mutación acceda a
esos nodos.

```python
    def encontrar_circuito(self, reglas, longitudEsperada):
...

        def fnMutar(genes):
            mutar(genes, fnCrearGen, fnObtenerAptitud, len(self.fuentes))
...
```

También comprobaremos la aptitud y regresaremos antes si encontramos una mejora.

```python
def mutar(genesDelNiño, fnCrearGen, fnObtenerAptitud, fuenteCount):
    cuenta = random.randint(1, 5)
    aptitudInicial = fnObtenerAptitud(genesDelNiño)                  <==
    while cuenta > 0:
        cuenta -= 1
        índicesUsados = [i for i in nodos_a_circuito(genesDelNiño)[1]    <==
                         if i >= fuenteCount]
        if len(índicesUsados) == 0:
            return
        índice = random.choice(índicesUsados)
        genesDelNiño[índice] = fnCrearGen(índice)
        if fnObtenerAptitud(genesDelNiño) > aptitudInicial:            <==
            return
```

Estos cambios permiten que el motor encuentre la solución cada vez.

```
And(?)  0    0,001005
Not(And(B Not(B)))  2    0,001005
And(Not(B) Not(Not(A))) 3    0,004011
And(Not(And(Not(B) Not(A))) Not(And(B A)))  4    2,235138
```

¡Muy bien!

Generar A XOR B XOR C

Hemos visto que el algoritmo genético puede generar un circuito que cumple las 4 reglas exigidas para 2 orígenes. Probemos ahora un circuito que usa 3 orígenes. Esto significa que tendrá 2^3 (8) reglas. El circuito que intentaremos reproducir es A XOR B XOR C.

entradas			salida
A	B	C	
0	0	0	0
0	0	1	1
0	1	0	1
0	1	1	0
1	0	0	1
1	0	1	0
1	1	0	0
1	1	1	1

Dada esa información, podemos empezar a escribir la prueba.

```
def test_generar_AxBxC(self):
    reglas = [[[False, False, False], False],
              [[False, False, True], True],
              [[False, True, False], True],
              [[False, True, True], False],
              [[True, False, False], True],
              [[True, False, True], False],
              [[True, True, False], False],
              [[True, True, True], True]]
    self.fuentes.append(
        [lambda l, r: circuitos.Fuente('C', self.entradas),
         circuitos.Fuente])
...
```

Eso significa que también tenemos que añadir C a las etiquetas de los orígenes en la función de aptitud:

```
def obtener_aptitud(genes, reglas, entradas):
    circuito = nodos_a_circuito(genes)[0]
    etiquetasDeFuente = "ABC"
...
```

Como sabemos que podemos construir OR a partir de AND y NOT, añadiremos OR a las puertas con el fin de poder usarlo para ayudar a mantener el circuito final relativamente corto.

```
def test_generar_AxBxC(self):
...
    self.puertas.append([circuitos.Or, circuitos.Or])
...
```

La implementación de la puerta OR es casi idéntica a la de la puerta AND, así que vamos a extraer una clase base.

circuitos.py

```
class PuertaCon2Entradas:
    def __init__(self, entradaA, entradaB, etiqueta, fnPrueba):
        self._entradaA = entradaA
        self._entradaB = entradaB
        self._etiqueta = etiqueta
        self._fnPrueba = fnPrueba

    def obtener_salida(self):
        if self._entradaA is None or self._entradaB is None:
            return None
        aValor = self._entradaA.obtener_salida()
        if aValor is None:
            return None
        bValor = self._entradaB.obtener_salida()
        if bValor is None:
            return None
        return self._fnPrueba(aValor, bValor)

    def __str__(self):
        if self._entradaA is None or self._entradaB is None:
            return "{}(?)".format(self._etiqueta)
        return "{}({} {})".format(self._etiqueta, self._entradaA,
                                  self._entradaB)

    @staticmethod
    def recuento_de_entradas():
        return 2
```

Eso simplifica la implementación de la puerta AND:

```
class And(PuertaCon2Entradas):
    def __init__(self, entradaA, entradaB):
        super().__init__(entradaA, entradaB, type(self).__name__,
                         lambda a, b: a and b)
```

La implementación de la puerta OR es igual de fácil:

```
class Or(PuertaCon2Entradas):
    def __init__(self, entradaA, entradaB):
        super().__init__(entradaA, entradaB, type(self).__name__,
                         lambda a, b: a or b)
```

Después necesitamos solucionar el problema de cómo averiguar cuál es la solución óptima. Podríamos usar un Mapa de Karnaugh para reducir esas 8 reglas a un circuito mínimo, pero hacerlo para circuitos con *muchas* entradas es un lío. Así que encontremos otra manera. Históricamente, hemos usado una secuencia de genes de longitud variable cuando no sabíamos cuántos genes necesitábamos pero, como puede que hayas observado, usar nodos de árbol hace que la longitud sea adaptativa si le proporcionamos suficientes índices con los que trabajar. Así que vamos a aprovechar esta oportunidad para introducir una nueva técnica de aprendizaje automático.

Algoritmo de escalada

El algoritmo de escalada es una técnica popular de exploración del espacio del problema en la que un rasgo del *Cromosoma* es ajustado incrementalmente hasta que se encuentra una solución mejor o se detecta un mínimo/máximo local, en cuyo punto el proceso se repite con un rasgo diferente. Algunas variantes cambian cualquier rasgo siempre y cuando sólo afecte a un único fragmento de datos, que puede ser más pequeño que un gen. Un ejemplo de nuestro proyecto actual sería cambiar únicamente el tipo de puerta o sólo uno de los índices de un nodo en lugar de sustituir el nodo entero como estamos haciendo ahora. Ten en cuenta que el algoritmo de escalada no siempre encuentra la solución óptima, por lo que puede ser necesario complementarlo con el recocido simulado.

Implementaremos el algoritmo de escalada en el módulo genetic de manera que sea reutilizable. Empezando por la definición de la función, incluye la función de optimización a la que llamará, una función para probar si se ha encontrado una mejora, una función para probar si la mejora es óptima para poder parar, una función que obtiene el valor del siguiente rasgo, una función mostrar, y el valor inicial del rasgo que estamos intentando optimizar.

genetic.py

```
def ascenso_de_la_colina(funciónDeOptimización, es_mejora, es_óptimo,
                         obtener_valor_de_característica_siguiente, mostrar,
                         valorInicialDeCaracterística):
```

Obtenemos el resultado inicial. Después, para evitar el exceso de información, redireccionamos la salida al igual que hacemos al ejecutar un benchmark, y sólo la restablecemos para las llamadas a la función mostrar.

```
mejor = funciónDeOptimización(valorInicialDeCaracterística)
stdout = sys.stdout
sys.stdout = None
```

Una vez que tenemos un resultado, entramos en un bucle donde seguiremos obteniendo nuevos resultados hasta encontrar uno que sea óptimo.

```
while not es_óptimo(mejor):
    valorDeCaracterística = obtener_valor_de_característica_siguiente(
        mejor)
    niño = funciónDeOptimización(valorDeCaracterística)
```

Cuando encontramos una mejora, ésta se convierte en el nuevo mejor valor y lo mostramos.

```
if es_mejora(mejor, niño):
    mejor = niño
    sys.stdout = stdout
    mostrar(mejor, valorDeCaracterística)
    sys.stdout = None
```

Si encontramos la solución óptima, la devolvemos.

```
sys.stdout = stdout
return mejor
```

Añadir el algoritmo genético al banco de pruebas

Ahora necesitamos construir las entradas que vamos a pasar a la función del algoritmo de escalada. Empezaremos envolviendo la llamada actual a obtener_mejor en una nueva función. Ésta será la función de optimización. Le daremos un máximo de 50 puertas con las que trabajar y veremos lo que encuentra.

pruebas.py

```
    def encontrar_circuito(self, reglas, longitudEsperada):
...
        longitudMáxima = 50
...
        def fnFunciónDeOptimización(longitudVariable):
            nonlocal longitudMáxima
            longitudMáxima = longitudVariable
            return genetic.obtener_mejor(
                fnObtenerAptitud, None, len(reglas), None, fnMostrar,
                fnMutar, fnCrear, tamañoDePiscina=3, segundosMáximos=30)
```

Yo le di 30 segundos para intentar encontrar una mejora, pero tú quizás puedas usar un valor menor. El rasgo que estamos optimizando es el número de nodos del circuito. Necesitamos que éste llegue a la función de creación de genes. Lo haremos transfiriéndolo a la variable de longitud máxima existente que ya se pasa a esa función.

Luego necesitamos una función que pueda saber si el nuevo resultado es mejor que el mejor actual. Devolvemos True si se cumplen todas las reglas y el número de puertas usadas en el nuevo resultado es menor que el del mejor resultado actual, de lo contrario False.

```
        def fnEsUnaMejora(mejorActual, niño):
            return niño.Aptitud == len(reglas) and \
                   len(nodos_a_circuito(niño.Genes)[1]) < \
                   len(nodos_a_circuito(mejorActual.Genes)[1])
```

También necesitamos una función que pueda saber si hemos encontrado la solución óptima conocida. Ten en cuenta que, si no conocemos el valor óptimo, podemos simplemente usar un valor imposiblemente bajo y dejar que se ejecute hasta que estemos listos para detenerlo.

```
        def fnEsÓptimo(niño):
            return niño.Aptitud == len(reglas) and \
                   len(nodos_a_circuito(niño.Genes)[1]) <= longitudEsperada
```

En cuanto a mostrar, podemos simplemente añadir un parámetro opcional a la función de mostrar existente para el valor del rasgo. Cuando se le asigna un valor, mostramos el número de nodos usados en el mejor nuevo circuito.

```
def fnMostrar(candidato, longitud=None):
    if longitud is not None:
        print("-- nodos distintos en el circuito:",
                len(nodos_a_circuito(candidato.Genes)[1]))
    mostrar(candidato, horaInicio)
```

Cuando se encuentra una mejora, hacemos que el número de nodos en ese circuito sea el nuevo valor a superar.

```
def fnObtenerValorDeCaracterísticaSiguiente(mejorActual):
    return len(nodos_a_circuito(mejorActual.Genes)[1])
```

Al final, llamamos a la función del algoritmo de escalada.

```
mejor = genetic.ascenso_de_la_colina(
    fnFunciónDeOptimización, fnEsUnaMejora, fnEsÓptimo,
    fnObtenerValorDeCaracterísticaSiguiente, fnMostrar,
    longitudMáxima)
self.assertTrue(mejor.Aptitud == len(reglas))
self.assertFalse(len(nodos_a_circuito(mejor.Genes)[1])
                    > longitudEsperada)
```

Ahora por fin podemos finalizar la implementación de la prueba.

```
    def test_generar_AxBxC(self):
...
        self.encontrar_circuito(reglas, 12)
```

Ejecutar

Verifiquemos primero que funcionan las pruebas de OR y XOR.

resultado de muestra de la prueba OR

```
And(And(And(And(?) Not(And(?))) Not(Not(And(?)))) And(Not(And(?)) Not(And(?)))) 0
    0,0
Not(Not(B)) 3   0,004012
Not(And(Not(And(Not(A) B)) And(Not(Not(Not(Not(Not(A)))))) Not(B)))) 4   0,013128
-- nodos distintos en el circuito: 8
Not(And(Not(B) And(Not(B) Not(A)))) 4   0,021112
-- nodos distintos en el circuito: 6
Not(And(Not(A) Not(B))) 4   0,080303
```

resultado de muestra de la prueba XOR

```
Not(And(?)) 0   0,001003
Not(And(And(Not(And(A B)) And(Not(Not(And(A B))) Not(And(A B)))) A))   2   0,003008
And(Not(And(A And(A B))) Not(Not(Not(And(A B)))))   3   0,007047
And(Not(And(Not(A) Not(B))) Not(And(And(And(B And(B A)) And(B A)) Not(Not(And(B A)))
    )) 4   0,287776
-- nodos distintos en el circuito: 9
And(Not(And(B A)) Not(And(Not(B) Not(A))))   4   2,833747
```

Ahora veamos cómo funciona con A XOR B XOR C.

```
And(Or(?) Not(Not(C)))   0   0,001001
And(And(Not(C) And(And(Not(A) B) Not(Not(Not(C))))) Not(A)) 5   0,006120
And(And(Not(And(B Or(A C))) Not(A)) Not(And(Not(C) Not(Or(B And(B Or(A C)))))))  6
    0,470108
And(Or(Not(Or(And(A And(A C)) And(Or(A C) B))) And(And(And(And(A C) Or(A C)) B) And(
    Not(Not(Or(And(A And(A C)) And(Or(A C) B)))) And(Or(A C) B)))) Or(And(Or(A C) Not
    (Or(And(A And(A C)) And(Or(A C) B)))) B))   8   2,133227
-- nodos distintos en el circuito: 13
And(Not(And(Or(B C) And(A Or(Not(C) Not(B))))) Or(A And(Or(Not(C) Not(B)) Or(B C))))
    8   50,958561
-- nodos distintos en el circuito: 12
Or(And(Or(A C) Not(Or(And(A C) B))) And(B Or(And(A C) Not(Or(A C)))))   8   64,648605
```

¡Excelente!

Si tarda un tiempo excesivamente largo en encontrar el resultado en tu ordenador, puede que necesites aumentar el número de segundos de ejecución en cada pasada de optimización.

Generar un sumador de 2 bits

Ahora algo más interesante, un sumador de 2 bits. Un sumador de 2 bits puede sumar dos números en el rango 0..3 para obtener un resultado en el rango 0..6. Esto significa que necesitamos 4 orígenes, A y B para el primer número, y C y D para el segundo. También necesitamos 3 bits de resultado para los bits de resultado del 4, el 2 y el 1. 4 entradas de orígen significa que tendremos 2^4 (16) reglas. Aquí está la tabla de verdad.

entrada 1		entrada 2		salidas			ecuación
A (del 2)	B (del 1)	C (del 2)	D (del 1)	del 4	del 2	del 1	$0 + 0 = 0$
0	0	0	0	0	0	0	$0 + 0 = 0$
0	0	0	1	0	0	1	$0 + 1 = 1$
0	0	1	0	0	1	0	$0 + 2 = 2$
0	0	1	1	0	1	1	$0 + 3 = 3$
0	1	0	0	0	0	1	$1 + 0 = 1$
0	1	0	1	0	1	0	$1 + 1 = 2$
0	1	1	0	0	1	1	$1 + 2 = 3$
0	1	1	1	1	0	0	$1 + 3 = 4$
1	0	0	0	0	1	0	$2 + 0 = 2$
1	0	0	1	0	1	1	$2 + 1 = 3$
1	0	1	0	1	0	0	$2 + 2 = 4$
1	0	1	1	1	0	1	$2 + 3 = 5$
1	1	0	0	0	1	1	$3 + 0 = 3$
1	1	0	1	1	0	0	$3 + 1 = 4$
1	1	1	0	1	0	1	$3 + 2 = 5$
1	1	1	1	1	1	0	$3 + 3 = 6$

Podríamos cambiar el código para trabajar con bits de N-resultados, básicamente N-circuitos, pero podemos obtener el mismo resultado sin esa complejidad buscando el circuito de bits de cada resultado en una prueba separada y compartiendo el código de inicialización entre ellos. Podemos crear la función de inicialización a partir de la tabla de verdad anterior.

```
def obtener_reglas_para_sumador_de_2_bits_bit(self, bit):
    reglas = [[[0, 0, 0, 0], [0, 0, 0]], # 0 + 0 = 0
              [[0, 0, 0, 1], [0, 0, 1]], # 0 + 1 = 1
              [[0, 0, 1, 0], [0, 1, 0]], # 0 + 2 = 2
              [[0, 0, 1, 1], [0, 1, 1]], # 0 + 3 = 3
              [[0, 1, 0, 0], [0, 0, 1]], # 1 + 0 = 1
              [[0, 1, 0, 1], [0, 1, 0]], # 1 + 1 = 2
              [[0, 1, 1, 0], [0, 1, 1]], # 1 + 2 = 3
              [[0, 1, 1, 1], [1, 0, 0]], # 1 + 3 = 4
              [[1, 0, 0, 0], [0, 1, 0]], # 2 + 0 = 2
              [[1, 0, 0, 1], [0, 1, 1]], # 2 + 1 = 3
              [[1, 0, 1, 0], [1, 0, 0]], # 2 + 2 = 4
              [[1, 0, 1, 1], [1, 0, 1]], # 2 + 3 = 5
              [[1, 1, 0, 0], [0, 1, 1]], # 3 + 0 = 3
              [[1, 1, 0, 1], [1, 0, 0]], # 3 + 1 = 4
              [[1, 1, 1, 0], [1, 0, 1]], # 3 + 2 = 5
              [[1, 1, 1, 1], [1, 1, 0]]] # 3 + 3 = 6
    reglasDeBitN = [[regla[0], regla[1][2 - bit]] for regla in reglas]
...
```

Aquí aprovechamos una característica de Python que equipara 0 con False y 1 con True para simplificar la implementación. También necesitamos añadir C y D a los orígenes y, para mantener la brevedad de los resultados, usaremos una puerta OR y una puerta XOR.

```
...
        self.puertas.append([circuitos.Or, circuitos.Or])
        self.puertas.append([circuitos.Xor, circuitos.Xor])
        self.fuentes.append(
            [lambda l, r: circuitos.Fuente('C', self.entradas),
             circuitos.Fuente])
        self.fuentes.append(
            [lambda l, r: circuitos.Fuente('D', self.entradas),
             circuitos.Fuente])
        return reglasDeBitN
```

Después añadimos D a las etiquetas de origen en la función de aptitud.

```
def obtener_aptitud(genes, reglas, entradas):
    circuito = nodos_a_circuito(genes)[0]
    etiquetasDeFuente = "ABCD"
...
```

Aquí está la implementación de la puerta XOR.

circuitos.py

```
class Xor(PuertaCon2Entradas):
    def __init__(self, entradaA, entradaB):
        super().__init__(entradaA, entradaB, type(self).__name__,
                         lambda a, b: a != b)
```

Pruebas

Ahora estamos listos para añadir las pruebas que encuentran el circuito para cada bit.

pruebas.py

```
    def test_sumador_de_2_bits_bit_1(self):
        reglas = self.obtener_reglas_para_sumador_de_2_bits_bit(0)
        self.encontrar_circuito(reglas, 3)
```

```
    def test_sumador_de_2_bits_bit_2(self):
        reglas = self.obtener_reglas_para_sumador_de_2_bits_bit(1)
        self.encontrar_circuito(reglas, 7)
```

```
    def test_sumador_de_2_bits_bit_4s(self):
        reglas = self.obtener_reglas_para_sumador_de_2_bits_bit(2)
        self.encontrar_circuito(reglas, 9)
```

Ejecutar

Puede generar rápidamente la solución óptima para el bit del 1

solución de muestra para el bit del 1

```
Not(Or(And(?) C))    0    0,001003
Not(Or(Or(A C) C))   8    0,002006
And(Not(And(Xor(D Not(Not(Or(And(B D) C)))) And(A D))) Not(Not(Xor(D And(A And(B D))
    )))    9    0,007068
And(Not(Xor(Xor(Xor(D And(A And(B D))) A) Or(Xor(And(B D) Xor(D And(A And(B D)))) Not
    (Or(And(B D) C)))))) Not(Not(Xor(D And(A And(B D))))))  10   0,009073
And(Not(Xor(Xor(Xor(D Xor(And(A D) B)) A) Or(Not(A) Not(Or(And(B D) C))))) Not(Not(
    Xor(D Xor(And(A D) B)))))    11   0,014086
Or(Xor(D B) Xor(And(Xor(D B) Not(D)) A))    12   0,032165
Or(Xor(D B) And(Not(D) Xor(D B)))   16   0,035143
-- nodos distintos en el circuito: 3
Xor(D B)    16   0,036146
```

el bit del 2

solución de muestra para el bit del 2

```
Xor(Not(Not(B)) Xor(Or(?) Not(Not(B)))) 0   0,001010
Xor(Not(Not(B)) Xor(Not(B) Not(Not(B))))   8   0,003009
Xor(Not(Not(And(A Or(C A)))) Xor(Xor(B Xor(A C)) And(A Or(C A))))   12   0,006119
Xor(Xor(Xor(And(A D) B) And(And(B A) B)) Xor(Xor(B Xor(A C)) Or(And(B A) Xor(And(A D)
    B)))) 14  0,046253
Xor(Xor(Xor(And(B D) A) And(Xor(Not(C) C) B)) Xor(Xor(B Not(C)) Or(Xor(Not(C) C) Xor(
    And(B D) A)))) 16  0,338064
-- nodos distintos en el circuito: 8
Xor(And(B And(D B)) Xor(A C))   16   0,431277
-- nodos distintos en el circuito: 7
Xor(Xor(And(D B) C) A)  16  30,907710
```

y el bit del 4.

solución de muestra para el bit del 4

```
Or(Or(Or(Or(?) B) A) A) 0   0,001004
Not(Xor(Not(Not(A)) Not(Not(Or(Xor(A C) Not(A)))))) 8    0,002005
Not(Not(And(And(D And(D C)) And(A D)))) 12  0,007520
And(C Xor(Xor(B C) Or(Not(D) Not(And(And(A A) And(Xor(B C) Xor(B C))))))))   13
    0,193725
And(C Xor(Not(A) Or(And(A A) Not(A))))  14  0,224307
And(C Or(Not(Or(Not(A) Xor(A C))) And(B D)))    15  1,020520
And(And(Or(D And(C A)) Or(Not(Or(A Xor(Not(B) C))) Or(C And(Not(And(A Not(B))) B))))
    Or(A Xor(Not(B) C)))   16  11,065914
-- nodos distintos en el circuito: 13
And(Or(And(A C) And(Not(Not(D)) B)) Or(Xor(And(Not(Not(D)) A) Not(D)) C))    16
    15,089580
-- nodos distintos en el circuito: 10
Or(And(C A) And(And(B D) Or(Xor(A C) A)))   16  28,089024
-- nodos distintos en el circuito: 9
And(Or(C And(D B)) Or(And(C And(D B)) A))   16   75,223721
```

¡Excelente!

Retrospectiva

Los nodos de árboles se usan a menudo en lugar de los arreglos en la programación genética porque es mucho más fácil inyectar nueva funcionalidad entre dos nodos. Deberías ser capaz de adaptar la manera en que son usados los nodos de árboles en este proyecto al problema de la cortadora de césped. Una solución sería que todos los nodos usaran el primer nodo hijo para apuntar a la siguiente instrucción. Luego cada instrucción func podría definir sus instrucciones en el segundo nodo hijo, facilitándole las cosas al algoritmo genético para que modifique el contenido de la función.

También podrías implementar las puertas NAND y NOR para ver si mejoran las soluciones óptimas que encontramos en este proyecto.

Resumen

Este proyecto demostró cómo se pueden usar los nodos de árboles en un algoritmo genético tanto para los genotipos de longitud fija como para los de longitud variable. También introdujo el algoritmo de escalada, una técnica de optimización muy útil pero que puede necesitar mucho tiempo.

Expresiones regulares

El siguiente proyecto trata de crear un algoritmo genético que pueda desarrollar una expresión regular (regex) que coincida con todos los elementos en un conjunto de cadenas buscadas sin coincidir con ningún elemento en un conjunto de cadenas no buscadas.

Como probablemente sabes, los metacaracteres en las expresiones regulares tienen significados especiales. Por ejemplo, * significa repetir cero o más veces, + significa repetir al menos una vez, etc. Ve a experimentar con algunas secuencias sencillas y luego vuelve.

Prueba

El conjunto base de genes para el algoritmo genético incluirá cuatro de estos, que serán definidos en las variables globales dentro del archivo del algoritmo genético.

regex.py

```
metasDeRepetición = {'?', '*', '+'}
metasDeInicio = {'|'}
todosMetacaracteres = metasDeRepetición | metasDeInicio
```

Después, se definen en una prueba las cadenas que deberían coincidir con la expresión regular, y aquellas que no. Al algoritmo genético también se le proporciona una longitud de expresión regular dada que debe lograr. Esto evita que use simplemente el metacarácter | (o) para concatenar todas las cadenas buscadas.

```
import unittest

class PruebasDeRegex(unittest.TestCase):
    def test_dos_dígitos(self):
        deseadas = {"01", "11", "10"}
        noDeseadas = {"00", ""}
        self.encontrar_regex(deseadas, noDeseadas, 7)
```

Aptitud

La función de aptitud primero compila la expresión regular para ver si es válida o no. Si no lo es, devuelve un valor de aptitud comparativamente bajo.

```
import re
...
def obtener_aptitud(genes, deseadas, noDeseadas):
    patrón = ''.join(genes)
    longitud = len(patrón)

    try:
        re.compile(patrón)
    except re.error:
        return Aptitud(0, len(deseadas), len(noDeseadas), longitud)
```

De lo contrario, determina la aptitud de la expresión regular generada contando el número de cadenas buscadas y no buscadas que coinciden exactamente con la expresión regular.

```
    númeroDeDeseadosQueCoincidieron = sum(
        1 for i in deseadas if re.fullmatch(patrón, i))
    númeroDeNoDeseadosQueCoincidieron = sum(
        1 for i in noDeseadas if re.fullmatch(patrón, i))
    return Aptitud(númeroDeDeseadosQueCoincidieron, len(deseadas),
                   númeroDeNoDeseadosQueCoincidieron, longitud)
```

Como de costumbre, la función de aptitud tiene una función auxiliar asociada en el banco de pruebas:

```
    def encontrar_regex(self, deseadas, noDeseadas, longitudEsperada):
        def fnObtenerAptitud(genes):
            return obtener_aptitud(genes, deseadas, noDeseadas)
```

Este algoritmo genético usa un objeto *Aptitud* porque existen múltiples objetivos. Son: * maximizar el número de cadenas buscadas que coinciden, * minimizar el número de cadenas no buscadas que coinciden, y * minimizar la longitud de la expresión regular

```
class Aptitud:
    def __init__(self, númeroDeDeseadosQueCoincidieron, totalDeseado,
                 númeroDeNoDeseadosQueCoincidieron, longitud):
        self.NúmeroDeDeseadosQueCoincidieron = númeroDeDeseadosQueCoincidieron
        self._totalDeseado = totalDeseado
        self.NúmeroDeNoDeseadosQueCoincidieron = \
            númeroDeNoDeseadosQueCoincidieron
        self.Longitud = longitud
```

La función de comparación primero combina el número de cadenas buscadas que no coinciden con el número de cadenas no buscadas que coinciden. Cuando ese valor difiere, al algoritmo debería mantener el cromosoma con el total más pequeño. Eso logra los dos primeros objetivos permitiendo al mismo tiempo que varíe el número de cadenas buscadas y no buscadas que coinciden.

```
def __gt__(self, otro):
    conjunto = (self._totalDeseado -
                self.NúmeroDeDeseadosQueCoincidieron) + \
            self.NúmeroDeNoDeseadosQueCoincidieron
    otroConjunto = (otro._totalDeseado -
                    otro.NúmeroDeDeseadosQueCoincidieron) + \
                otro.NúmeroDeNoDeseadosQueCoincidieron
    if conjunto != otroConjunto:
        return conjunto < otroConjunto
```

Cuando la expresión regular no consigue hacer coincidir una o más cadenas buscadas, o coincide con una o más cadenas no buscadas, el algoritmo debería mantener la más nueva. Esto debería evitar que el algoritmo se quede con un cromosoma particularmente malo.

```
    éxito = conjunto == 0
    otroÉxito = otroConjunto == 0
    if éxito != otroÉxito:
        return éxito
    if not éxito:
        return False
```

De lo contrario, se elige la expresión regular más corta.

```
    return self.Longitud < otro.Longitud
```

La salida de la función __str__ hace que los valores sean fáciles de leer cuando se muestran.

```python
def __str__(self):
    return "coincide con: {} deseadas, y {} no deseadas, lon {}".format(
        "todas" if self._totalDeseado ==
                    self.NúmeroDeDeseadosQueCoincidieron else
        self.NúmeroDeDeseadosQueCoincidieron,
        self.NúmeroDeNoDeseadosQueCoincidieron,
        self.Longitud)
```

Mostrar

```python
import datetime
...
def mostrar(candidato, horaInicio):
    diferencia = (datetime.datetime.now() - horaInicio).total_seconds()
    print("{}\t{}\t{}".format(
        ''.join(candidato.Genes), candidato.Aptitud, diferencia))
```

salida esperada

```
01|11?*+    coincide con: 0 deseadas, y 2 no deseadas, lon 8    0,0
```

Después está la función auxiliar para el banco de pruebas.

```python
def encontrar_regex(self, deseadas, noDeseadas, longitudEsperada):
    horaInicio = datetime.datetime.now()

    def fnMostrar(candidato):
        mostrar(candidato, horaInicio)
...
```

Mutación

Como el algoritmo genético necesita ser capaz de cambiar la longitud de la expresión regular, se usa una función de mutación personalizada. La función de mutación tiene un bucle que se interrumpe antes de tiempo si produce una secuencia de genes con una aptitud mejorada.

```python
import random
...
def mutar(genes, fnObtenerAptitud, operadoresDeMutación,
          recuentoDeMutaciones):
    aptitudInicial = fnObtenerAptitud(genes)
```

El número de veces que se ejecuta el bucle es variable y depende de las pasadas del bucle que han tenido éxito anteriormente.

```
cuenta = random.choice(recuentoDeMutaciones)
for i in range(1, cuenta + 2):
```

La función de mutación recibe un arreglo de operadores que se pueden usar para modificar la secuencia de genes. En cada pasada del bucle, crea una copia temporal de los operadores y, luego, elige uno y lo usa para intentar modificar la secuencia de genes. El operador devuelve un valor booleano que indica si fue capaz de efectuar un cambio o no. Si no fue capaz, ese operador es eliminado de la copia temporal para que no sea probado otra vez en esa pasada.

```
duplo = operadoresDeMutación[:]
func = random.choice(duplo)
while not func(genes):
    duplo.remove(func)
    func = random.choice(duplo)
```

Cuando un operador efectúa un cambio, la aptitud de los genes cambiados se compara con la aptitud inicial. Si la aptitud mejora, entonces el número de pasadas del bucle variable se actualiza y el bucle se detiene.

```
if fnObtenerAptitud(genes) > aptitudInicial:
    recuentoDeMutaciones.append(i)
    return
```

Operadores de mutación

Los operadores de mutación predeterminados son: añadir, eliminar, sustituir, intercambiar y mover.

```python
def mutar_añadir(genes, geneSet):
    índice = random.randrange(0, len(genes) + 1) if len(genes) > 0 else 0
    genes[índice:índice] = [random.choice(geneSet)]
    return True
```

```python
def mutar_remover(genes):
    if len(genes) < 1:
        return False
    del genes[random.randrange(0, len(genes))]
    if len(genes) > 1 and random.randint(0, 1) == 1:
        del genes[random.randrange(0, len(genes))]
    return True
```

```python
def mutar_reemplazar(genes, geneSet):
    if len(genes) < 1:
        return False
    índice = random.randrange(0, len(genes))
    genes[índice] = random.choice(geneSet)
    return True
```

```python
def mutar_intercambiar(genes):
    if len(genes) < 2:
        return False
    índiceA, índiceB = random.sample(range(len(genes)), 2)
    genes[índiceA], genes[índiceB] = genes[índiceB], genes[índiceA]
    return True
```

```python
def mutar_mover(genes):
    if len(genes) < 3:
        return False
    principio = random.choice(range(len(genes)))
    fin = principio + random.randint(1, 2)
    aMover = genes[principio:fin]
    genes[principio:fin] = []
    índice = random.choice(range(len(genes)))
    if índice >= principio:
        índice += 1
    genes[índice:índice] = aMover
    return True
```

Observa que dos de las funciones tienen múltiples parámetros pero la función de mutación sólo los llama con una variable. Los parámetros específicos a la función (si los hay) se proporcionan cuando se crea la lista de operadores de mutación en el banco de pruebas, mediante el uso de la función `partial`.

> `partial` nos ofrece la capacidad de rellenar previamente o bloquear los parámetros de la función. Esto es útil cuando sabes que los parámetros no van a cambiar. Cuando la versión `partial` de esa función es llamada, sólo necesitas suministrar los parámetros restantes (si los hay).

```python
from functools import partial
...
    def encontrar_regex(self, deseadas, noDeseadas, longitudEsperada):
...
        recuentoDeMutaciones = [1]

        operadoresDeMutación = [
            partial(mutar_añadir, geneSet=geneSet),
            partial(mutar_reemplazar, geneSet=geneSet),
            mutar_remover,
            mutar_intercambiar,
            mutar_mover,
        ]

        def fnMutar(genes):
            mutar(genes, fnObtenerAptitud, operadoresDeMutación,
                    recuentoDeMutaciones)
```

Banco de pruebas

El banco de pruebas empieza añadiendo las letras únicas de cada una de las cadenas buscadas, así como las cadenas buscadas en sí mismas, al conjunto de símbolos de genes que el algoritmo puede usar para construir la expresión regular. De esa manera, el algoritmo no tiene problemas para reagrupar secuencias largas o palabras.

```python
import genetic
...
    def encontrar_regex(self, deseadas, noDeseadas, longitudEsperada):
        horaInicio = datetime.datetime.now()
        genesDeTexto = deseadas | set(c for w in deseadas for c in w)
        geneSet = [i for i in todosMetacaracteres | genesDeTexto]
```

Después vienen las funciones auxiliares, dadas previamente, y finalmente la llamada para ejecutar el motor.

```
              aptitudÓptima = Aptitud(len(deseadas), len(deseadas), 0,
                                      longitudEsperada)


          mejor = genetic.obtener_mejor(
              fnObtenerAptitud, max(len(i) for i in genesDeTexto),
              aptitudÓptima, geneSet, fnMostrar, fnMutar, tamañoDePiscina=10)
          self.assertTrue(not aptitudÓptima > mejor.Aptitud)
```

Ejecutar

resultado de muestra

```
+10 coincide con: 0 deseadas, y 2 no deseadas, lon 3     0,001003
111 coincide con: 0 deseadas, y 0 no deseadas, lon 3     0,001003
10  coincide con: 1 deseadas, y 0 no deseadas, lon 2     0,001003
10?1?   coincide con: 2 deseadas, y 0 no deseadas, lon 5    0,017079
11|10|01    coincide con: todas deseadas, y 0 no deseadas, lon 8    0,317880
1*0?10* coincide con: todas deseadas, y 0 no deseadas, lon 7    1,137309
```

¡Funcionó! Encontró una expresión regular exitosa en una fracción de segundo pero luego tuvo problemas durante un tiempo comparativamente largo para reducirla a la longitud solicitada. Una función de benchmark mostrará cuánto tiempo tarda de media.

```
def test_comparativa(self):
    genetic.Comparar.ejecutar(self.test_dos_dígitos)
```

media (segundos)	desviación estándar
0,70	1,02

Mejora de rendimiento

Mejorar el rendimiento de este algoritmo genético requiere revisar el bloque try..except en la función de aptitud, el que detecta las expresiones regulares no válidas. El siguiente cambio de código temporal permitirá determinar con qué frecuencia ocurre eso.

```
total = inválido = 0

def obtener_aptitud(genes, deseadas, noDeseadas):
    global total
    total += 1
...
    except re.error:
        global inválido
        inválido += 1
        return Aptitud(0, len(deseadas), len(noDeseadas), longitud)
```

```
    def encontrar_regex(self, deseadas, noDeseadas, longitudEsperada):
...
        self.assertTrue(not aptitudÓptima > mejor.Aptitud)
        print(
            "El {}% de las {} expresiones regulares generadas eran "
            "inválidas".format(int(100 * inválido / total), total))
```

Ejecutar la prueba varias veces produce resultados como los siguientes:

resultados de muestra

```
El 18% de las 82018 expresiones regulares generadas eran inválidas
El 21% de las 57325 expresiones regulares generadas eran inválidas
El 23% de las 212732 expresiones regulares generadas eran inválidas
El 25% de las 216453 expresiones regulares generadas eran inválidas
El 29% de las 24124 expresiones regulares generadas eran inválidas
El 34% de las 2734 expresiones regulares generadas eran inválidas
```

Vaya. Se pierden un montón de oportunidades de encontrar una mejora debido a la invalidez de las expresiones regulares generadas. ¿Qué puede hacer que una expresión regular sea inválida? Para averiguarlo, sustituye el código de medición con código que capture los detalles del error en una variable global, con preferencia por el ejemplo más corto del error dado.

```
erroresEnRegexes = {}

def obtener_aptitud(genes, deseadas, noDeseadas):
...
    except re.error as e:
        llave = str(e)
        llave = llave[:llave.index("at position")]
        info = [str(e),
                "genes = ['{}']".format("', '".join(genes)),
                "regex: " + patrón]
        if llave not in erroresEnRegexes or len(info[1]) < len(
                erroresEnRegexes[llave][1]):
            erroresEnRegexes[llave] = info
        return Aptitud(0, len(deseadas), len(noDeseadas), longitud)
...
```

Luego imprime todos los errores al final del banco de pruebas.

```
    def encontrar_regex(self, deseadas, noDeseadas, longitudEsperada):
...
        for info in erroresEnRegexes.values():
            print("")
            print(info[0])
            print(info[1])
            print(info[2])
```

Ahora ejecuta la prueba para obtener las muestras de errores:

errores de muestra

```
nothing to repeat at position 0
genes = ['?']
regex: ?

multiple repeat at position 2
genes = ['0', '?', '*']
regex: 0?*
```

Ejecuta la prueba varias veces para ver las variaciones. Hay dos situaciones: la primera es cuando la expresión regular tiene un metacarácter de tipo repetir sin texto que lo preceda. La otra es cuando dos metacaracteres de tipo repetir son adyacentes. Una solución es reparar la expresión regular.

Reparación de la expresión regular

```
def obtener_aptitud(genes, deseadas, noDeseadas):
    patrón = reparar_regex(genes)
    longitud = len(patrón)
...
```

La función de reparación se puede construir iterativamente ejecutando la prueba y añadiendo código que detecte y corrija los errores encontrados. Al final, todas las expresiones
regulares se pueden reparar. He aquí una posible implementación:

```python
def reparar_regex(genes):
    resultado = []
    f = reparar_o_ignorar_metas_de_repetición
    for símbolo in genes:
        f = f(símbolo, resultado)
    return ''.join(resultado)
```

```python
def reparar_o_ignorar_metas_de_repetición(símbolo, resultado):
    if símbolo in metasDeRepetición:
        return reparar_o_ignorar_metas_de_repetición
    resultado.append(símbolo)
    return manejar_metas_de_repetición_que_siguen_metas_de_repetición_o_inicio
```

```python
def manejar_metas_de_repetición_que_siguen_metas_de_repetición_o_inicio(
        símbolo, resultado):
    último = resultado[-1]
    if símbolo not in metasDeRepetición:
        resultado.append(símbolo)
    elif último in metasDeInicio:
        pass
    elif símbolo == '?' and último == '?' and len(resultado) > 2 \
            and resultado[-2] in metasDeRepetición:
        pass
    elif último in metasDeRepetición:
        pass
    else:
        resultado.append(símbolo)
    return manejar_metas_de_repetición_que_siguen_metas_de_repetición_o_inicio
```

Como la función de reparación de la expresión regular no cambia los genes originales, también debe ser llamada desde la función mostrar.

```
def mostrar(candidato, horaInicio):
    diferencia = (datetime.datetime.now() - horaInicio).total_seconds()
    print("{}\t{}\t{}".format(
        reparar_regex(candidato.Genes), candidato.Aptitud, diferencia))
```

Ahora el algoritmo genético encuentra la solución mucho más rápido de media.

media (segundos)	desviación estándar
0,30	0,63

Un efecto secundario de reparar la expresión regular es que los genes que son eliminados durante la reparación se vuelven latentes. Se pueden activar si un operador de mutación afecta al gen a su izquierda. Esto proporciona al algoritmo genético una herramienta adicional de forma inesperada.

Grupos

La segunda expresión regular de prueba requerirá el uso de los metacaracteres de tipo grupo (y) por lo que se debe añadir soporte para ellos.

```
metasDeInicio = {'|', '('}
metasFinales = {')'}
todosMetacaracteres = metasDeRepetición | metasDeInicio | metasFinales
```

Reparar

Ahora la ejecución de *'test'_dos_dígitos* produce ejemplos del siguiente conjunto de problemas de expresiones regulares a reparar:

errores de muestra

```
missing ), unterminated subpattern at position 0
genes = ['(']
regex: (

unbalanced parenthesis at position 0
genes = [')']
regex: )
```

El primer problema se puede solucionar añadiendo el metacarácter de final de grupo) que falta al final de la expresión regular.

```
def reparar_regex(genes):
    resultado = []
    finales = []                                                    <==
    f = reparar_o_ignorar_metas_de_repetición
    for símbolo in genes:
        f = f(símbolo, resultado, finales)                          <==
    resultado.extend(reversed(finales))                             <==
    return ''.join(resultado)
```

```
def reparar_o_ignorar_metas_de_repetición(símbolo, resultado, finales):
    if símbolo in metasDeRepetición or símbolo in metasFinales:
        return reparar_o_ignorar_metas_de_repetición
    if símbolo == '(':                                              <==
        finales.append(')')
    resultado.append(símbolo)
    return manejar_metas_de_repetición_que_siguen_metas_de_repetición_o_inicio
```

El segundo problema se puede solucionar anteponiendo el metacarácter de inicio de grupo
(que falta a la expresión regular final - (6) en el listado de código siguiente.

```
def manejar_metas_de_repetición_que_siguen_metas_de_repetición_o_inicio(
        símbolo, resultado, finales):
    último = resultado[-1]
    if símbolo not in metasDeRepetición:
        if símbolo == '(':                                          <==
            finales.append(')')
        elif símbolo == ')':
            coincidencia = ''.join(finales).rfind(')')
            if coincidencia != -1:
                del finales[coincidencia]
            else:
                resultado[0:0] = ['(']                              <==
        resultado.append(símbolo)
    elif último in metasDeInicio:
...
```

Nueva prueba

Una vez que todos los problemas de la expresión regular han sido reparados, se puede añadir y ejecutar la nueva prueba.

```
def test_grupos(self):
    deseadas = {"01", "0101", "010101"}
    noDeseadas = {"0011", ""}
    self.encontrar_regex(deseadas, noDeseadas, 5)
```

resultados de muestra

```
01010101|0101() coincide con: 1 deseadas, y 0 no deseadas, lon 15   0,0
(0101)|01+  coincide con: 2 deseadas, y 0 no deseadas, lon 10   0,003005
(01??11?|010101)+   coincide con: todas deseadas, y 0 no deseadas, lon 17   0,106251
(01|)+01    coincide con: todas deseadas, y 0 no deseadas, lon 8      0,108257
(01)+   coincide con: todas deseadas, y 0 no deseadas, lon 5      0,130313
```

¡Bien!

Juegos de caracteres

La siguiente expresión regular de prueba requerirá el uso de los metacaracteres de tipo conjunto de caracteres [y]. Para añadirles soporte, primero añádelos a las variables meta globales.

```
metasDeInicio = {'|', '(', '['}
metasFinales = {')', ']'}
```

Como antes, luego ejecuta las pruebas existentes para producir muestras de errores.

errores de muestra

```
missing ), unterminated subpattern at position 0
genes = ['[', '*', ')', ']', '*', '0']
regex: ([)]*0

unbalanced parenthesis at position 5
genes = ['[', '(', ']', '*', '0']
regex: [(]*0

unterminated character set at position 0
genes = ['[']
regex: [
```

Los dos primeros están causados por el código de terminación de grupo añadido en la sección anterior que completa los grupos que empiezan o acaban dentro de un conjunto de caracteres.

Reparar

```python
def reparar_regex(genes):
    resultado = []
    finales = []
    f = reparar_o_ignorar_metas_de_repetición
    for símbolo in genes:
        f = f(símbolo, resultado, finales)
    if ']' in finales and resultado[-1] == '[':          <==
        del resultado[-1]
    resultado.extend(reversed(finales))
    return ''.join(resultado)
```

```python
def reparar_o_ignorar_metas_de_repetición(símbolo, resultado, finales):
    if símbolo in metasDeRepetición or símbolo in metasFinales:
        return reparar_o_ignorar_metas_de_repetición
    if símbolo == '(':
        finales.append(')')
    resultado.append(símbolo)
    if símbolo == '[':                                    <==
        finales.append(']')
        return reparar_in_character_set
    return manejar_metas_de_repetición_que_siguen_metas_de_repetición_o_inicio
```

```python
def manejar_metas_de_repetición_que_siguen_metas_de_repetición_o_inicio(
        símbolo, resultado, finales):
    último = resultado[-1]
    if símbolo not in metasDeRepetición:
        if símbolo == '[':                                <==
            resultado.append(símbolo)
            finales.append(']')
            return reparar_in_character_set
        if símbolo == '(':
...
```

```
def reparar_in_character_set(símbolo, resultado, finales):
    if símbolo == ']':
        if resultado[-1] == '[':
            del resultado[-1]
        resultado.append(símbolo)
        coincidencia = ''.join(finales).rfind(']')
        if coincidencia != -1:
            del finales[coincidencia]
        return manejar_metas_de_repetición_que_siguen_metas_de_repetición_o_inicio
    elif símbolo == '[':
        pass
    elif símbolo == '|' and resultado[-1] == '|':
        pass  # suprimir FutureWarning sobre ||
    else:
        resultado.append(símbolo)
    return reparar_in_character_set
```

Nueva prueba

```
def test_códigos_de_estado(self):
    deseadas = {"NE", "NV", "NH", "NJ", "NM", "NY", "NC", "ND"}
    noDeseadas = {"N" + l for l in "ABCDEFGHIJKLMNOPQRSTUVWXYZ"
                  if "N" + l not in deseadas}
    self.encontrar_regex(deseadas, noDeseadas, 11)
```

resultados de muestra

```
...
NM|NC|NV|ND|NJ|NE|NY|NH coincide con: todas deseadas, y 0 no deseadas, lon 23
    8,716123
NY|NE|NC|NH|NV?J*D*M*    coincide con: todas deseadas, y 0 no deseadas, lon 21
    15,928484
NH|NE|NV|NC*D?J*Y?M?    coincide con: todas deseadas, y 0 no deseadas, lon 20
    52,029423
N[D(ECYM??JVYHJD]    coincide con: todas deseadas, y 0 no deseadas, lon 17
    111,952601
N[D(ECYM?JVHYJD]    coincide con: todas deseadas, y 0 no deseadas, lon 16
    111,957615
N[DECYM?JJVHYD] coincide con: todas deseadas, y 0 no deseadas, lon 15    111,987693
N[VJYM?HDCYED] coincide con: todas deseadas, y 0 no deseadas, lon 14    112,168333
N[VMCDJYCHED]   coincide con: todas deseadas, y 0 no deseadas, lon 13    112,249548
N[VMCJYHED] coincide con: todas deseadas, y 0 no deseadas, lon 11    112,254562
```

El algoritmo genético tiene éxito, pero puede tardar mucho tiempo en descubrir la solución del conjunto de caracteres si ya ha encontrado una expresión regular exitosa. Esto es debido a que eliminar elementos repetidos de un conjunto de caracteres, o mover elementos buscados a un conjunto de caracteres, normalmente sólo afecta negativamente a la aptitud en esta etapa. En cambio, esas acciones pueden no afectar en absoluto a la aptitud antes de hallar una solución que funcione. Eso significa que introducir un conjunto de caracteres que mejore la aptitud requiere múltiples pasos secuenciales, y eso no es algo que los algoritmos genéticos hagan bien. Tienen mucho más éxito cuando pueden encontrar maneras de efectuar mejoras incrementales. Sería mucho más probable que tuviera éxito si pudiera acceder a un operador específico al conjunto de caracteres. Esa clase de operador de mutación sólo podría ser útil para expresiones regulares concretas.

Soportar operadores personalizados

Primero añadimos un parámetro opcional a la función *encontrar* y añadimos su contenido al arreglo de operadores de mutación.

```
    def encontrar_regex(self, deseadas, noDeseadas, longitudEsperada,
                        operadoresPersonalizados=None):
...
        operadoresDeMutación = [
...
        ]
        if operadoresPersonalizados is not None:
            operadoresDeMutación.extend(operadoresPersonalizados)
```

Luego definimos el operador del conjunto de caracteres.

```
def mutar_a_conjunto_de_caracteres_izquierda(genes, deseadas):
    if len(genes) < 4:
        return False
    o = [i for i in range(-1, len(genes) - 3)
         if (i == -1 or genes[i] in metasDeInicio) and
         len(genes[i + 1]) == 2 and
         genes[i + 1] in deseadas and
         (len(genes) == i + 1 or genes[i + 2] == '|' or genes[
             i + 2] in metasFinales)]
    if len(o) == 0:
        return False
    búsqueda = {}
    for i in o:
        búsqueda.setdefault(genes[i + 1][0], []).append(i)
    mín2 = [i for i in búsqueda.values() if len(i) > 1]
    if len(mín2) == 0:
        return False
...
```

Encuentra todas las cadenas *buscadas* de dos caracteres que tienen un metacarácter |, o fin-de-arreglo, a ambos lados. Si hay al menos dos que tengan el mismo primer carácter, por ejemplo MA| y |ME|, entonces se convierten en candidatas a ser sustituidas por un conjunto de caracteres, i.e. M[AE]. Elegimos una candidata, añadimos el conjunto de caracteres y eliminamos las partes de la expresión regular.

```
choice = random.choice(mín2)
caracteres = ['|', genes[choice[0] + 1][0], '[']
caracteres.extend([genes[i + 1][1] for i in choice])
caracteres.append(']')
for i in reversed(choice):
    if i >= 0:
        genes[i:i + 2] = []
genes.extend(caracteres)
return True
```

Luego usamos el nuevo operador en la prueba.

```
...
        operadoresPersonalizados = [
            partial(mutar_a_conjunto_de_caracteres_izquierda,
                    deseadas=deseadas),
        ]
        self.encontrar_regex(deseadas, noDeseadas, 11,
                             operadoresPersonalizados)
```

Ahora ejecuta de nuevo la prueba y verás que normalmente puede encontrar la expresión regular en pocos segundos. Además, la situación en la que primero encuentra la solución que no usa un conjunto de caracteres se vuelve rara y, cuando ocurre, el algoritmo genético puede encontrar fácilmente la solución del conjunto de caracteres.

resultados de muestra

```
NY|NM|NH*(V*(J|C*D*|E)) coincide con: todas deseadas, y 0 no deseadas, lon 23
    7,173342
NY|NM|NH*V*(J|C*D*|E)   coincide con: todas deseadas, y 0 no deseadas, lon 21
    7,252551
N[)EJ+YMCVDH+VV]    coincide con: todas deseadas, y 0 no deseadas, lon 16    8,928685
N[)VYMCV)EVHJD] coincide con: todas deseadas, y 0 no deseadas, lon 15    8,997869
N[VMVC)HEJYD]   coincide con: todas deseadas, y 0 no deseadas, lon 13    9,035971
N[VJVCHEMYD]    coincide con: todas deseadas, y 0 no deseadas, lon 12    9,053016
N[JVCEHDMY] coincide con: todas deseadas, y 0 no deseadas, lon 11    9,183363
```

Repetición

La siguiente expresión regular usa un metasímbolo de tipo repetición como {2} o {2,}. Primero añádelos a la variable meta global.

```
metasDeRepetición = {'?', '*', '+', '{2}', '{2,}'}
```

Ejecuta las pruebas existentes y no debería haber errores que corregir.

Nueva prueba

```
def test_longitud_par(self):
    deseadas = {"00", "01", "10", "11", "0000", "0001", "0010", "0011",
                "0100", "0101", "0110", "0111", "1000", "1001", "1010",
                "1011", "1100", "1101", "1110", "1111"}
    noDeseadas = {"0", "1", "000", "001", "010", "011", "100", "101",
                  "110", "111", ""}
    self.encontrar_regex(deseadas, noDeseadas, 10)
```

resultados de muestra

```
...
([1110]{2})?[10]{2} coincide con: todas deseadas, y 0 no deseadas, lon 19   13,188051
([10]{2})?[10]{2}   coincide con: todas deseadas, y 0 no deseadas, lon 17   15,622529
([1101]{2}|11)+ coincide con: todas deseadas, y 0 no deseadas, lon 15   24,155222
([110101]{2})+  coincide con: todas deseadas, y 0 no deseadas, lon 14   26,304940
([01]{2})+  coincide con: todas deseadas, y 0 no deseadas, lon 10 26,494444
```

El algoritmo genético tarda en encontrar esta expresión regular y también se puede atascar si encuentra esta solución particular:

```
(00|10|01|11)+  coincide con: todas deseadas, y 0 no deseadas, lon 14   12,010740
```

El siguiente operador de mutación personalizado resuelve el problema. Encuentra todos los casos en los que un metacarácter | no tiene metacaracteres a ambos lados. Si se encuentra alguno, elige uno y sustituye los tres genes por un conjunto de caracteres que contenga sólo los caracteres únicos de los dos genes que no son metacaracteres.

Ejemplo: `['00', '|', '01']` se convierte en `['[', '0', '1', ']']`.

```
def mutar_a_conjunto_de_caracteres(genes):
    if len(genes) < 3:
        return False
    o = [i for i in range(1, len(genes) - 1)
            if genes[i] == '|' and
            genes[i - 1] not in todosMetacaracteres and
            genes[i + 1] not in todosMetacaracteres]
    if len(o) == 0:
        return False
    corta = [i for i in o
                if sum(len(w) for w in genes[i - 1:i + 2:2]) >
                len(set(c for w in genes[i - 1:i + 2:2] for c in w))]
    if len(corta) == 0:
        return False
    índice = random.choice(o)
    distinto = set(c for w in genes[índice - 1:índice + 2:2] for c in w)
    secuencia = ['['] + [i for i in distinto] + [']']
    genes[índice - 1:índice + 2] = secuencia
    return True
```

Luego cambiamos la prueba para usar el nuevo operador de mutación.

```
    def test_longitud_par(self):
...
        operadoresPersonalizados = [
            mutar_a_conjunto_de_caracteres,
        ]
        self.encontrar_regex(deseadas, noDeseadas, 10,
                            operadoresPersonalizados)
```

Ahora ejecuta la prueba y verás que puede encontrar la solución cada vez.

resultados de muestra

```
.....
([0*1000]{2})+  coincide con: todas deseadas, y 0 no deseadas, lon 14    5,221497
([1000]{2})+    coincide con: todas deseadas, y 0 no deseadas, lon 12    5,379950
([01][10])+ coincide con: todas deseadas, y 0 no deseadas, lon 11    5,519291
([01]{2})+  coincide con: todas deseadas, y 0 no deseadas, lon 10    6,595626
```

Códigos de estado

La prueba de expresión regular final en este proyecto es encontrar una expresión razonablemente corta para todos los códigos de los 50 estados de Estados Unidos.

```
def test_50_códigos_de_estado(self):
    deseadas = {"AL", "AK", "AZ", "AR", "CA",
                "CO", "CT", "DE", "FL", "GA",
                "HI", "ID", "IL", "IN", "IA",
                "KS", "KY", "LA", "ME", "MD",
                "MA", "MI", "MN", "MS", "MO",
                "MT", "NE", "NV", "NH", "NJ",
                "NM", "NY", "NC", "ND", "OH",
                "OK", "OR", "PA", "RI", "SC",
                "SD", "TN", "TX", "UT", "VT",
                "VA", "WA", "WV", "WI", "WY"}
    noDeseadas = {a + b for a in "ABCDEFGHIJKLMNOPQRSTUVWXYZ"
                  for b in "ABCDEFGHIJKLMNOPQRSTUVWXYZ"
                  if a + b not in deseadas} | \
                 set(i for i in "ABCDEFGHIJKLMNOPQRSTUVWXYZ")
    operadoresPersonalizados = [
        partial(mutar_a_conjunto_de_caracteres_izquierda,
                deseadas=deseadas),
        mutar_a_conjunto_de_caracteres,
    ]
    self.encontrar_regex(deseadas, noDeseadas, 120,
                         operadoresPersonalizados)
```

resultados de muestra

```
RI|DE|VA|CO|SC|CA|PA|LA|SD|TX|WY|GA|WI|HI|M[IASDETNO]|N[CMDJYMEVH]|VT+|CT|TN|UT|WA|WV
   |FL|A[RLZK]|K[YS]|O[RHK]|I[LNDA]    coincide con: todas deseadas, y 0 no deseadas,
   lon 117   9857,252814
```

Produce un buen resultado pero hacerlo puede tardar horas.

Ahora añade el siguiente operador de mutación personalizado.

```
def mutar_add_deseadas(genes, deseadas):
    índice = random.randrange(0, len(genes) + 1) if len(genes) > 0 else 0
    genes[índice:índice] = ['|'] + [random.choice(deseadas)]
    return True
```

Ataja el proceso de introducir todas las secuencias buscadas en la expresión regular insertando un metacarácter | seguido por una cadena buscada aleatoria. Eso permite al algoritmo dirigir rápidamente su atención a reducir la longitud de la expresión regular.

```
    def test_50_códigos_de_estado(self):
...
        operadoresPersonalizados = [
            partial(mutar_a_conjunto_de_caracteres_izquierda,
                    deseadas=deseadas),
            mutar_a_conjunto_de_caracteres,
            partial(mutar_add_deseadas, deseadas=[i for i in deseadas]),
        ]
        self.encontrar_regex(deseadas, noDeseadas, 120,
                             operadoresPersonalizados)
```

Ejecutar 2

Ahora el algoritmo genético puede encontrar una expresión regular exitosa en un par de minutos, pero el nuevo operador de mutación hace que crezca más rápido de lo que se puede reducir. Esto da como resultado unas expresiones regulares muy largas como la siguiente que luego tienen que ser reducidas, un proceso mucho más lento que puede tardar decenas de minutos.

```
|ILKYORNV|||RI|WA|[|AK{2,}{2}MTSLCNV]]LCTDEVA|ME||VA|AK|UT|HI|LA|[FNJ]LANV|MO|AZ|FL|
    TX|||GA|MA[SNCM]|AR||MA|MDLANVAZ|TN|MD|NE[HMSTN]SLD]X|PAN|SCI][NH||RIN|NEVHNV]VT|
    GA[J|CAJI]||MNUWY|CA|NC|WIVDENH]NC|WV|ME|MS|NE|VT|MT|ILLDE|IA|LAWILNV|WY|VA|PA|KY
    |UT|IL|WVTW|PCAMNNC|ID|||AL|VAOK[UV]|NJ|MI|CT|OK|]|NJ|IN||CO[D|UI|MDA]ME]||UTMNC|
    NV|KS|NY|CO|WI|CAMT[LNCNNKSHA|OH|||OWGA]CT+ND|SD|OHSDAAL|K]ARVTMAWICA[
    NYWVWIWYCOOHO|WIZLM|RINH*]ANDILMSN?TN||INAMSWV|MN|WVNJ[OICM][|AVFL]WIMDI]A|N[
    CMEEDEH]|SC|DE|O[HR]    coincide con: todas deseadas, y 0 no deseadas, lon 493
    161,872429
```

El crecimiento de la expresión regular se puede controlar a través de la introducción de un ajuste de configuración estático en la clase *Aptitud*.

```
class Aptitud:
    UseRegexLongitud = False
...
```

Luego actualizamos la función de comparación.

```
    def __gt__(self, otro):
...
        if not éxito:
            return self.Longitud <= otro.Longitud \
                if Aptitud.UseRegexLongitud else False
        return self.Longitud < otro.Longitud
```

Esto funciona controlando cuándo el motor cambia a una nueva línea genética. Cuando el ajuste es `True`, siendo todo lo demás igual, el motor sólo cambiará si la otra expresión regular es más larga.

Finalmente, habilitamos el ajuste en la prueba.

```
def test_50_códigos_de_estado(self):
    UtilizarLongitudDelGen = True
...
```

Ahora el algoritmo genético puede encontrar la expresión regular final en sólo unos pocos minutos.

resultados de muestra

```
FL||LA|GA|HI|UT|CT|DE|OK|RI|A[LKRZ]|O[RH]|S[DC]|K[YS]|]|I[NL]|PA|V[AT]|C[OA]|I[AD]|M[
    SETNODIA]|W[VIAY]|T[XN]|N[VCYJEMDH]    coincide con: todas deseadas, y 0 no
    deseadas, lon 120   193,662164
```

¡Excelente! Como era de esperar, *test_códigos_de_estado* también se beneficia del uso de este ajuste.

Ejercicio

Observa que en la expresión regular final anterior aún hay caracteres que se podrían eliminar, por ejemplo en |K[YS]|]|. Además, CT se podría combinar en C[OA]. Esos acabarían siendo descubiertos por el algoritmo genético si se usara una longitud de objetivo más corta. Sin embargo, hay otros ahorros potenciales que es improbable que encuentre. Por ejemplo, LA, GA y PA se podrían combinar si hubiera un operador de mutación para crear conjuntos de caracteres con una letra final común. Prueba a añadir uno.

Este proyecto es genial para experimentar y hay muchos más metacaracteres de expresiones regulares con los que jugar.

Resumen

Este proyecto introdujo tres conceptos nuevos. El primero es la idea de reparar el cromosoma, que es útil cuando algunos valores del fenotipo son incompatibles. El segundo son los genes latentes, o genes que son ignorados en combinaciones inválidas pero son usados en combinaciones válidas, proporcionando así otra herramienta al algoritmo. El tercer concepto es usar el cambio en el número de genes para controlar el crecimiento de los cromosomas.

Tres en raya

El siguiente proyecto tiene como objetivo crear un algoritmo genético que produzca reglas legibles por humanos para jugar al tres en raya sin perder.

El tablero de un juego de tres en raya tiene 9 cuadrados en una cuadrícula de 3 por 3. En este proyecto, están numerados del siguiente modo:

```
1 2 3
4 5 6
7 8 9
```

Todos los cuadrados empiezan vacíos. Los jugadores se turnan colocando un marcador (X para el primer jugador en mover, O para el oponente) en un cuadrado vacío con el objetivo de colocar tres de sus propios marcadores en una sola fila, columna o diagonal antes de que lo haga su oponente.

Esa debería ser suficiente información para crear la parte del juego. Si has superado los proyectos anteriores, ya sabes lo que viene a continuación, por lo que no voy a analizar cada línea de código. En lugar de ello, voy a señalar un par de cosas nuevas. Si te quedas atascado, o simplemente quieres empezar con código funcional, echa un vistazo al código de muestra de este proyecto.

Genes

El objetivo es terminar con una lista relativamente corta de reglas que un niño podría usar para jugar al juego. Por eso las reglas tienen que ser legibles por humanos. Eso también elimina las reglas específicas de índices, como el índice 1 está VACÍO y el índice 3 tiene una pieza del OPONENTE. Esa no es la manera de enseñar a los niños a jugar a este juego.

Hay dos categorías de genes: ubicación y contenido.

Los genes de ubicación seleccionan un movimiento basándose en la ubicación del cuadrado vacío. Por ejemplo: si está en una esquina, un borde, el centro, en la fila superior/central/inferior, en la columna izquierda/central/derecha, en una diagonal, etc.

Las reglas de contenido examinan el contenido de la fila/columna/diagonal que contiene el cuadrado vacío. Los ejemplos podrían parecerse a lo siguiente, dependiendo de cuánto

313

tiempo quieras dedicar a la gramática:

```
la FILA tiene 2 piezas del OPONENTE
la COLUMNA tiene 1 cuadrado VACÍO
la DIAGONAL no tiene NINGUNA de MIS piezas
```

La selección del movimiento debería funcionar así: el motor pasa el conjunto actual de cuadrados vacíos a la primera regla o, más exactamente, al primer filtro en la secuencia de genes. Si una regla elimina todas las posiciones vacías restantes del tablero, se omite. De lo contrario, se usa su salida como entrada del siguiente filtro en la secuencia de genes. La evaluación finaliza cuando no hay más reglas, o una regla reduce el conjunto de cuadrados vacíos a uno. Cuando solo queda un cuadrado vacío, ahí es donde debe colocarse la pieza del algoritmo genético.

Aptitud

Calcula la aptitud jugando todas las partidas posibles considerando que 1) el algoritmo genético realiza el primer movimiento, y 2) el oponente realiza el primer movimiento. Cuando sea el turno del oponente, deben jugarse todos los movimientos posibles a menos que haya un movimiento ganador para el oponente, en cuyo caso éste gana. Esto se puede hacer en orden profundidad-primero o anchura-primero, como prefieras. Si, en algún momento, hay cuadrados vacíos y el algoritmo genético no puede proporcionar un movimiento, entonces se pierde esa partida.

Cuenta el número de veces que el algoritmo genético gana, pierde y empata. Luego usa esos recuentos en una función de comparación de aptitud como la siguiente:

ticTacToe.py

```python
def __gt__(self, otro):
    if self.PorcentajePerdidos != otro.PorcentajePerdidos:
        return self.PorcentajePerdidos < otro.PorcentajePerdidos

    if self.Perdidos > 0:
        return False

    if self.Empatados != otro.Empatados:
        return self.Empatados < otro.Empatados
    return self.ConteoDeGenes < otro.ConteoDeGenes
```

Usar el *porcentaje* en lugar del *número absoluto* de derrotas permite que el número de partidas jugadas varíe. Deberías probar también la otra manera para ver cómo cambia el comportamiento.

Mutación y entrecruzamiento

Usa reglas de mutación adaptativa similares a las del proyecto anterior.

Para el entrecruzamiento, combina la primera mitad del padre, con la última mitad del donante, luego llama a mutar. Llamar a mutar después es muy importante. Ayuda a evitar que la reserva converja hacia una única secuencia de genes.

```
def fnIntercambio(padre, donante):
    niño = padre[0:int(len(padre) / 2)] + \
           donante[int(len(donante) / 2):]
    fnMutar(niño)
    return niño
```

Resultados

Mi implementación tarda entre 10 y 30 minutos en producir un conjunto de reglas que nunca pierden y hay mucha duplicación en ese primer éxito:

```
es en CENTRO
su DIAGONAL tiene 2 OPONENTE
su FILA tiene 2 MIA
su COLUMNA tiene 2 MIA
su COLUMNA tiene 2 OPONENTE
su COLUMNA tiene 0 OPONENTE
su FILA tiene 0 MIA
es en COLUMNA MEDIO
su FILA tiene 2 OPONENTE
su DIAGONAL tiene 0 MIA
su COLUMNA tiene 2 OPONENTE
su FILA tiene 2 MIA
su FILA tiene 1 OPONENTE
su DIAGONAL tiene 1 OPONENTE
es en FILA INFERIOR
su DIAGONAL tiene 2 OPONENTE
es en COLUMNA IZQUIERDA
es en FILA SUPERIOR
0,0% Perdidos (0), 45,4% Empates (350), 54,6% Ganados (421), 18 reglas
1404,995723
```

El conjunto final de reglas, sin embargo, no tiene duplicación y no solo garantiza que nunca perdamos, también ayuda a evitar los empates cuando el oponente tiene experiencia.

Normalmente se tarda 1-2 horas en llegar a un punto muerto con 14 reglas y 135 empates.

```
su DIAGONAL tiene 1 MIA          <==
su FILA tiene 2 MIA              <==
su COLUMNA tiene 2 MIA           <==
su COLUMNA tiene 2 OPONENTE      <==
su FILA tiene 2 OPONENTE         <==
su DIAGONAL tiene 0 MIA
su COLUMNA tiene 0 MIA
su FILA tiene 0 OPONENTE
es en COLUMNA MEDIO
es en FILA SUPERIOR
su DIAGONAL tiene 1 OPONENTE
su COLUMNA tiene 1 OPONENTE
es una ESQUINA
es en COLUMNA IZQUIERDA
0,0% Perdidos (0), 21,3% Empates (135), 78,7% Ganados (498), 14 reglas
15437,644399
```

Las reglas 1, 2 y 3 detectan el movimiento ganador para nosotros. Las reglas 4 y 5 se encargan de evitar que el oponente gane. El resto de las reglas minimizan el número de empates.

No hay nada de ingenioso en estas reglas pero funcionan bien. Sin embargo, no son las únicas reglas genéticas posibles. Por ejemplo, añadir reglas que comprueban los opuestos de las filas, columnas y diagonales de los cuadrados vacíos permite al algoritmo genético encontrar un conjunto de reglas que dan como resultado un número de empates incluso menor. El opuesto de una fila para un cuadrado es el cuadrado que está en el otro extremo de la fila y el opuesto de una columna es el cuadrado que está en el otro extremo de la columna.

```
su FILA tiene 2 MIA              <==
su COLUMNA tiene 2 MIA           <==
su FILA tiene 2 OPONENTE         <==
su COLUMNA tiene 2 OPONENTE      <==
su DIAGONAL tiene 0 MIA          <==
es en CENTRO                     <==
su DIAGONAL tiene 2 MIA          <==
su FILA tiene 0 OPONENTE
es en DIAGONAL
OPUESTO en FILA es OPONENTE
es en FILA INFERIOR
su COLUMNA tiene 1 MIA
su COLUMNA tiene 1 OPONENTE
su DIAGONAL tiene 1 OPONENTE
es en COLUMNA IZQUIERDA
0,0% Perdidos (0), 21,4% Empates (127), 78,6% Ganados (466), 15 reglas
```

Como antes, las reglas 1, 2 y 7 detectan el movimiento ganador para nosotros. Las reglas 3 y 4 se encargan de evitar que el oponente gane. Eso significa que el centro (regla 6) es el cuadrado más valioso en el tablero, tal y como aprendimos muchos de nosotros de niños.

Selección de torneos

El tres en raya es un juego tan simple que nos ofrece la capacidad de jugar todas las partidas posibles para desarrollar una solución óptima. Muchos otros juegos tienen tantos movimientos posibles que jugar todas las partidas posibles no es una opción. Eso significa que necesitamos una manera de conseguir un buen conjunto de reglas con un conocimiento parcial. Una manera de hacerlo es a través de la selección de torneos.

En la selección de torneos, se crea una generación de secuencias de genes (reglas en este problema). Cada una es entonces probada contra todas las otras secuencias de genes en esa generación para obtener un valor de aptitud. Las secuencias de genes son entonces clasificadas por su valor de aptitud y, aquellas con los mejores valores de aptitud, se convierten en los padres usados para crear la siguiente generación a través del entrecruzamiento y la mutación. Sus hijos forman más o menos el 90 % de la siguiente generación. El resto pueden ser copias de los padres (esto se llama *elitismo*), padres mutados, generados aleatoriamente, o alguna combinación de los mismos.

Como las generaciones sucesivas se basan en las anteriores, la reserva puede perder diversidad rápidamente. Esto puede hacer que el algoritmo genético se quede atascado en un mínimo o máximo local. Eso hace que sea doblemente importante mutar a los hijos producidos a través del entrecruzamiento. También se puede añadir a la reserva un pequeño número de secuencias de genes generadas aleatoriamente en cada generación, pero esto es menos eficaz, ya que no es probable que una secuencia aleatoria compita bien contra una altamente evolucionada.

Implementación

La implementación de los torneos se añadirá al módulo genetic para ponerla a disposición de otros proyectos.

Primero añade un enum que se puede usar como un entero para los índices de los arreglos.

genetic.py

```python
from enum import IntEnum
...
class ResultadoDeCompetición(IntEnum):
    Perdido = 0,
    Empatado = 1,
    Ganado = 2,
```

La función torneo rellena primero el grupo principal y crea una función de conveniencia para obtener la clave de clasificación de un padre.

```python
def torneo(generar_padre, intercambiar, competir, mostrar, clave_de_orden,
           númeroDePadres=10, generaciones_máximas=100):
    piscina = [[generar_padre(), [0, 0, 0]] for _ in
               range(1 + númeroDePadres * númeroDePadres)]
    mejor, mejorPuntuación = piscina[0]

    def obtenerClaveDeOrden(x):
        return clave_de_orden(x[0], x[1][ResultadoDeCompetición.Ganado],
                              x[1][ResultadoDeCompetición.Empatado],
                              x[1][ResultadoDeCompetición.Perdido])
```

Después, cada secuencia de genes juega contra todas las demás secuencias de genes como primero-en-mover y como oponente, manteniendo un registro de las victorias, derrotas y empates.

```python
    generación = 0
    while generación < generaciones_máximas:
        generación += 1
        for i in range(0, len(piscina)):
            for j in range(0, len(piscina)):
                if i == j:
                    continue
                jugadorA, puntuaciónA = piscina[i]
                jugadorB, puntuaciónB = piscina[j]
                resultado = competir(jugadorA, jugadorB)
                puntuaciónA[resultado] += 1
                puntuaciónB[2 - resultado] += 1
```

Luego, se ordenan las secuencias de genes y se llama a la función mostrar si se encuentra una mejora.

```
        piscina.sort(key=obtenerClaveDeOrden, reverse=True)
        if obtenerClaveDeOrden(piscina[0]) > obtenerClaveDeOrden([mejor,
            mejorPuntuación]):
            mejor, mejorPuntuación = piscina[0]
            mostrar(mejor, mejorPuntuación[ResultadoDeCompetición.Ganado],
                    mejorPuntuación[ResultadoDeCompetición.Empatado],
                    mejorPuntuación[ResultadoDeCompetición.Perdido],
                    generación)
```

Finalmente, se crea una nueva generación mediante entrecruzamiento de las mejores N secuencias de genes. También se incluyen en la nueva generación junto con 1 secuencia de genes adicional generada aleatoriamente. Cuando se completa el número máximo de generaciones, la función devuelve la mejor secuencia de genes encontrada.

```
        padres = [piscina[i][0] for i in range(númeroDePadres)]
        piscina = [[intercambiar(padres[i], padres[j]), [0, 0, 0]]
                for i in range(len(padres))
                for j in range(len(padres))
                if i != j]
        piscina.extend([padre, [0, 0, 0]] for padre in padres)
        piscina.append([generar_padre(), [0, 0, 0]])
    return mejor
```

No hay nada de especial en el uso de esta función, por lo que no la repetiré aquí - echa un vistazo a test_tournament en el código de este proyecto.

Se tarda un poco más de un minuto en producir un conjunto de reglas que nunca pierden *contra las otras reglas en su generación*. Ese es el principal inconveniente, el resultado es solo tan bueno como el tamaño de la muestra. El resultado mejora si se usan más padres, ya que se juegan $O(n^4)$ partidas en cada generación pero eso puede tardar bastante.

resultado de muestra con 13 padres y 100 generaciones

```
-- generación 73 --
    su FILA tiene 2 OPONENTE
    su COLUMNA tiene 2 OPONENTE
    su COLUMNA tiene 2 MIA
    su FILA tiene 2 MIA
    su DIAGONAL tiene 0 OPONENTE
    es en COLUMNA MEDIO
    su COLUMNA tiene 0 OPONENTE
    es en COLUMNA IZQUIERDA
    es en CENTRO
    es en FILA SUPERIOR
0,0% Perdidos (0), 45,0% Empates (152), 55,0% Ganados (186), 10 reglas
```

Resumen

Este proyecto introdujo un nuevo método de muestrear y recombinar secuencias de genes para encontrar una buena combinación. Un uso potencial es encontrar rápidamente un punto de partida para un estudio más exhaustivo y lento del espacio del problema.

Epílogo

Este libro te ha ofrecido una introducción sólida a los algoritmos genéticos. Aún hay mucho más que aprender sobre este tema, pero ahora sabes lo suficiente como para aprender por tu cuenta, y eso te conducirá al verdadero dominio. Para tu siguiente paso, tienes varias opciones, incluyendo:

- usar el módulo de este libro para explorar problemas en tu campo de especialización,

- cambiar a un módulo basado en Python diferente y repetir algunos de los experimentos para afianzar tus conocimientos sobre ese módulo,

- aprender otra herramienta de aprendizaje automático como los árboles de decisión o las redes neuronales.

Por favor pide a tu escuela o biblioteca pública que pida una copia de este libro para su colección.

¡Buena suerte!

Clinton Sheppard

```
Twitter: @gar3t
Goodreads: https://www.goodreads.com/handcraftsman
```

Código

El código final de todos los proyectos está disponible en línea desde:

https://github.com/handcraftsman/GeneticAlgorithmsWithPython/tree/master/es

Otros libros por Clinton Sheppard

Obtén una introducción práctica a la construcción y el uso de los árboles de decisión y los bosques aleatorios. Los algoritmos de aprendizaje automático basados en árboles se usan para categorizar los datos por resultados conocidos con el fin de facilitar la predicción de los resultados en las situaciones nuevas.

Aprenderás no sólo cómo usar los árboles de decisión y los bosques aleatorios para la clasificación y la regresión, así como sus respectivas limitaciones, sino también cómo funcionan los algoritmos en los que se basan. Cada capítulo introduce un nuevo tema relacionado con los datos y luego te lleva a través de la modificación del código, construyendo así el motor en tiempo de ejecución. A lo largo del camino, obtendrás experiencia haciendo que los árboles de decisión y los bosques aleatorios te funcionen.

https://www.amazon.com/dp/B0756FGJCP/

https://www.amazon.com/dp/1975860977/

Made in the USA
Columbia, SC
23 June 2020